usos & abusos da
HISTÓRIA
ORAL

Autores

Alessandro Portelli
Alistair Thomson
Chantal de Tourtier-Bonazzi
Daniele Voldman
Etienne François
François Bédarida
Gabriele Rosenthal
Giovanni Levi
Henry Rousso
Ítalo Calvino
Jean-François Sirinelli
Jean-Jacques Becker
Jorge Eduardo Aceves Lozano
Julie Cruikshank
Luisa Passerini
Michael Frisch
Paula Hamilton
Pierre Bourdier
René Rémond
Roger Chartier
Ronald J. Grele

usos & abusos da HISTÓRIA ORAL

8ª edição

Organizadoras

Marieta de Moraes Ferreira
Janaína Amado

FGV
EDITORA

ISBN 85-225-0200-5

Copyright © 2006 Janaína Amado e Marieta de Moraes Ferreira

Direitos desta edição reservados à
EDITORA FGV
Rua Jornalista Orlando Dantas, 37
22231-010 — Rio de Janeiro, RJ — Brasil
Tels.: 0800-021-7777 — 21-3799-4427
Fax: 21-3799-4430
e-mail: editora@fgv.br — pedidoseditora@fgv.br
web site: www.fgv.br/editora

Impresso no Brasil / *Printed in Brazil*

Todos os direitos reservados. A reprodução não autorizada desta publicação, no todo ou em parte, constitui violação do copyright (Lei nº 9.610/98).

Os conceitos emitidos neste livro são de inteira responsabilidade dos autores.

1ª edição — 1996; 2ª edição — 1998; 3ª edição — 2000; 4ª edição — 2001; 5ª edição — 2002; 6ª edição — 2005; 7ª edição — 2005; 8ª edição — 2006; 1ª reimpressão — 2008; 2ª reimpressão — 2009; 2ª reimpressão — 2010; 3ª reimpressão — 2011; 4ª reimpressão — 2012; 5ª reimpressão — 2013; 6ª reimpressão — 2015; 7ª reimpressão — 2016; 8ª reimpressão — 2017; 9ª reimpressão — 2019; 10ª reimpressão — 2020; 11ª reimpressão — 2022.

Tradução: Luiz Alberto Monjardim, Maria Lucia Leão Velloso de Magalhães, Glória Rodriguez e Maria Carlota C. Gomes

Copidesque: Luiz Alberto Monjardim, Maria Lucia Leão Velloso de Magalhães e Maria Izabel Penna Buarque de Almeida

Revisão: Fatima Caroni

Capa: Ilustrarte Design baseada no layout de Tira linhas studio

Ficha catalográfica elaborada pela Biblioteca
Mario Henrique Simonsen/FGV

Usos & abusos da história oral/Janaína Amado e Marieta de Moraes Ferreira, coordenadoras. — 8. ed. — Rio de Janeiro: Editora FGV, 2006.

304p.

1. História oral — Coletânea. I. Amado, Janaína. II. Ferreira, Marieta de Moraes. III. Fundação Getulio Vargas.

CDD 907.2

Sumário

Apresentação *vii*
Janaína Amado e Marieta de Moraes Ferreira

1 Questões

A fecundidade da história oral *3*
Etienne François

Prática e estilos de pesquisa na história oral contemporânea *15*
Jorge Eduardo Aceves Lozano

O *handicap* do a posteriori *27*
Jean-Jacques Becker

Definições e usos *33*
Danièle Voldman

História oral: balanço da metodologia e da produção nos últimos 25 anos *43*
Philippe Joutard

2 Memória e tradição

Os debates sobre memória e história: alguns aspectos internacionais *65*
Alistair Thomson, Michael Frisch e Paula Hamilton

A memória não é mais o que era *93*
Henry Rousso

O massacre de Civitella Val di Chiana (Toscana, 29 de junho de 1944): mito e política, luto e senso comum *103*
Alessandro Portelli

A geração *131*
Jean-François Sirinelli

A palavra escrita e a não escrita *139*
Ítalo Calvino

Tradição oral e história oral: revendo algumas questões *149*
Julie Cruikshank

3 Trajetória

Usos da biografia *167*
Giovanni Levi

A ilusão biográfica *183*
Pierre Bourdieu

A estrutura e a *gestalt* das autobiografias e suas consequências metodológicas *193*
Gabriele Rosenthal

4 Pensar o tempo presente

Algumas questões de alcance geral à guisa de introdução *203*
René Rémond

A "lacuna" do presente *211*
Luisa Passerini

A visão do historiador modernista *215*
Roger Chartier

Tempo presente e presença da história *219*
François Bédarida

5 Entrevistas e acervo

Arquivos: propostas metodológicas *233*
Chantal de Tourtier-Bonazzi

A invenção do depoimento oral *247*
Danièle Voldman

Pode-se confiar em alguém com mais de 30 anos? Uma crítica construtiva à história oral *267*
Ronald J. Grele

Apresentação

Janaína Amado e Marieta de Moraes Ferreira

"A tradução é a principal forma de efetuar trocas internacionais no mercado das ideias: no campo das ciências sociais, importar é traduzir", lembrou L. Boltanski.[1] Mas por que importar — isto é, traduzir e publicar no Brasil, hoje — uma coletânea de textos relativos à história oral, destinada a estudantes, professores, pesquisadores e praticantes dessa metodologia, bem como a todos os que se interessam pelo assunto?

Atualmente, existe uma colossal distância entre o vertiginoso crescimento da história oral e a minguada quantidade de livros e artigos sobre o tema disponíveis em português, produzidos em sua maior parte por pesquisadores brasileiros. Ao lançar textos importantes sobre história oral de autores reconhecidos por outros públicos e traduzidos pela primeira vez no país, acreditamos estar contribuindo para estreitar essa distância. Os textos foram pesquisados em numerosas publicações, algumas de difícil acesso; entre os autores, há os de nacionalidade francesa, norte-americana, italiana, mexicana, inglesa, canadense, australiana, belga, colombiana, alemã, espanhola... Nem todos os artigos inicialmente selecionados puderam ser publicados: alguns não receberam autorização

---

[1] Em Notes sur les échanges philosophiques internationaux. *Actes de la Recherche en Sciences Sociales* (5-6), 1975, citado por Gérard Mauger no prefácio de Manheim, Karl. *Le problème des générations*. Paris, Nathan, 1990.

de suas editoras, enquanto outros tiveram a permissão para a tradução vinculada ao pagamento de somas muito altas, o que encareceria excessivamente este volume, tornando-o inviável. Como lembrou Pierre Bourdieu, "o destino de um texto [...] jamais se reduz àquela espécie de interesse desinteressado pela própria coisa, o único interesse reconhecido, o interesse puro e puramente científico ou estético...".[2]

Este livro é fruto da concepção de história oral que partilhamos. Entendida como metodologia, a história oral remete a uma dimensão técnica e a uma dimensão teórica. Esta última evidentemente a transcende e concerne à disciplina histórica como um todo. O fato de compreendermos a teoria como campo à parte, relacionado à história oral porém dela distinto, nos deu liberdade para selecionarmos certos textos que tradicionalmente não integrariam uma coletânea de história oral. São ensaios que, embora analisem questões teóricas essenciais para os historiadores orais, não partem das experiências das entrevistas. É o caso dos artigos de Ítalo Calvino, Giovanni Levi e Pierre Bourdieu. Esses textos, entretanto — basta lê-los, para comprovar —, além de fontes de prazer intelectual, desvendam com tal maestria um mundo de questões indispensáveis aos historiadores orais que só nos resta reverenciar seus autores, aprendendo com eles.

Os artigos aqui reunidos abordam diferentes dimensões da história oral. Chamam a atenção para as várias possibilidades dessa metodologia e aprofundam reflexões em torno de pontos cruciais: relações entre memória e história, principais conceitos e estilos de investigação em história oral, organização de acervos orais, inter-relações entre história oral e história do tempo presente, tipos de entrevistas, formas de narrar trajetórias individuais (biografias, autobiografias, histórias de vida) e ligações entre tradição oral e escrita são alguns dos temas discutidos no livro. Os textos não apresentam assim unidade teórica, metodológica ou técnica; alguns expressam pontos de vista opostos. Foram escolhidos, além de sua qualidade, por representar diversas tradições historiográficas e correntes de pensamento, para que estas sejam divulgadas entre o público brasileiro, dinamizando o debate. Alguns textos são profundos, requerendo dos leitores familiaridade com o assunto, enquanto outros se

---

[2] Em La critique du discours lettré. *Actes de la Recherche en Sciences Sociales* (5-6):4-8, 1975.

dirigem a iniciantes na área. A diversidade da coletânea espelha a variedade de usos, agentes, agendas, finalidades e instituições — em suma, a polifonia — que caracteriza o campo da história oral no mundo, hoje. Antes de prosseguirmos, vejamos em que estado se encontra atualmente este campo no Brasil.

A história oral no Brasil, hoje

Embora sua introdução no Brasil date dos anos 70, somente no início dos anos 90 a história oral experimentou aqui uma expansão mais significativa. A multiplicação de seminários e a incorporação pelos programas de pós-graduação em história de cursos voltados para a discussão da história oral são indicativos importantes da vitalidade e dinamismo da área. Por outro lado, o estabelecimento e o aprofundamento de contatos com pesquisadores estrangeiros e com programas de reconhecido mérito internacional, propiciados pelos encontros e seminários, criaram canais importantes para o debate e a troca de experiências.

A criação da Associação Brasileira de História Oral, em 1994, e a publicação de seu *Boletim* têm estimulado a discussão entre pesquisadores e praticantes da história oral em todo o país. A divulgação dos programas e grupos de trabalho existentes, a apresentação dos acervos de depoimentos orais já acumulados e das linhas de pesquisa em curso, bem como a listagem das publicações lançadas nos últimos dois anos representam uma contribuição da Associação que permite traçar um quadro bastante preciso da situação atual da história oral no cenário brasileiro.

Algumas características básicas da recente produção ligada à história oral no Brasil já podem ser detectadas. E um valioso ponto de referência são os três grandes encontros realizados no país nos últimos anos — o II Encontro Nacional de História Oral (Rio de Janeiro, 1994), o I Encontro Regional da Região Sul-Sudeste (São Paulo/Londrina, 1995) e o III Encontro Nacional (Campinas, 1996).

A primeira reunião, em que foram apresentados 60 *papers*, contou com a participação de 250 pesquisadores, distribuídos em sete grupos de trabalho temáticos — questões metodológicas, tradição oral e etnicidade, instituições, elites e militares, gênero, trabalho e trabalhadores, e constituição de acervo. Pôde-se constatar uma forte presença da comunidade acadêmica nos projetos de história oral em andamento, sendo pouco expressiva a participação de grupos sindicais, associações de moradores, empresas ou mesmo arquivistas. Entre os participantes do encontro que apresentaram trabalhos, os doutores predominaram amplamente, sendo inexpressiva a presença de graduandos. No que diz respeito à formação, diversamente do que se observava na década de 80, quando os pesquisadores que trabalhavam com história oral eram majoritariamente cientistas sociais, verificou-se maioria absoluta de historiadores. Em relação ao conteúdo temático dos trabalhos apresentados, embora a pesquisa junto a minorias ou a grupos menos favorecidos constituísse uma tradição no campo da história oral, não foi registrado predomínio marcante de estudos voltados para as camadas populares. Observou-se, na verdade, uma abertura de espaço para temas ainda pouco explorados, como movimentos intelectuais, burocratas, militares e instituições.[3]

No I Encontro Regional da Região Sul-Sudeste (49 *papers*), as tendências já delineadas não foram substancialmente alteradas: predominância do meio acadêmico e, dentro dele, dos historiadores, e pouca expressão de outros grupos. Do ponto de vista do conteúdo dos trabalhos, pôde-se perceber um maior interesse por questões metodológicas e por temas ligados à cultura popular.[4]

Examinando-se, finalmente, o conjunto de trabalhos selecionados para apresentação no III Encontro Nacional, detecta-se mais uma vez a participação maciça de historiadores ligados à academia. É importante ressaltar, entretanto, a entrada em cena de pesquisadores vinculados a órgãos da administração pública e entidades de classe, além de arquivistas. Nota-se ainda um aumento da participação de doutorandos, mestrandos e até mesmo de graduandos bolsistas de iniciação científica, o que representa uma mudança em relação ao encontro do Rio de Janeiro. Diferentemente, também, do encontro de 1994, cresceu consideravelmente o número de estudos voltados para as camadas populares, sendo retomada assim uma antiga tradição da história oral.[5]

Esses dados desenham um quadro animador para a história oral no Brasil: trata-se de uma área de pesquisa que se projeta, ganha novos

---

[3] Ver Ferreira, Marieta de Moraes (org.). *História oral e multidisciplinaridade*. Rio de Janeiro, Diadorim, 1994.

[4] Ver Meihy, José Carlos Sebe Bom. *(Re)introduzindo a história oral no Brasil*. São Paulo, Xamã/USP, 1996.

[5] Ver *II Encontro Nacional de História Oral. Livro de resumos*. Campinas, Associação Brasileira de História Oral, 1996.

adeptos, multiplica seus temas. Um ponto, no entanto, é motivo de preocupação: o caráter ainda limitado da reflexão e da discussão metodológica. A despeito dos inegáveis avanços, a discussão permanece restrita aos tradicionais especialistas da área que têm acesso aos encontros internacionais e à bibliografia estrangeira.

Trabalhar com história oral no Brasil em geral ainda consiste em gravar entrevistas e editar os depoimentos, sem explorá-los suficientemente, tendo em vista um aprofundamento teórico-metodológico; também é comum a utilização de entrevistas, em associação com fontes escritas, como fornecedoras de informações para a elaboração de teses ou trabalhos de pesquisa, sem que isso envolva qualquer discussão acerca da natureza das fontes ou de seus problemas.

Este livro pretende ser exatamente um elemento de estímulo à reflexão sobre o uso da história oral, mostrar sua riqueza e suas dificuldades, seus desafios e seus resultados. Mais que isso, pretende contribuir para a reflexão sobre temas e questões ligados à história como um todo. Poucas áreas, atualmente, têm esclarecido melhor que a história oral o quanto a pesquisa empírica de campo e a reflexão teórico-metodológica estão indissociavelmente interligadas, e demonstrado de maneira mais convincente que o objeto histórico é sempre resultado de uma elaboração: em resumo, que a história é sempre construção. Temos a certeza de que esta será uma contribuição de peso para os pesquisadores brasileiros.

O *status* da história oral

O livro está dividido em cinco blocos. O primeiro deles, sob o título "Questões", reúne textos em que predomina a preocupação metodológica. Etienne François, Jorge Eduardo Aceves Lozano, Jean-Jacques Becker, Danièle Voldman e Philippe Joutard apresentam e discutem importantes aspectos da metodologia da história oral hoje. Uma questão maior, central, projeta-se sobre as outras, perpassando esses artigos e todo o livro; de certa forma, essa questão originou a própria concepção e organização do volume: qual o *status* da história oral? Difícil orientar-se em campo configurado tão recentemente, em meio a diversas concepções que se entrecruzam, algumas pouco claras, disputando com ferocidade espaços e audiências. Um campo cuja própria denominação é posta em xeque![6] De forma ainda provisória, tentaremos responder à questão, com o objetivo de participar de um debate decerto decisivo (pois que definirá os rumos da história oral nos próximos anos), incentivando sua circulação entre os pesquisadores brasileiros.

Diferenças secundárias à parte, é possível reduzir a três as principais posturas a respeito do *status* da história oral. A primeira advoga ser a história oral uma técnica; a segunda, uma disciplina; e a terceira, uma metodologia. Aos defensores da história oral como técnica interessam as experiências com gravações, transcrições e conservação de entrevistas, e o aparato que as cerca: tipos de aparelhagem de som, formas de transcrição de fitas, modelos de organização de acervo etc. Alguns defensores dessa posição são pessoas envolvidas diretamente na constituição e conservação de acervos orais; muitos são cientistas sociais cujos trabalhos se baseiam em outros tipos de fontes (em geral, escritas) e que utilizam as entrevistas de forma eventual, sempre como fontes de informação complementar. Esses nem sempre defendem conscientemente a "postura técnica"; às vezes, tal opção é resultado do tipo de relação que mantêm com a história oral (atendimento a necessidades específicas de pesquisa ou deveres profissionais). A essas pessoas, entretanto, somam-se as que efetivamente concebem a história oral como uma técnica, negando-lhe qualquer pretensão metodológica ou teórica: "A chamada 'história oral' não passa de um conjunto de procedimentos técnicos para a utilização do

---

[6] A denominação "história oral" é ambígua, pois adjetiva a história, e não as fontes — estas, sim, orais. A designação foi criada numa época em que as incipientes pesquisas históricas com fontes orais eram alvo de críticas ácidas do mundo acadêmico, que se recusava a considerá-las objetos dignos de atenção e, principalmente, a conceder-lhes *status* institucional. No embate que se seguiu, pela demarcação e aceitação do novo campo de estudos, o adjetivo "oral", colado ao substantivo "história", foi sendo divulgado e reforçado pelos próprios praticantes da nova metodologia, desejosos de realçar-lhe a singularidade, diferenciando-a das outras metodologias em uso, ao mesmo tempo em que lhe afirmavam o caráter histórico. Hoje, a designação "história oral" tornou-se de tal forma difundida e aceita — o "atestado visível da identidade de seu portador", a que se refere Bourdieu, a propósito de nomes, neste volume — que nos pareceu secundário reabrir a disputa em torno dela; outras questões, mais substanciais para o momento, permanecem ainda mergulhadas em confusão.

A respeito da expressão "história oral", consultar, neste volume, o texto de Danièle Voldman; sobre a história da história oral, os artigos de Alistair Thomson, Michael Frisch e Paula Hamilton; e de Ronald J. Grele.

gravador em pesquisa e para a posterior conservação das fitas. Querer mais do que isso é ingressar no terreno da mais pura fantasia. A história oral não possui os fundamentos filosóficos da teoria, nem os procedimentos que [...] possam ser qualificados como metodológicos. Ela é fruto do cruzamento da tecnologia do século XX com a eterna curiosidade do ser humano".[7]

Os que postulam para a história oral *status* de disciplina baseiam-se em argumentos complexos, por vezes contraditórios entre si. Todos, entretanto, parecem partir de uma ideia fundamental: a história oral inaugurou técnicas específicas de pesquisa, procedimentos metodológicos singulares e um conjunto próprio de conceitos; este conjunto, por sua vez, norteia as duas outras instâncias, conferindo-lhes significado e emprestando unidade ao novo campo do conhecimento: "Pensar a história oral dissociada da teoria é o mesmo que conceber qualquer tipo de história como um conjunto de técnicas, incapaz de refletir sobre si mesma [...]. Não só a história oral é teórica, como *constituiu um* corpus *teórico distinto*, diretamente relacionado às suas práticas".[8]

E quais conceitos, ideias, características e direções integrariam a história oral, permitindo conferir-lhe o *status* de disciplina, segundo esse grupo de estudiosos? Neste ponto, surgem dificuldades, pois os autores divergem, partindo de pontos de vista diferentes, até opostos, ou simplesmente tergiversam. Ian Mikka, o autor antes citado, que tão contundentemente defende um *status* teórico próprio da história oral, reconhece: "O *corpus* teórico da história oral precisa [...] ser mais bem-delineado; embora constituído, encontra-se no centro de controvérsias".[9]

As ideias resumidas a seguir são as apresentadas por Mikka, acrescidas de observações de vários outros autores. Representam uma tentativa de condensar perspectivas e temas reconhecidos por grande

---

[7] Roger, William. Notes on oral history. *International Journal of Oral History*, 7(1):23-8, Feb. 1986.
[8] Mikka, Ian. What on Earth is oral history? In: Elliot, James K. (ed.). *New trails in history*. Sydney, Australian Press, 1988. p. 124-36 (grifos nossos).
[9] Mikka, 1988:127.

parte da bibliografia como específicos da história oral, mesmo por autores que não postulam para esta o *status* de disciplina autônoma:[10]

• o testemunho oral representa o núcleo da investigação, nunca sua parte acessória; isso obriga o historiador a levar em conta perspectivas nem sempre presentes em outros trabalhos históricos, como por exemplo as relações entre escrita e oralidade, memória e história ou tradição oral e história;

• o uso sistemático do testemunho oral possibilita à história oral esclarecer trajetórias individuais, eventos ou processos que às vezes não têm como ser entendidos ou elucidados de outra forma: são depoimentos de analfabetos, rebeldes, mulheres, crianças, miseráveis, prisioneiros, loucos... São histórias de movimentos sociais populares, de lutas cotidianas encobertas ou esquecidas, de versões menosprezadas; essa característica permitiu inclusive que uma vertente da história oral se tenha constituído ligada à história dos excluídos;

• na história oral, existe a geração de documentos (entrevistas) que possuem uma característica singular: são resultado do diálogo entre entrevistador e entrevistado, entre sujeito e objeto de estudo; isso leva o historiador a afastar-se de interpretações fundadas numa rígida separação entre sujeito/objeto de pesquisa, e a buscar caminhos alternativos de interpretação;

• a pesquisa com fontes orais apóia-se em pontos de vista individuais, expressos nas entrevistas; estas são legitimadas como fontes (seja por seu valor informativo, seja por seu valor simbólico), incorporando assim elementos e perspectivas às vezes ausentes de outras práticas históricas —

---

[10] Mikka, 1988:132. Foram incorporadas reflexões de vários textos constantes desta coletânea e mais dos seguintes artigos: Dunaway, David King. The oral biography. *Biography*, *14*(3):256-66, 1991 (sobre as relações entre história de vida e história social); Griffiths, Tom. The debate about oral history. *Melbourne Historical Journal* (13):16-21, 1981 (sobre a possibilidade de a história oral ser uma história dos excluídos); Portelli, Alessandro. The peculiarities of oral history. *History Workshop Journal*, *12*:96-107, Autumn 1981 (sobre o caráter das fontes orais), e Rioux, Jean-Pierre. L'histoire orale: essors, problèmes et enjeux. *Cahiers de Clio* (75-76):29-48, 1983 (sobre formas peculiares de interpretação geradas pelo caráter das fontes orais).

porque tradicionalmente relacionados apenas a indivíduos —, como a subjetividade, as emoções ou o cotidiano;

• a história do tempo presente, perspectiva temporal por excelência da história oral, é legitimada como objeto da pesquisa e da reflexão históricas;

• na história oral, o objeto de estudo do historiador é recuperado e recriado por intermédio da memória dos informantes; a instância da memória passa, necessariamente, a nortear as reflexões históricas, acarretando desdobramentos teóricos e metodológicos importantes, conforme o demonstram alguns dos textos deste livro;

• o fato de a história oral ser largamente praticada fora do mundo acadêmico, entre grupos e comunidades interessados em recuperar e construir sua própria memória, tem gerado tensões, pois as perspectivas, os objetivos e os modos de trabalho de acadêmicos e não acadêmicos podem diferir muito; essa pluralidade (uma das marcas da história oral em todo o mundo), quando aceita, pode gerar um rico diálogo, raramente presente em outras áreas da história;

• a narrativa, a forma de construção e organização do discurso (aí compreendidos tanto o estilo, na acepção de Peter Gay, quanto aquilo que Paul Veyne chamou de "trama" e Hayden White de "urdidura do enredo")[11] são valorizadas pelo historiador, pois, como lembrou Alessandro Portelli, fontes orais são fontes narrativas; isso tudo chama atenção ao caráter ficcional das narrativas históricas, seja as dos entrevistados, seja as do entrevistador, o que pode acarretar mudanças de perspectivas revolucionárias para o trabalho histórico.

Entre os defensores da história oral como metodologia situam-se as autoras desta apresentação e organizadoras do presente livro. Aceitamos como válido, em linhas gerais, o feixe de ideias antes resumido, espécie de território comum sobre o qual se erige a história oral hoje, o que naturalmente a transforma em algo muito mais abrangente e complexo

---

[11] Ver Gay, Peter. *O estilo na história*. São Paulo, Companhia das Letras, 1990; Veyne, Paul. *Como se escreve a história*. 2 ed. Brasília, UnB, 1992; e White, Hayden. O texto histórico como artefato literário e As ficções da representação factual. In: *Tópicos do discurso*. São Paulo, Edusp, 1994. p. 97-116 e 137-51.

do que uma simples técnica, como querem alguns. A divergência entre os que pensam como nós e os postulantes da história oral como disciplina reside em outro ponto: estes reconhecem na história oral uma área de estudos com objeto próprio e capacidade (como o fazem todas as disciplinas) de gerar no seu interior soluções teóricas para as questões surgidas na prática — no caso específico, questões como as imbricações entre história e memória, entre sujeito e objeto de estudo, entre história de vida, biografia e autobiografia, entre diversas apropriações sociais do discurso etc.

Em nosso entender, a história oral, como todas as metodologias, apenas estabelece e ordena procedimentos de trabalho — tais como os diversos tipos de entrevista e as implicações de cada um deles para a pesquisa, as várias possibilidades de transcrição de depoimentos, suas vantagens e desvantagens, as diferentes maneiras de o historiador relacionar-se com seus entrevistados e as influências disso sobre seu trabalho —, funcionando como ponte entre teoria e prática.[12] Esse é o terreno da história oral — o que, a nosso ver, não permite classificá-la unicamente como prática. Mas, na área teórica, a história oral é capaz apenas de *suscitar*, jamais de *solucionar*, questões; formula as perguntas, porém não pode oferecer as respostas.

As soluções e explicações devem ser buscadas onde sempre estiveram: na boa e antiga teoria da história. Aí se agrupam conceitos capazes de pensar abstratamente os problemas metodológicos gerados pelo fazer histórico. O entrevistado "se esquece" sempre de um conjunto específico de acontecimentos que vivenciou? Cada grupo de informantes situa em datas diferentes determinado fato histórico? Sendo uma metodologia, a história oral consegue enunciar perguntas como essas; mas, exatamente por ser uma metodologia, não dispõe de instrumentos capazes de compreender os tipos de comportamento descritos (bastante comuns, aliás). Apenas a teoria da história é capaz de fazê-lo, pois se dedica, entre outros assuntos, a pensar os *conceitos* de história e memória, assim como as complexas *relações* entre ambos.

Para tentar esclarecer seu dilema, nosso pesquisador poderá ainda lançar mão de contribuições oriundas de outras disciplinas, como

---

[12] Um bom exemplo do uso da história oral como metodologia é o texto "Arquivos: propostas metodológicas", de Chantal de Tourtier-Bonazzi, neste livro.

Apresentação

a filosofia (os trabalhos de Henri Bergson sobre a memória, por exemplo), a teoria sociológica (as reflexões de Maurice Halbwachs ou Pierre Bourdieu, entre outros), a teoria psicanalítica (que, desde Freud, vem trabalhando conceitualmente a memória, em especial o seu potencial regenerador e transformador). Seja qual for a disciplina a que recorra, porém, o historiador encontrará encaminhamentos e soluções para esse tipo de questão na área da teoria (histórica, sociológica, psicanalítica etc.), já que esta tem a capacidade de pensar abstratamente questões oriundas da prática, filtradas pela metodologia, produzindo conceitos que, por sua abrangência, são aplicados a situações análogas, iluminando e transformando a compreensão da própria prática — no caso específico, do exercício da história oral. A interdependência entre prática, metodologia e teoria produz o conhecimento histórico; mas é a teoria que oferece os meios para refletir sobre esse conhecimento, embasando e orientando o trabalho dos historiadores, aí incluídos os que trabalham com fontes orais. Exatamente o mesmo ocorre com outras metodologias: a demografia histórica, por exemplo, está apta a elaborar tabelas e séries relativas às populações, construir metodologias de trabalho para esse material e formular questões importantes sobre tais dados, mas deve procurar fora dela própria — na teoria — subsídios para compreender as questões que suscita; o mesmo se passa com a história econômica, a genealogia, a história cultural etc.

Afinal, qual a importância de toda essa discussão? Que diferença poderá fazer, para quem trabalha com fontes orais? A nosso ver, pode fazer uma grande, colossal diferença. Nosso ponto de vista é que esse debate se encontra bem no centro da definição do que é a história oral, dos seus usos, e dos rumos que poderá tomar. Se considerarmos a história oral uma técnica, nossa preocupação se concentrará exclusivamente em temas como organização de acervos, realizações de entrevistas etc. (temas em si relevantes, mas, como esperamos ter demonstrado, muito aquém das possibilidades da história oral).

Se concebermos a história oral como disciplina, há dois caminhos possíveis, ambos, a nosso ver, problemáticos: "esquecermos" as questões exclusivas da teoria, deixando de abordá-las em nossos trabalhos, ou tentarmos encontrar respostas para elas apenas no âmbito da história oral. No primeiro caso, o resultado serão os infelizmente numerosos trabalhos chãos, com conclusões óbvias — porque coladas aos dados das entrevistas, sem possibilidade de elaboração teórica —, que sempre deixam uma pergunta no ar: "Seria mesmo preciso fazer uma pesquisa para chegar a isso?" São trabalhos que se limitam a reproduzir as palavras dos entrevistados, que exploram uma ideia absolutamente comprovada (utilizando trechos de entrevistas para corroborá-la), que não conseguem problematizar qualquer aspecto da pesquisa...

No segundo caso — buscar respostas teóricas no âmbito da história oral —, o resultado, em nosso entender, é mais danoso: como é impossível explicar algo sem meios adequados para fazê-lo (explicar questões teóricas pela via da metodologia), os textos, para tentar contornar o problema, são pontilhados de referências ligeiras à "seletividade da memória", aos "entrelaçamentos entre tradição oral e escrita", às "imbricações entre sujeito e objeto de estudo" etc., confundindo os leitores iniciantes e nada revelando. Estas expressões, em verdade, faziam originariamente parte de discussões teóricas, mas, dissociadas de seus contextos originais e repetidas *ad infinitum*, acabaram por compor um jargão oco, incapaz de explicar, por exemplo, como e por que um caso específico de memória seletiva aconteceu, ou quais caminhos fizeram uma determinada tradição escrita entrelaçar-se a uma determinada tradição oral, dessa forma não compreendendo seu objeto de estudo nem contribuindo para qualquer avanço teórico.

Essas posturas, pensamos, empobrecem nossa área de estudos. É hora de pararmos com vitimizações. Chega de nos defendermos eternamente dos supostos críticos que, armados dos piores preconceitos, estariam sempre prontos a nos agredir. Passou a época da marginalização da história oral. Hoje ela integra currículos e experiências de muitas comunidades e grupos sociais. É o momento de baixarmos as armas, e, com humildade, olharmos para nós mesmos, reconhecendo que nossos críticos têm razão em pelo menos um ponto: falta consistência teórica a parte de nossa produção.

Outras questões

Os artigos reunidos no segundo bloco do livro, intitulado "Memória e tradição", gravitam em torno de três assuntos fundamentais: entrelaçamentos entre memória e história, conceito de "geração" e relações entre tradição escrita e oral. Henry Rousso discute as dificuldades e possibilidades de uma "história da memória" mostrando como, desde

Les lieux de mémoire, de Pierre Nora,[13] ela se tornou, na França e em outros países, um campo específico de estudos; Rousso chama a atenção para as singularidades dessa trajetória, mostrando como, frequentemente, a história da memória se torna uma história das feridas abertas pela memória;[14] o autor cria uma polêmica acerca da natureza das fontes orais, afirmando, por exemplo, que elas, embora importantes, não possuem mais autoridade que qualquer outro tipo de fonte.

Alessandro Portelli, em torno de um assunto aparentemente "menor", pontual — o massacre de 13 prisioneiros pelas tropas alemãs num povoado da Toscana, Itália, em 1944 —, desenvolve uma importante discussão sobre a natureza da memória coletiva. Sustentando que, por ser gerada individualmente, a memória só se torna coletiva no mito, no folclore, nas instituições e por delegação (quando uma história condensa várias histórias), Portelli recupera o conceito de "memória dividida". Em geral, afirma, a pressão para não esquecer em verdade preserva as lembranças de determinado grupo, materializando o controle social. A memória coletiva, assim, longe da espontaneidade que muitos lhe atribuem, seria mediatizada por ideologias, linguagens, senso comum e instituições, ou seja: seria uma memória dividida.[15]

O texto de Alistair Thomson, Michael Frisch e Paula Hamilton analisa as relações memória/história por outro ângulo: o das tensões geradas entre práticas acadêmicas e não acadêmicas da história oral, na Inglaterra, nos Estados Unidos e na Austrália. Além do minucioso inventário da questão, o texto põe em relevo um problema particularmente

---

[13] A obra, organizada por Nora e lançada pela Gallimard, teve a seguinte cronologia de publicação: *I. La République*, 1984; *II. La Nation*, 1986. 3v.; *III. Les Frances*, 1993. 3v.

[14] Michael Kammen, autor citado no texto, também se referiu a essa questão: "Nos Estados Unidos, foram as diversas chagas do presente — Watergate e sobretudo a Guerra do Vietnã — que tornaram necessária uma construção instrumental da memória do passado". Ver Kammen, Michael. *Mystic chords of memory. The transformation of tradition in American culture*. New York, Alfred Knopf, 1991. p. 12.

[15] Textos que tratam de questões semelhantes: Cohen, David W. *The combing of history*. Baltimore, Johns Hopkins University Press, 1994; Daston, Lorraine. Marvelous facts and miraculous evidence in early modern Europe; Vidal-Naquet, Pierre. Atlantis and the nations. In: Chandler, James (ed.). *Questions of evidence: proof, practice, and persuasion across the disciplines*. Chicago, University of Chicago Press, 1994. p. 243-74 e 325-51; Portelli, Alessandro. The death of Luigi Trastulli. In: *The death of Luigi Trastulli and other stories*. New York, State University of New York Press, 1991. p. 1-26.

importante: como conciliar as excitantes e recentes descobertas teóricas, elaboradas nas academias, com os numerosos projetos de história oral desenvolvidos por grupos da sociedade, muitos deles populares, relacionados a compromissos políticos e ideológicos imediatos? Os autores recusam soluções fáceis, do tipo identificar a história oral como a "história vinda de baixo" ou como "a verdadeira história dos excluídos" — concepção que já predominou no Brasil, e em outros países —, para examinar caminhos e soluções mais complexos e criativos, sem descuidar dos compromissos políticos. Em assunto tão espinhoso, uma questão subjaz a todo o texto: a ética.[16]

Nada como um grande escritor para apresentar um grande tema; Ítalo Calvino, em um texto não acadêmico extremamente sensível e inteligente, transmite a complexa ideia de uma dupla dimensão do real: a do mundo concreto e a do mundo dos textos. Ao apresentar o dos textos como o *seu mundo*, aquele que compreende e no qual se sente à vontade, Calvino inverte nossa percepção habitual do assunto, provocando-nos o estranhamento que buscam os antropólogos, e levando-nos a refletir, entre outras coisas, sobre as relações entre escrita e oralidade.

O texto de Julie Cruikshank, extraído de *The Canadian Historical Review*, chama a atenção para a mais recente tendência de historiadores e antropólogos que trabalham com populações inseridas em sociedades letradas, mas para as quais a escrita não é a principal forma de transmissão de conhecimentos: investigar tanto as fontes orais quanto as escritas, mesmo que isso gere a inquietante questão que David Henige, um historiador da África, já se havia colocado alguns anos antes: "[...] o historiador pode ficar perplexo pela percepção inconfundível de que a

---

[16] No bloco "Pensar o tempo presente", deste livro, há textos que se referem à dimensão ética da história oral e da história contemporânea. A respeito, ver também, com diferentes perspectivas: Alcoff, Linda. The problem of speaking for other. *Cultural Critique*. 1991-92. p. 5-32; Gugelberger, George & Kearney, Michael. Voices for the voiceless: testimonial literature in Latin America. *Latin American Perspectives*, 18(3):3-15, 1970; Grele, Ronald J. Useful discoveries: oral history, public history, and the dialectic of narrative. *The Public Historian*, 13(1); McBryde, Isabel (ed.). *Who owns the past?* Melbourne, Oxford University Press, 1985; e Patai, Daphne. Ethical problems of personal narratives, or, Who should eat the last piece of cake? *International Journal of Oral History*, 8(1):5-27, Feb. 1987.

APRESENTAÇÃO

tradição oral nem sempre é apenas oral".[17] O artigo chama também a atenção para outro aspecto nem sempre explorado nos estudos da tradição oral: narrativas orais referem-se tanto ao passado quanto ao presente, organizando-os e unificando-os, e ao mesmo tempo apontam para o futuro.[18] Finalmente, o texto mostra como o estudo da tradição oral, relacionado de forma tão íntima ao da história oral, desafia as concepções tradicionais de "lugar" e de "evento".

Ligado às pesquisas sobre memória e tradição, outro tema vem ganhando espaço e importância: o tema geração. O texto de Jean-François Sirinelli, autor de várias obras sobre o assunto, destaca os limites e possibilidades do uso da "geração" como instrumento de análise do historiador e como objeto da história. Antes visto com reservas pelos historiadores (especialmente os vinculados à escola dos *Annales*, pois em geral "geração" é associada ao tempo curto), o tema hoje saltou diretamente das ruas para a academia. A imprensa refere-se à "geração cara-pintada", a política menciona uma "geração pós-guerra", a publicidade anuncia uma nova "geração de móveis", jovens rebelam-se contra a "antiga

---

[17] A citação completa na qual a frase está inserida é: "Os materiais que o informante consulta podem variar da Bíblia a livros em geral ou à história local, a publicações governamentais, a recortes de jornais e mesmo a dissertações ou publicações de um predecessor recente. No início, o historiador pode ficar perplexo pela percepção inconfundível de que a tradição oral nem sempre é apenas oral. Entretanto, essa situação está se tornando cada vez mais frequente, à medida que a proliferação do trabalho nas sociedades orais se combina com o aumento dos índices de alfabetização". Henige, David. *Oral historiography*. London, Longman, 1982. p. 57.

Para uma discussão sobre as relações entre escrita e oralidade, consultar, entre outros: Goody, Ack. *The interface between the written and the oral*. London, Cambridge University Press, 1987; e Ong, Walter J. *Orality and literacy*. 2 ed. London, Methuen, 1986.

[18] Outros autores, citados em nota no texto, também expressaram o mesmo ponto de vista. David William Cohen, por exemplo, escreveu: "(...) o conhecimento do passado, para o povo busoga, que vive entre o Nilo e o leste de Uganda, não são os mortos ou os sobreviventes moribundos de uma cultura oral passada, reproduzida por meio dos estreitos circuitos do passado, de geração em geração. O conhecimento do passado em Busoga envolve a inteligência coditiana, crítica e viva que circunda o *status*, as atividades, os gestos e a fala dos indivíduos em Busoga. Escritórios, títulos de terra, heranças, crença e ritual, clientelismo, dívidas, casamentos — tudo isso fica como um desdobramento criativo do conhecimento detalhado do passado". Ver The undefining of oral tradition. *Ethnohistory*, 36(1):9-18, 1989.

Outro autor que analisa esse tema em profundidade é Richard Price, em *First-time: the historical vision of an Afro-american people*. Baltimore, Johns Hopkins University Press, 1983; outro livro de Price é também extremamente esclarecedor sobre o assunto: *Alabi's world*. Baltimore, Johns Hopkins University Press, 1989.

geração", fala-se em "conflito de gerações", uma "terceira idade" foi depressa inventada... Os estudiosos retomaram o clássico *O problema das gerações*, de Karl Manheim, partindo daí para desenvolver o assunto em várias direções, inclusive a da história oral, já que "geração" é um conceito muito utilizado no senso comum para marcar a passagem do tempo e dar-lhe significados pessoais.[19]

    O terceiro bloco de artigos — "Trajetória" — está voltado para o papel do sujeito na história e coloca em pauta questões relativas a biografias, autobiografias, histórias de vida. O uso desses relatos como fontes de investigação tem provocado grandes debates metodológicos no campo das ciências sociais, e são inúmeros os problemas levantados. Especialmente ao longo dos anos 60 e 70, predominou na historiografia a tendência de valorizar as análises das estruturas, os processos de longa duração, e, em contrapartida, de desvalorizar os estudos sobre a conjuntura política ou cultural, o fato histórico singular e seu protagonista individual. Nesse movimento, o uso de fontes seriais e de técnicas de quantificação assumiu importância fundamental, enquanto o recurso a relatos pessoais, histórias de vida, biografias passou a ser visto como extremamente problemático. Condenava-se sua subjetividade, duvidava-se das visões distorcidas apresentadas, enfatizava-se a dificuldade de se obter relatos fidedignos. Alegava-se também que os depoimentos pessoais não podiam ser considerados representativos de uma época ou de um grupo. A experiência individual produzia uma visão particular e não permitia generalizações.

    A virada dos anos 70 para os anos 80 trouxe, entretanto, transformações expressivas nos diferentes campos da pesquisa histórica, revalorizando a análise qualitativa, resgatando a importância das experiências individuais, promovendo um renascimento do estudo do político e dando impulso à história cultural. Nesse novo cenário, os depoimentos, os relatos pessoais e a biografia também foram revalorizados, e muitos dos seus defeitos, relativizados. Argumentou-se, em defesa da abordagem biográfica,

---

[19] Entre os bons estudos sobre geração estão: Attias-Donfut, C. *Sociologie des générations. L'empreinte du temps*. Paris, PUF, 1988; Le Wita, Béatrix. L'énigme des trois générations. In: Segalen, Martine (dir.). *Jeux de familles*. Paris, Presses du CNRS, 1991. p. 209-21; Manheim, Karl. *Les problèmes des générations*. Paris, Nathan, 1990 (excelentes também a introdução e o posfácio de G. Mauger); Sirinelli, Jean-François (dir.). Générations intelectuelles. *Les Cahiers de l'Institut d'Histoire du Temps Présent* (6), 1987.

que o relato pessoal pode assegurar a transmissão de uma experiência coletiva e constituir-se numa representação que espelha uma visão de mundo. Como afirma Giovanni Levi no artigo incluído neste bloco, "nenhum sistema normativo é suficientemente estruturado para eliminar qualquer possibilidade de escolha consciente, de manipulação ou de interpretação de regras de negociação. A meu ver, a biografia é por isso mesmo o campo ideal para se verificar [...] a liberdade de que as pessoas dispõem e para se observar como funcionam concretamente os sistemas normativos".

O texto de Pierre Bourdieu, por outro lado, levanta problemas e questões acerca das biografias e histórias de vida. Nossa proposta é exatamente suscitar o debate, cujos desdobramentos só servirão para o enriquecimento da história oral.

O quarto conjunto de textos — "Pensar o tempo presente" — propõe-se discutir o *status* da chamada história do tempo presente e suas relações com a história oral. O paradigma estruturalista dominante na história nos anos 60-70 também via com desconfiança o estudo dos períodos recentes. Ancorada em princípios que sustentavam a necessidade do distanciamento temporal do pesquisador frente ao seu objeto, ou seja, da *visão retrospectiva* sobre processos históricos cujo desfecho já se conhece, a história criava limitações para o trabalho com a proximidade temporal, por temer que a objetividade da pesquisa pudesse ficar comprometida. Mesmo reconhecendo, como o faz Vidal-Naquet,[20] que seus livros de história antiga traziam a marca de seus posicionamentos políticos, que o trabalho do historiador é sempre engajado, a maioria dos historiadores acreditava que o distanciamento do objeto era o meio mais seguro de evitar as paixões políticas atuais. Também Eric Hobsbawm[21] explicava suas dificuldades de trabalhar com os objetos contemporâneos, pois certamente teria de se insurgir contra certas orientações do Partido Comunista, ao qual estava vinculado... Um outro fator certamente intimidava os historiadores: a história do tempo presente tem de lidar com testemunhas vivas, presentes no momento do desenrolar dos fatos, que podem vigiar ou contestar o pesquisador.

---

[20] Em L'engagement de l'historien. In: *Écrire l'histoire du temps présent*. Paris, CNRS, 1992. p. 383.
[21] Em L'historien et son temps présent. In: *Écrire l'histoire du temps présent*. Paris, CNRS, 1992. p. 95.

Nos anos 80, mais uma vez o quadro mudou. O aprofundamento das discussões acerca das relações entre passado e presente na história e o rompimento com a ideia que identificava o objeto histórico ao passado abriram novas possibilidades para o estudo da história do século XX. Roger Chartier sustenta em seu artigo que, na história do tempo presente, o pesquisador é contemporâneo de seu objeto e divide com os que fazem a história, seus atores, as mesmas categorias e referências. Assim a falta de distância, ao invés de um inconveniente, pode ser um instrumento de auxílio importante para um melhor entendimento da realidade estudada, de maneira a superar a descontinuidade fundamental que ordinariamente separa o instrumental intelectual, afetivo e psíquico do historiador e aqueles que fazem a história.

A história do tempo presente contribui particularmente para o entendimento das relações entre a ação voluntária, a consciência dos homens e os constrangimentos desconhecidos que a encerram e a limitam. Melhor dizendo, ela permite perceber com maior clareza a articulação entre, de um lado, as percepções e as representações dos atores, e, de outro, as determinações e interdependências que tecem os laços sociais. Trata-se, portanto, de um lugar privilegiado para uma reflexão sobre as modalidades e os mecanismos de incorporação do social pelos indivíduos de mesma formação social. E nos parece óbvia a contribuição da história oral para atingir esses objetivos.

O último conjunto de textos, finalmente — "Entrevistas e acervo" — chama a atenção para questões relativas à realização de entrevistas e a políticas de acervo. O ponto central que defendemos é a especificidade da entrevista de história oral que, distintamente de outras formas de coleta de depoimentos, deve estar sempre inserida num projeto de pesquisa e ser precedida de uma investigação aprofundada, baseando-se em um roteiro cuidadosamente elaborado. Ainda que esta recomendação seja antiga e consensual entre os especialistas em história oral, nunca é demais relembrá-la. É crescente hoje o interesse por livros de memórias, construídos a partir da tomada de depoimentos orais, por escritores ou jornalistas que não dispõem de conhecimento específico sobre os temas ou os indivíduos pesquisados. Muitos desses empreendimentos inegavelmente alcançaram bons resultados, mas muitos outros nada mais são que iniciativas comerciais, estimuladas por um mercado ávido por absorver memórias e biografias de figuras públicas da atualidade. Nada disso tem a ver com a metodologia da história oral.

Um segundo aspecto diretamente relacionado à realização de entrevistas é a constituição de acervos. A despeito dos esforços que vêm sendo realizados com vistas a estimular a formação e a organização de acervos de história oral, ainda são grandes os problemas nesta área, tanto nas instituições públicas como nas instituições privadas. Para começar, não existe a preocupação por parte dos pesquisadores de realizar entrevistas com a perspectiva de convertê-las em fonte para outros pesquisadores no futuro, o que implicaria, necessariamente, a obediência a determinados critérios de organização do depoimento e a observância de certos padrões técnicos de gravação. Existe, por outro lado, uma carência de programas de história oral capazes de receber material de pesquisadores individuais ou de organizar as fontes arquivadas e torná-las acessíveis a um público mais amplo. Se o ofício do historiador se caracteriza pelo trabalho com fontes primárias, o fato de as entrevistas permanecerem "ocultas", sem que sua consulta seja facultada aos demais interessados, impede-as de se tornar fontes plenamente legitimadas.

O texto de Ronald J. Grele é extremamente importante por nos alertar para esses problemas. Tomando como referência o caso norte-americano, o autor chama a atenção para o fato de que *entrevistar é apenas o primeiro passo*. É necessário processar e tornar disponíveis os depoimentos através da organização e da catalogação, e por fim avaliar a qualidade e o interesse dos acervos produzidos. No seu entender, esses seriam procedimentos fundamentais para garantir a maioridade da história oral.

Recentemente o *Jornal do Brasil* publicou uma grande matéria denunciando a destruição dos arquivos visuais do país. Poderíamos aproveitar a oportunidade para chamar a atenção para a necessidade de preservar a memória *oral* do Brasil. É importante que os arquivos públicos revejam sua estratégia de dar atenção quase exclusiva às fontes escritas e definam políticas de captação e preservação de fontes orais. Não é preciso dizer que só teremos a ganhar com isso.

A montagem desta coletânea contou com o apoio de inúmeras pessoas e instituições que nos ajudaram a liberar os textos para publicação. A todos, e especialmente a Mercedes Vilanova, editora da revista *Historia y Fuente Oral*, a Michel Trebitsch, do Institut d'Histoire du Temps Présent, e a Jean Leblond, nossos sinceros agradecimentos.

Maio de 1996

1
Questões

Capítulo 1

A fecundidade da história oral*

Etienne François**

A título de introdução às observações que se seguirão, uma primeira nota me parece se impor, visto que, longe de ser uma simples figura de retórica, pelo contrário, ela precisa o alcance, ou melhor, os limites do meu pensamento. De fato, se acompanho com interesse e simpatia o que se faz há alguns anos em matéria de história oral na Alemanha — donde, por exemplo, a iniciativa de organizar, em dezembro de 1981, juntamente com Jean-Pierre Rioux e o IHTP, de um lado, e Lutz Niethammer e a equipe do projeto Lusir, do outro, o seminário de história oral de Essen sobre "A memória dos anos 1930-50"[1] —, nem por isso sou especialista em história contemporânea ou mesmo praticante da história oral, de modo que minha competência no assunto necessariamente se restringe à de um observador atento e interessado. Por que, então, aceitei o convite dos organizadores desse seminário? Antes de mais nada, porque me parece que as contribuições da história oral, bem como os debates e as discussões que ela suscita, interessam não só aos seus praticantes, mas também a toda comunidade de historiadores. Contudo, levando em conta minha relativa ex-

---
* François, Etienne. Fécondité de l'histoire orale. *Les Cahiers de l'IHTP*. Paris (4):33-43, juin 1987.
** Missão histórica francesa na Alemanha (Göttingen), Universidade de Nancy II.
[1] Sobre o seminário de Essen, ver minha exposição publicada no *Bulletin d'Information de la Mission Historique Française en Allemagne* (4), jan. 1982, bem como a exposição de Jean-Pierre Rioux no *Bulletin de l'Institut d'Histoire du Temps Présent* (8), mars 1982.

terioridade, julguei preferível dar à minha intervenção um caráter limitado, concentrando-me em um pequeno número de observações e indagações.

A complacência da alteridade

Minha primeira observação será sobre o papel e o *status* da história oral dentro da pesquisa histórica. Faz seis anos, os *Annales*, inaugurando uma série de artigos sobre arquivos orais, levantaram a questão de saber se se tratava de uma "outra história".[2] De fato, especialmente nos países germânicos, muitos são os que sustentam a pretensão da história oral a ser uma "outra história" e que veem nela a ponta avançada, como que a tropa de choque dessa nova corrente histórica chamada *Alltagsgeschichte* — corrente tanto impetuosa quanto heterogênea e que, para grande escândalo dos papas da corporação histórica, se apresenta como defensora de uma história diferente, tanto em seus objetos quanto em suas práticas, de uma história "alternativa", livre e emancipadora, em ruptura com a história acadêmica institucional.[3]

Para justificar essa pretensão, apresentam-se dois argumentos em forma de programa. A história oral seria inovadora primeiramente por seus objetos, pois dá atenção especial aos "dominados", aos silenciosos e aos excluídos da história (mulheres, proletários, marginais etc.), à história do cotidiano e da vida privada (numa ótica que é o oposto da tradição francesa da história da vida cotidiana), à história local e enraizada. Em segundo lugar, seria inovadora por suas abordagens, que dão preferência a uma "história vista de baixo" (*Geschichte von unten, Geschichte von innen*), atenta às maneiras de ver e de sentir, e que às estruturas "objetivas" e às determinações coletivas prefere as visões subjetivas e os percursos individuais, numa perspectiva decididamente "micro-histórica".

---

[2] Archives orales: une autre histoire? *Annales E. S. C., 35*(1):124-99, jan./fév. 1980.

[3] Abordei esses debates de maneira mais detalhada em meu artigo L'Allemagne fédérale se penche sur son passé (*Vingtième Siècle. Revue d'Histoire, 7*:151-63, 1985). Ver, igualmente sobre um dos aspectos mais originais dessa nova corrente — os "ateliês de história" — a nota de Michael Pollack, La fête d'une autre histoire à Berlin, (*Vingtième Siècle, Revue d'Histoire, 4*:146-8, 1984). Ver também a coletânea recentemente publicada sob a direção de Gerhard Paul e Bernhard Schossig, *Die andere Geschichte: Geschichte von unten, Spurensicherung, Okologische Geschichte, Geschichtswerkstätten* (Köln, 1986).

Entretanto, reparando melhor, nenhuma dessas razões alegadas para justificar a pretensão da história oral a ser uma "outra" história — e que de tão repisadas quase se tornaram banais — resiste a um exame de especificidade. De fato, longe de serem próprias da história oral, a atenção dada a novos objetos e a adoção de novas abordagens são, pelo contrário, observadas muito além dos seus limites — da história antiga à história urbana ou da história das representações políticas à história social — e constituem apenas um aspecto entre outros das redefinições metodológicas e das mutações internas da pesquisa histórica atualmente em curso.[4]

Duas trajetórias de historiadores de nosso tempo, ambos totalmente estranhos à história oral, servem para explicitar essa questão. A primeira é a do historiador francês Daniel Roche, que no espaço de uma década passou de uma abordagem estritamente "quantitativista" e "objetivizante" das estruturas socioculturais da França do Antigo Regime — a mesma que ele utilizou em sua tese sobre as academias provincianas no século XVIII — a uma abordagem biográfica, subjetiva e "micro-histórica", especialmente em sua notável edição do *Journal de ma vie* do artesão vidreiro parisiense Jacques-Louis Ménétra, figura por excelência do "excepcional normal" de que fala Grendi.[5] A segunda é a do historiador germano-suíço Arthur E. Imhof, também um modernista, defensor até há pouco de uma demografia histórica "científica" (se não positivista), globalizante, e adepto do computador e da modelagen matemática, mas que em seu último livro, lançado em 1984, denuncia as aporias das abordagens estatísticas e as miragens das médias e, valendo-se da mesma "mudança de ótica" de Daniel Roche, busca agora descobrir, de alguma forma pelo interior e através de trajetórias de vida individuais, como os

---

[4] Encontraremos uma excelente retrospectiva sobre as mutações recentes da pesquisa histórica na nova edição do livro de Georg G. Iggers, *New directions in European historiography* (Middletown, Connecticut, Wesleyan University Press, 1984), especialmente o capítulo 5: Epilogue: the last ten years in retrospect, p. 175-205.

[5] Roche, Daniel. *Le Siècle des Lumières en province, académies et académiciens provinciaux, 1680-1789* (Paris/La Haye, 1978, 2 v.); *Journal de ma vie. Jacques-Louis Ménétra, compagnon vitrier au 18e siècle* (apresentado por Daniel Roche), Paris, 1982. D. Roche retraçou as etapas e as razões dessa mutação intelectual na introdução de sua última obra (escrita junto com Pierre Goubert), *Les français et l'Ancien Régime* (Paris, 1984. t. 2: Culture et société), defesa de uma "mudança de ótica" que nos faça passar de uma "história das estruturas e das estratificações sociais a uma história social das percepções, das práticas e das apropriações".

homens do século XVII tentavam dar, cada um à sua maneira, um sentido à sua vida em sua irredutível unicidade.[6]

Esses exemplos, que poderíamos multiplicar à vontade, provam cabalmente: nem em seus objetos nem em suas abordagens a história oral merece a qualificação de "história diferente", e a acreditar-se que ela é uma "frente pioneira" da pesquisa histórica e um dos campos em que se opera a sua renovação, como ignorar os múltiplos impulsos, os incentivos e os exemplos que ela encontrou fora dela, a ponto mesmo de alguns se perguntarem se a história oral não deveria parte do seu sucesso ao fato de ter sabido adaptar à história do tempo presente as problemáticas e os métodos desenvolvidos pelo que ainda há pouco chamávamos de "nova história"?[7] A despeito dos manifestos que proclamam com benevolência a alteridade da história oral, a indagação que se fazia há seis anos hoje não tem mais razão de ser: fazendo o balanço crítico, no capítulo que encerra o terceiro tomo da publicação oriunda do projeto Lusir, dos aprendizados e das aquisições do empreendimento comum, mas também das crises e das dificuldades decorrentes dos objetivos militantes iniciais, Lutz Niethammer reconhece desde logo e sem a menor reserva: a história oral não é uma outra história.[8]

Melhor do que uma técnica

Prosseguindo nesse mesmo balanço, Lutz Niethammer propõe em seguida uma nova definição da história oral: sendo assim, ela não seria nada mais (e nada menos) do que uma "técnica de investigação própria da história do século XX", de certa forma uma ciência auxiliar que está para a história do tempo presente assim como a arqueologia

---

[6] Para se ter uma noção dessa mutação, basta comparar duas obras desse historiador, lançadas somente com sete anos de diferença: Imhof, Arthur E. *Einführung in die Historische Demographie* (München, 1977) e *Die verlorenen Welten. Alltagsbewältigung durch unsere Vorfahren — und weshalb wir uns heute so schwer damit tun...* (München, 1984).

[7] Quanto a mim, estou muito impressionado com o fato de que, nos "metadiscursos" multiplicados na Alemanha e na Áustria pelos debates e controvérsias em torno do *Alltagsgeschichte*, os defensores mais ardorosos da história oral como "história alternativa" vão, na realidade, buscar muitas de suas justificativas teóricas fora da história oral propriamente dita e apelam mais para exemplos de E. Le Roy Ladurie, C. Ginzburg, N. Davis ou E. Thompson, e até mesmo de F. Braudel.

[8] Niethammer, Lutz. Fragen — Antworten — Fragen. Methodische Erfahrungen und Erwägungen zur Oral History. In: Niethammer, Lutz & von Plato, Alexander (dir.). *Wir kriegen jetzt andere Zeiten. Auf der Suche nach der Erfahrung des Volkes in nachfaschistischen Ländern. Lebengeschichte und Sozialkultur im Ruhrgebiet 1930 bis 1960.* Bonn, 1985. v. 3, p. 392-445.

está para a história antiga.⁹ História oral como simples ciência auxiliar da história contemporânea? Na verdade, essa nova definição, cuja modéstia não está isenta de desencanto, não ganha muito mais adesões do que a precedente.

Ela não convence, em primeiro lugar, porque negligencia tudo o que a história oral é capaz de trazer para o conhecimento de séculos mais remotos; ora, ainda que a história do tempo presente seja o campo predileto da investigação oral (e isso mais ainda nos países germânicos do que na França), somente as pesquisas de Philippe Joutard bastam para mostrar que a história dos séculos mais remotos pode tirar proveito das pesquisas sobre as tradições orais, a memória e o legendário históricos.¹⁰

Em segundo lugar, ela não convence porque, pelos aportes, pelas contribuições e pelo alargamento de perspectiva que ela já trouxe, a história oral parece-me ter demonstrado que é mais do que um simples aperfeiçoamento técnico ou um requinte metodológico. Basta comparar os resultados de duas grandes pesquisas, feitas recentemente na Alemanha e que procuravam compreender melhor a realidade concreta e o impacto efetivo do nazismo em meios sociais e regionais bem-delimitados. Essas duas pesquisas, que a meu ver são o que de mais interessante se publicou sobre o nazismo nos últimos anos, foram a do Institut für Zeitgeschichte de Munique, sobre a Baviera na época nazista, realizada a partir de arquivos escritos e de fontes impressas, e aquela já mencionada da equipe de Lusir, de Essen, sobre "Histórias de vida e grupos sociais do Ruhr de 1930 a 1969", na qual se deu prioridade à história oral.¹¹ Ora, enquanto a pesquisa de Munique, por recorrer a um método mais clássico e proceder de alguma forma de cima para baixo, é antes de mais nada uma investigação de aprofundamento, contribuindo sobretudo para verificar, matizar ou invalidar localmente e

---

⁹ "*Eine spezifisch seitgeschichtliche Forschungstechnik*", definição que ele retoma um pouco mais adiante nos seguintes termos: "*sie stellt ein Instrument zeitgeschichtlicher Heuristik unter anderen dar*" (Niethammer, 1985:420).

¹⁰ Joutard, Philippe. *Ces voix qui nous viennent du passé*. Paris, 1983.

¹¹ Os resultados da grande pesquisa sobre a Baviera foram publicados sob a direção de Martin Broszat, *Bayern in der NS-Zeit. Studien und Dokumentationen* (München, 1977-84. 6 v.). As referências dos dois primeiros volumes originados da pesquisa Lusir (*Lebensgeschichte und Sozialkultur im Ruhrgebiet 1930 bis 1960*) são as seguintes: Niethammer, Lutz (dir.). *Die Jahre weiss man nicht, wo man sie heute hinsetzen soll* e *Hinterher merkt man, dass es richtig war, dass es schiefgegangen ist* (Bonn, 1983). As referências do terceiro volume já foram indicadas na nota 8.

para precisar concretamente as teses gerais sobre o nazismo, a pesquisa do Ruhr, por recorrer ao método oral e proceder, ao contrário da precedente, de baixo para cima, parece-me, no todo, muito mais renovadora e inovadora.

Quanto a mim, vejo aí três contribuições principais. A primeira é a relativização da política: na lembrança das pessoas entrevistadas (inclusive entre os militantes políticos), as determinantes essenciais são a faixa etária, o sexo, a crença religiosa, o bairro ou a profissão, constituindo a política, em todos os pontos, elemento de superestrutura frágil e de instância secundária: é impressionante como os entrevistados, que já tinham atingido a idade adulta em 1933, conseguiram isolar a influência do partido em suas vidas cotidianas, contentando-se em viver numa "normalidade cotidiana" refratária a qualquer forma de recuperação vinda de cima. A segunda contribuição é a importância do impacto cultural (e, portanto, indireto) do nazismo: mesmo para os que guardaram em relação ao regime uma atitude de prudência ou até de reserva, os 10 anos que medeiam entre a chegada de Hitler e o poder do início dos bombardeios aliados formam um grande remanso de "normalidade", sinal de uma ampla conivência tácita entre a prática do regime e as aspirações coletivas da maioria da população; se a juventude operária se mostrou — em particular nos primeiros tempos — literalmente fascinada pelo regime, também aí as razões são menos políticas do que culturais (afinidades com certos elementos da cultura operária, possibilidades de promoção e até de revanche social — e, mais ainda, de emancipação das normas sociais e das coações familiares). A terceira contribuição — em boa parte devida ao fato de na amostra pesquisada as mulheres serem tão numerosas quanto os homens — é a evidenciação de uma cronologia da lembrança original, situando as cesuras não em 1933 e 1945, mas em 1940 e 1948. De fato, os anos que ocupam o lugar mais importante na memória do Ruhr são precisamente aqueles em que a história "de cima" veio brutalmente perturbar e transtornar as "normalidades" familiares e profissionais, com um forte contraste, porém, entre os anos do início da guerra — em geral vividos como uma ruptura positiva, tanto para os homens (na frente de combate ou no trabalho) quanto para as mulheres, que saíram dos seus lares e assumiram novas responsabilidades — e os anos do fim da guerra, do desmoronamento e do imediato pós-guerra, anos de sofrimento e incerteza, de confusão e desilusão, dominados pela obsessão da sobrevivência no dia a dia, sem outro apoio que não a família e a iniciativa individual.

Esse exemplo mostra bem que se uma pesquisa oral pôde revelar tantos elementos novos sobre o período da história contemporânea da Alemanha que foi mais intensamente investigado, é porque seu potencial documental e heurístico vai além dos aperfeiçoamentos técnicos de uma simples "ciência auxiliar", podendo, desde que utilizado com conhecimento de causa, desembocar num verdadeiro salto qualitativo. Quaisquer que sejam as precauções críticas no emprego dos depoimentos orais,[12] como historiador modernista não posso deixar de assinalar (com certo despeito) o contraste entre as limitações das raríssimas entrevistas (frequentemente arrancadas sob violência judiciária, inquisitorial ou policial) ou histórias de vida (deixadas somente pelos que sabiam e tinham vontade de escrever) que encontramos nos arquivos e as possibilidades quase infinitas e a representatividade bem maior das entrevistas e histórias de vida suscitadas pela pesquisa oral.[13]

Um convite à pertinência

Existe, enfim, uma terceira razão que faz com que a comparação com uma ciência auxiliar seja ainda menos convincente: em contraste com a arqueologia ou a demografia histórica, que não podem fazer mais do que suscitar novos objetos e uma nova documentação, a história oral não somente suscita novos objetos e uma nova documentação (os "arquivos orais", tão caros a D. Schnapper), como também estabelece uma relação original entre o historiador e os sujeitos da história. Que essa relação, diferente daquela que o historiador mantém com uma documentação inanimada, é de certa forma mais perigosa e temível, nem é preciso lembrar: uma testemunha não se deixa manipular tão facilmente quanto uma série estatística, e o encontro propiciado pela entrevista gera interações sobre as quais o historiador tem somente um domínio parcial. Donde as decepções, os desencantos, as crises e até os fracassos que marcam a história

---

[12] Sobre os problemas práticos e teóricos ligados à constituição dos "relatos de vida" e, em geral, das entrevistas narrativas, ver a útil reflexão crítica de Heinz Bude, Der Sozialfoscher als Narrationsanimateur: Kritisch Anmerkungen zu einer erzähltheoretischen Fundierung der interpretativen Sozialforschung. *Kölner Zeitschrift für Soziologie und Sozialpsychologie* (37):327-36, 1985.

[13] Quanto a este ponto, ver as observações pertinentes de Lutz Niethammer na introdução Es war einmal... Vom Wandel mündlicher Überlieferung, do número de maio/junho de 1984 do *Journal für Geschichte*, consagrado especialmente à história e às tradições orais (p. 8-11).

ainda recente da história oral, desde a recusa em responder até a decisão tomada há alguns anos por uma equipe de Tübingen de interromper a pesquisa que iniciara sobre o nazismo num vilarejo da Suábia, depois que se percebeu que as lembranças evocadas podiam comprometer irremediavelmente a paz dos lares. Sendo assim, parece-me, contudo, que a história oral, precisamente na medida em que se constitui num encontro com sujeitos da história, pode contribuir para reformular o eterno problema da pertinência social da história e também o do lugar e do papel do historiador na cidade: por isso mesmo ela pode representar para a história, como disciplina, uma chance que não se deve subestimar.

Para corroborar essa afirmação geral, gostaria de apresentar um exemplo, desta vez austríaco, e não alemão. Nas origens dessa experiência apaixonante e que considero tanto instrutiva quanto bem-sucedida, está um problema historiográfico banal. Estudando já há vários anos, numa perspectiva de história social e de demografia histórica quantitativas, a evolução das estruturas familiares da Europa central do período moderno ao início do nosso século, Michael Mitterauer, titular da cadeira de história econômica e social da Universidade de Viena, ficou impressionado com o contraste entre a enorme importância, em todos os estados, da população que ele inclui na rubrica "trabalhadores diaristas, domésticos e criados" e o extremo laconismo, para não dizer mutismo, da documentação escrita no tocante a toda essa parte da antiga sociedade rural. Diante da insuficiência gritante de sua documentação habitual, Mitterauer decidiu recorrer ao que, de início, para ele não passava de um paliativo (ou, para usar a comparação de L. Niethammer, uma ciência auxiliar): no caso, a pesquisa oral. Com a ajuda de estudantes do seu seminário, ele organizou, para colher depoimentos, vários encontros com pessoas idosas que viviam em Viena mas eram oriundas do proletariado rural, nascidas e criadas no campo, no fim do século passado e no início deste. Ora, esses encontros logo deram origem a uma dinâmica inesperada e impetuosa, que levou historiadores e depoentes muito além dos objetivos iniciais. De fato, não só eles atraíram a atenção dos pesquisadores para aspectos da condição rural até então insuficientemente considerados (em particular, o problema da ilegitimidade),[14] mas sobretudo suscitaram entre as pessoas entrevistadas reações emocionais muito for-

---

[14] Sobre a história da ilegitimidade (particularmente da ilegitimidade rural maciça na Europa central no século XIX), ver: Mitterauer, Michael. *Ledige Mütter. Zur Geschichte unehelicher Geburten in Europa* (München, 1983).

tes, sempre que elas se viam confrontadas com aspectos sensíveis (e enterrados) de sua juventude (pobreza, privação, miséria, dependência, incerteza do futuro etc.), despertando-lhes assim a vontade de participar ativamente da pesquisa em curso — numa perspectiva emancipadora de recuperação de sua própria história reprimida e, portanto, de redescoberta de identidade — e levando os historiadores a se interrogarem sobre sua maneira de relacionar-se e comunicar-se com aqueles cuja história estão escrevendo.

Essa dinâmica, por sua vez, resultou em duas iniciativas. Primeiro — depois que uma mulher de cerca de 80 anos, que ouvira falar da pesquisa, entregou a M. Mitterauer o relato de sua infância e juventude no campo como doméstica — o lançamento de uma série de publicações reunindo autobiografias e relatos de vida inéditos (mas, em geral, redigidos com a ajuda de historiadores profissionais) de antigos proletários rurais.[15] Depois, um programa de rádio codirigido por M. Mitterauer, no qual as pessoas que vinham ler trechos dos seus relatos de vida dialogavam sobre o mesmo assunto com historiadores especialistas na questão; aliás, esse programa logo se tornou muito popular. No todo, portanto, uma experiência cuja consequência foi dupla: por um lado, graças ao apelo feito às testemunhas e às autobiografias assim suscitadas (mais ou menos como J. Ozouf procedera em sua pesquisa sobre os professores primários), a constituição de um abundante *corpus* documental sobre um campo histórico mal conhecido; por outro, a experimentação, pelos historiadores, de novas formas de intervenção e de comunicação à margem das formas habituais do ensino e da pesquisa, mais participativas do que acadêmicas, porém cientificamente tão rigorosas quanto as precedentes.[16]

Este exemplo bem-sucedido de história "participativa", na qual o historiador é não só aquele que induz a um depoimento emancipador,

---

[15] O primeiro volume dessa série é a autobiografia pungente, sóbria e de tom muito pessoal de Maria Gremel, *Mit neun Jahren im Dienst. Mein Leben im Stübl und am Bauernhof 1900-1930* (Wien, 1983). O título dado à coleção, *Damit es nicht verloren geht...*, mostra bem a intenção de preservar uma memória em perigo.

[16] Sobre essa experiência, ver o artigo de Michael Mitterauer, Aber arm wollte ich nicht sein, na coletânea organizada por Hubert Ch. Ehalt, *Geschichte von unten. Fragestellungen, Methoden und Projekte einer Geschichte des Alltags* (Wien, 1984. p. 143-62). Ver na mesma coletânea a introdução do editor, Geschichte von unten (p. 11-40), ou ainda a contribuição de Helmut Konrad, Neue Wege in Forschung und Vermittlung von Geschichte (p. 41-58).

mas também — contanto que se trate de um bom especialista em sua disciplina — aquele que faz com que esse depoimento não seja apenas individual e fechado sobre si mesmo, parece-me, de resto, ainda mais interessante porque leva a relativizar a conhecida antinomia entre história militante e história científica, entre finalidade cognitiva e finalidade política da história. E se é verdade que ainda hoje a história oral, apesar dos "desencantos" dos últimos anos, conserva nos países germânicos (Alemanha, Áustria e até mesmo a Suíça alemã) e também na Itália um caráter militante muito mais pronunciado do que na França, isto se deve seguramente ao fato de que nesses países, cuja história recente permanece marcada de maneira indelével pelo nazismo e pelo fascismo, ela tem mais condições de contribuir para que se libere o que está reprimido e se exprima o inexprimível. Por isso mesmo a história oral tem uma função propriamente política de purgação da memória, de "luto" ou, como se diz em alemão, de *Vergangenheitsbewältigung*.[17]

***

Duas observações mais alusivas servirão para concluir essa breve intervenção. A primeira é que, mesmo tendo perdido suas primeiras ilusões, a história oral ainda pode ser fecunda. Deixando por ora o campo da história do tempo presente, tomarei, para apoiar essa primeira afirmação, um exemplo da história do século XIX, o dos irmãos Grimm. É sabido que, no início do século passado, Jakob e Wilhelm Grimm, em sua utopia populista, percorreram a região do Weser para levantar a tradição oral germânica em sua autenticidade imediata e original e reproduzi-la por escrito. Ora, desde então provou-se que os contos, que eles consideravam a mais verdadeira expressão da alma alemã, eram em sua maioria exatamente o contrário, pois tratava-se de fato de contos de origem francesa e escrita, trazidos para a região no fim do século XVII por huguenotes expulsos pela revogação do Edito de Nantes. É difícil imaginar desilusão mais completa. Devemos, por isso, falar em fracasso? Em absoluto, pois o abandono das hipóteses explicativas que guiaram a investigação dos

---

[17] Para uma boa descrição dos riscos políticos e sociais de um trabalho sobre a memória por meio de um diálogo entre as gerações — e, portanto, de uma espécie de história oral espontânea, de base —, ver o ensaio perspicaz de Lothar Baier, *Un Allemand né de la dernière guerre. Essai à l'usage des Français* (Bruxelles, 1985).

irmãos Grimm suscita por sua vez uma série de questões novas que revigoram a pesquisa, como as questões sobre as formas de transferência cultural entre França e Alemanha, bem como entre cultura escrita e cultura oral, ou ainda as questões sobre o poder da popularidade dos contos de Grimm, suas funções e aquilo de que são a expressão.[18]

Minha segunda observação será para assinalar — ao contrário das diatribes espalhadas nos meios acadêmicos alemães por H. W. Wehler contra o neopositivismo da *Alltagsgeschichte* e sua pretensa renúncia a qualquer exigência teórica — que conheço poucos setores da pesquisa histórica que atualmente esclareçam melhor do que a história oral como a pesquisa empírica de campo e a reflexão teórica sobre as problemáticas e os métodos estão indissociavelmente ligadas, e que demonstrem de maneira mais convincente que o objeto histórico é sempre o resultado de sua elaboração pelo historiador: em suma, que a história é construção. Embora não seja praticante da história oral, reconheço de bom grado que aprendi muito sobre a história e a profissão de historiador graças à história oral.

---

[18] Sobre a história particularmente complexa dos contos de Grimm, ver, a título de introdução, o artigo de Dietz-Rüdiger Moser, Keine unendliche Geschichte. Die Grimm'schen Märchen — eine Treppe in die Vergangenheit? *Journal für Geschichte* (3):18-23, 1984, bem como as observações de Arthur E. Imhof, *Die verlorenen Welten...*, 1984:70-1, e Darnton, Robert. *Le grand massacre des chats: attitudes et croyances dans l'ancienne France*. Paris, 1985. p. 17-8, cap. 1: Contes paysans; les significations de Ma Mère l'Oye.

Capítulo 2

Prática e estilos de pesquisa na história oral contemporânea*

Jorge Eduardo Aceves Lozano

O interesse que desperta atualmente a questão da *oralidade* pode ser exemplificado pelos numerosos eventos e trabalhos de cunho acadêmico que se desenvolveram recentemente em torno de sua relação com a antropologia, a história e a literatura. Abordar o fenômeno da oralidade é ver-se defronte e aproximar-se bastante de um aspecto central da vida dos seres humanos: o processo da comunicação, o desenvolvimento da linguagem, a criação de uma parte muito importante da cultura e da esfera simbólica humanas.

O estudo da oralidade veio sendo ensaiado a partir da antropologia, no âmbito da pesquisa dos processos de transmissão das tradições orais, principalmente aquelas pertencentes a sociedades rurais, onde os modos de transmissão e conhecimento ainda transitam, de maneira relevante, pelos caminhos da oralidade. A tradição oral foi, então, um objeto de conhecimento constitutivo do *corpus* teórico da antropologia e também um meio de aproximação e interpretação das culturas abordadas. Mas a questão da oralidade ultrapassou o campo específico da antropologia, e agora é objeto de estudo de outras disci-

---

* Aceves Lozano, Jorge Eduardo. Práctica y estilos de investigación en la historia oral contemporánea. *Historia y Fuente Oral*. Barcelona, Universitat de Barcelona (12):143-50, 1994.

plinas, como é o caso, atualmente, da corrente historiográfica denominada "história oral".

A história interessou-se pela "oralidade" na medida em que ela permite obter e desenvolver conhecimentos novos e fundamentar análises históricas com base na criação de fontes inéditas ou novas. Por que podemos ver na história oral um método e não somente uma simples técnica? Essa é uma pergunta persistente, que demanda uma série de reflexões e enfoques para compreender sua prática, assim como as variantes e os estilos que se manifestam.

Eu partiria da ideia de que a "história oral" é mais do que uma decisão técnica ou de procedimento; que não é a depuração técnica da entrevista gravada; nem pretende exclusivamente formar arquivos orais; tampouco é apenas um roteiro para o processo detalhado e preciso de transcrição da oralidade; nem abandona a análise à iniciativa dos historiadores do futuro.

Diria que é antes um espaço de contato e influência interdisciplinares; sociais, em escalas e níveis locais e regionais; com ênfase nos fenômenos e eventos que permitam, através da oralidade, oferecer interpretações *qualitativas* de processos histórico-sociais. Para isso, conta com métodos e técnicas precisas, em que a constituição de fontes e arquivos orais desempenha um papel importante. Dessa forma, a história oral, ao se interessar pela oralidade, procura destacar e centrar sua análise na *visão e versão* que dimanam do interior e do mais profundo da experiência dos atores sociais.

A consideração do âmbito *subjetivo* da experiência humana é a parte central do trabalho desse método de pesquisa histórica, cujo propósito incluiu a ampliação, no nível social, da categoria de produção dos conhecimentos históricos, pelo que também se identifica e solidariza com muitos dos princípios da tão discutida "história popular".

A história oral compartilha com o método histórico tradicional as diversas fases e etapas do exame histórico. De início, apresenta uma problemática, inserindo-a em um projeto de pesquisa. Depois, desenvolve os procedimentos heurísticos apropriados à constituição das fontes orais que se propôs produzir. Na hora de realizar essa tarefa, procede, com o maior rigor possível, ao controle e às críticas interna e externa da fonte constituída, assim como das fontes complementares e documentais. Finalmente, passa à análise e à interpretação das evidências e ao exame detalhado das fontes recompiladas ou acessíveis.

A história oral poderia distinguir-se como um procedimento destinado à constituição de novas fontes para a pesquisa histórica, com base nos depoimentos orais colhidos sistematicamente em pesquisas específicas, sob métodos, problemas e pressupostos teóricos explícitos. Fazer história oral significa, portanto, produzir conhecimentos históricos, científicos, e não simplesmente fazer um relato ordenado da vida e da experiência dos "outros".

O historiador oral é algo mais que um gravador que registra os indivíduos "sem voz", pois procura fazer com que o depoimento não desloque nem substitua a pesquisa e a consequente análise histórica; que seu papel como pesquisador não se limite ao de um entrevistador eficiente, e que seu esforço e sua capacidade de síntese e análise não sejam arquivados e substituídos pelas fitas de gravação (sonoras e visuais).

Contudo, essa prática de pesquisa histórica desenvolveu diversas tendências e enfatizou alguns aspectos da metodologia, mais que outros elementos de sua tarefa. Daí surgem diversas concepções ou modalidades de ação na prática da história oral.

Antes, porém, de examinar as modalidades, caberia perguntar: como se integra a história oral no âmbito das ciências sociais? É um retorno a procedimentos antigos, ou uma renovação de métodos de pesquisa experimentados em outras áreas, mas incorporados à prática do chamado historiador oral? Retomemos alguns dos vestígios deixados pelo processo de sua constituição.

* * *

Nos anos 90, falar da *história oral* — como método historiográfico — já não representa um fato novo, com propostas sugestivas e procedimentos atraentes ou inéditos no ofício de historiar. Hoje a proposta metodológica da história oral é mais bem-aceita e já faz parte do arsenal técnico-metodológico geral de um número cada vez maior de profissionais de história e outras disciplinas sociais afins. Já se reconhece a existência de uma tradição acadêmica em muitos lugares do mundo e mesmo em nosso país, em áreas onde se difundiram sistematicamente e se empreenderam modernos projetos de pesquisa cujo ponto de partida e cujo eixo principal foram a história oral.

O âmbito de ação da história oral se amplia gradativamente e já não se limita exclusivamente aos domínios dos historiadores e demais cientistas sociais, porquanto em certos casos ela é também empregada por alguns grupos sociais interessados em construir suas próprias versões de seu acontecer histórico.

A história oral já não tem que lutar constantemente para reivindicar um espaço no âmbito das ciências sociais, pois sua proposta metodológica adquiriu validade e competência; entretanto, o que ela pretende atualmente é mostrar sua potência, sua riqueza, suas dúvidas, seus problemas, seus desafios e seus resultados. A história oral não é aquele caminho que mal se avista, com todo um horizonte a ser percorrido. Agora já existe um trabalho e uma experiência acumulada, a partir da qual é necessário examinar o caminho percorrido, antes de pretender seguir adiante.

Contudo, e apesar dos entusiasmos que ainda possa suscitar como método historiográfico, a história oral conserva uma espécie de rótulo de "segunda classe", sendo menosprezada pelos seguidores de uma tradição um tanto clássica do historicismo e de algumas versões atuais do quantitativismo e do objetivismo rasteiros que subsistem nas ciências sociais em geral. Isso é em grande parte compreensível não só porque ainda não existe um *corpus* abundante e significativo de trabalho historiográfico com base na construção e no emprego de fontes orais, mas também, e é esse o motivo mais comum, por causa da natureza da matéria-prima utilizada por esse tipo de historiador: a *oralidade* vertida em depoimentos e tradições, relatos e histórias de vida, narrações, recordações, memória e esquecimentos etc., todos estes rotulados como elementos subjetivos de difícil manejo científico.

Essa questão tem a ver não só com os pressupostos científicos das diversas disciplinas, mas também com fatores e práticas diferentes, isto é, rotinas, tradições, esquemas, deformações, gostos e estilos do ofício, de nossa tarefa profissional cotidiana. Além disso, existem as condicionantes das próprias instituições a que pertencem seus praticantes e pesquisadores. É por causa dos fatores mencionados que a história oral continua parecendo constituir certa novidade, já que sua matéria, a vida e a experiência humanas, continua, no espaço e no tempo presente, tão fresca e tão próxima como sempre esteve.

* * *

A novidade que se percebe consiste principalmente em reconhecer que a história oral constitui-se pela confluência multidisciplinar; tal como uma encruzilhada de caminhos, a história oral é um ponto de contato e intercâmbio entre a história e as demais ciências sociais e do comportamento, especialmente com a antropologia, a sociologia e a psicologia. A novidade se manifesta não só na abertura temática e metodológica por parte dos historiadores, mas também na paulatina delimitação de uma tarefa histórica, tanto no que diz respeito ao objeto e ao sujeito de estudo, como às perspectivas e aos métodos de pesquisa. Nesse contexto mais amplo se situa a "revalorização" das fontes orais por parte dos historiadores.

Percebo-a como uma "reconsideração", visto que nos primórdios da disciplina o emprego de depoimentos orais era um dos principais recursos para conhecer e escrever a história. No início do século XX — sem remontar a épocas anteriores do desenvolvimento da disciplina — a história acadêmica e científica e, por isso mesmo, a oficial faziam-se quase exclusivamente com base nos documentos escritos. Além da palavra escrita, nada havia de confiável ou de certa validade. A evidência oral era abertamente rejeitada. Essa atitude e mola do fazer histórico predominou até depois de meados deste século, quando certos historiadores, ansiosos por encontrar novos temas e fontes de informação, "reconheceram" e iniciaram, de forma entusiástica e não raro romântica, a construção, sistemática ou não, de novas *fontes orais*.

Esses pioneiros da moderna história oral tomaram emprestado muitos temas, problemas, métodos e técnicas que outras disciplinas sociais já haviam desenvolvido anteriormente ao se defrontar com depoimentos orais. A antropologia, a partir de sua rica e antiga tradição etnográfica, forneceu aos historiadores novos métodos e técnicas de trabalho, assim como conceitos, temáticas e problemas de estudo. Exemplo dessa influência é o atual interesse que os historiadores manifestam pelas questões culturais ou simbólicas, nos estudos sobre as mentalidades e a formação e evolução das identidades coletivas dos grupos humanos.

Por sua vez, a sociologia desenvolveu no século XX, com relativo sucesso, uma metodologia de pesquisa baseada em histórias e relatos de vida cujo fundamento era a evidência oral. Essas pesquisas de caráter sociológico desenvolveram temas amplos e níveis complexos de análise, além de novos recursos técnicos, entre os quais se destacam o aperfeiçoamento do instrumento da entrevista e o desenvolvimento de alguns controles sobre a validade e representatividade da evidência oral, bem como certos procedimentos metodológicos para a produção do protocolo de pesquisa aplicado atualmente pelo historiador oral.

A ideia de que a história oral é constituída graças ao contato multidisciplinar leva-nos a reconhecer, nessa encruzilhada de caminhos e ofícios, a contribuição da psicologia e, em particular, da psicanálise, basicamente pela necessidade de considerar a existência de outras dimensões da realidade, como a inconsciente, especialmente no tratamento e na análise da informação oral. A partir da psicologia e suas derivações, desenvolveu-se um aspecto fundamental no ofício do historiador oral, que é a precaução metodológica mediante a utilização de certos controles sobre a geração e o tratamento da informação oral, assim como reflexões sobre a peculiar relação que se estabelece entre o informante e o entrevistador e os fatores que afetam sobremaneira a produção e o caráter das fontes orais.

A reflexão sobre o modo pelo qual se estabelece a relação com os sujeitos pesquisados propiciou também conceitualizações que tendem a produzir diversas teorias do sujeito.

Outras disciplinas também deram contribuições específicas, como a linguística (técnicas para o processo da transcrição), o folclore (técnicas de recompilação de tradições orais) e a semiótica (métodos para análise dos conteúdos do discurso oral), entre outras. O interessante é destacar a gradativa conformação multidisciplinar, por inclusão e assimilação, crítica ou não, de temas, problemas, métodos e técnicas de trabalho de diversas disciplinas sociais.

Práticas e estilos de pesquisa em história oral

A *prática* da história oral apresenta pelo menos duas grandes modalidades ou estilos de ação. Cada qual enfatiza e concebe uma forma particular de praticá-la — ao menos no contexto mexicano, decididamente influenciado pela experiência norte-americana e de alguns países europeus. Não se trata de expor aqui uma tipologia precisa ou acabada; é antes uma ilustração propositiva e esquemática daquilo que, numa primeira e ampla tentativa de exame da produção bibliográfica recente, pode-se chegar a distinguir e contrastar.

Em princípio, e como fator de aglutinação, os dois estilos principais se dedicam a uma tarefa similar: a constituição de arquivos ou fontes orais, embora utilizados de forma diferente. Chamemos o primeiro estilo de *faceta técnica*, e o segundo, de *faceta metódica*. Cada um dos estilos pode ser subdividido em duas modalidades ou tipos de resultado.

Dessa forma, temos a *faceta técnica* com duas variantes: a) o *arquivista-documentalista*; e b) o *difusor populista*. Por outro lado, na *faceta metódica*, temos: a) o *reducionista*; e b) o *analista complexo*.

Ambas as variantes da *faceta técnica* têm uma feição empiricista; pragmática por princípio, limita-se a executar corretamente a técnica sem maiores pretensões científicas ou acadêmicas, com uma relativa e às vezes evidente rejeição às posturas teóricas. As variantes estilísticas da *faceta metódica* tendem a adotar uma postura abstrata e com interesses explícitos voltados para a conceitualização e a reflexão teórica, embora cada uma delas incorpore e utilize a fonte oral para a análise histórica de forma diferente e contrastante. A essa postura interessa desenvolver reflexões sobre o método de pesquisa adotado e não só executar regras ou receitas de procedimento.

A faceta técnica

O estilo do arquivista-documentalista

Para os que praticam essa modalidade, a história oral significa principalmente *criar e organizar* arquivos de documentos — transcritos — procedentes de entrevistas gravadas, para sua utilização possível e futura por historiadores interessados em nossos tempos. Esses técnicos organizam os arquivos com vistas à sua exploração em tempos futuros, sem considerar sua utilização aqui e agora. Apressam-se em recolher a mais ampla gama de testemunhos orais e se dedicam a constituir numerosos e monumentais arquivos do que irremediavelmente se está perdendo, se não for resgatado e arquivado a tempo.

Sua limitada porém esforçada atividade serve de apoio ao trabalho analítico do historiador contemporâneo, mas pode também limitar-se à maquiagem de outras iniciativas de difusão. Mais que compreender a história, esse técnico procura acumular dados orais, que se transformam com frequência em enormes pilhas de fitas e papéis em arquivos raramente consultados. O romantismo é um ingrediente que muitas vezes motiva seu trabalho de resgatar e armazenar a evidência, o depoimento, as tradições orais. Contudo, quando seu trabalho é sistemático e ele participa ativamente de projetos de pesquisa com perspectivas mais amplas, sua colaboração se torna valiosa e oferece a "matéria-prima" a ser utilizada.

O estilo do difusor populista

Para esses entusiastas, a história oral surgiu como uma verdadeira "alternativa" para divulgar a história daqueles que não foram registrados objetivamente nas histórias oficiais, nacionais ou internacionais. A história oral é para eles o instrumento e a resposta mais acabada que os intelectuais da história podem oferecer aos setores historicamente explorados. Mas sua orientação empirista levou a uma história oral que às vezes tem sido uma simples correia de transmissão (em cassete) da forma linguística e do conteúdo direto do discurso dos subalternos. Seus princípios os levaram a entrevistar e constituir amplos arquivos orais e a difundir o texto oral, tal qual é, sem um mínimo de interpretação ou tentativa de análise.

Quando muito, esse técnico sistematiza, ordena, expõe e narra os acontecimentos, sem variar a lógica de exposição nem os torneios de frases próprios dos depoimentos. É o rigor da fidelidade por princípio. Ele constrói amplos acervos orais, mas não tenta avançar na produção de conhecimentos e deixa a outros menos apressados a tarefa da análise. O difusor populista tem pressa e obsessão de dar a conhecer o depoimento oral, já que seu trabalho de recuperar a memória histórica terá mais sentido se conseguir de alguma forma incidir sobre a realidade social dos informantes.

A falta de controles sobre a participação do recompilador na construção e na análise da fonte é um dos principais problemas dessa maneira de praticar a história oral. Menosprezar a reflexão teórica, assumir unilateralmente o papel de porta-voz dos "outros" e limitar-se a explorar somente a técnica dificultam e prejudicam seu esforço para vir a ser aquilo que ele pretende: um historiador social.

A faceta metódica

O estilo reducionista

Esses pesquisadores da história e da sociedade não valorizam totalmente a evidência oral em si mesma, mas somente como apêndice agregado ou complemento, para a comprovação factual ou ilustração testemunhal, de uma série de postulados de caráter teórico estabelecidos de antemão. A informação oral é somente uma ilustração dramatizada dos argumentos teóricos e das categorias abstratas; o oral se transfigura num andaime ou suporte interessante da evidência e das séries quantitativas tradicionais. A história oral é concebida como instrumento de apoio, para e em função somente da trama teórica à qual se confere mais valor e consideração. Pelo seu caráter *subjetivo*, os depoimentos orais são considerados em segundo plano e são utilizados na qualidade de ingrediente atrativo, fácil de digerir ou consumir.

Diferentemente do arquivista, os praticantes desse estilo minimizador da informação oral tratam de matizar e mostrar seu trabalho a partir de uma perspectiva ideológica específica, rejeitando posturas demasiado objetivistas e o neutralismo extremado. A demonstração de um argumento teórico constitui em si a justificação da existência ou inexistência das fontes orais; assim, as possibilidades de eles praticarem história oral ficam drasticamente reduzidas, se não pulverizadas. Embora não neguem a validade da informação oral, esses técnicos só a utilizam em níveis muito restritos e de maneira ocasional, já que eles guardam certa desconfiança e receio diante dos produtores e usuários entusiastas das fontes e dos arquivos orais. Não obstante suas limitações, essa forma de utilizar ou recorrer à evidência oral é uma das práticas mais difundidas na atualidade, visto que se trata de pôr na boca dos outros os nossos pensamentos.

O estilo do analista completo

Esses historiadores orais consideram a fonte oral em si mesma e não só como mero apoio factual ou de ilustração qualitativa. Na prática, eles colhem, ordenam, sistematizam e criticam o processo de produção da fonte. Analisam, interpretam e situam historicamente os depoimentos e as evidências orais. Complementam suas fontes orais com as outras fontes documentais tradicionais do trabalho historiográfico. Não se limitam a um único método e a uma técnica, mas as complementam e as tornam mais complexas. Explicitam sua perspectiva teórico-metodológica da análise histórica e, sobretudo, estão abertos e dispostos ao contato com outras disciplinas.

Além disso, não consideram a história oral como mera técnica do arquivista qualificado, nem como a "nova" alternativa na tarefa do historiador comprometido com sua gente e seu tempo, mas sim como uma renovação das concepções sobre o envolvimento do historiador com seus sujeitos e problemas de pesquisa.

A história oral é vista como um método particular, mas não exclusivamente isso, já que também é considerada um meio de estabelecer relações de maior qualidade e profundidade com as pessoas entrevistadas. Essa modalidade é uma reação ao quantitativismo positivista que dominava as ciências sociais há algumas décadas.

Esses pesquisadores da oralidade (sejam historiadores, antropólogos, sociólogos etc.) consideram a evidência oral uma fonte muito importante e, em vários casos, a única ou a medular, mas que afinal é *só* mais um dos meios e acervos de informação de que dispõe o pesquisador para a construção da percepção, no tempo e no espaço, da experiência humana, particularmente dos grupos sociais em que a oralidade se mantém em vigência.

Essa postura, que combina e conjuga acertos e propostas dos diferentes estilos examinados, sustenta que a *versão* da história da sociedade que se constrói é tão válida quanto aquela que deriva da consulta de fontes documentais como arquivos e registros fiscais ou policiais, por exemplo. Não obstante, a evidência oral também exige e deve ter a mesma receptividade e os mesmos controles críticos que se aplicam aos artigos de jornal, a um relatório político ou a um documento lavrado em cartório.

De certa forma, o historiador oral que tende a integrar todas essas práticas está em busca do seu passado e ao mesmo tempo de sua identidade. Nesse estilo de trabalho, a tarefa de produzir conhecimentos históricos se torna válida, especialmente rica e atual, já que implica: reflexão teórica, trabalho empírico e de campo; maior ligação e vínculo pessoal com os sujeitos estudados; um processo de constituição de uma fonte e um processo de produção de conhecimentos científicos, isto é, um processo que permite ao pesquisador se transformar no que sempre pretendeu ser, um historiador.

Isto posto, o estilo ou caminho mais simples e direto não parece ser o mais adequado aos propósitos da história oral contemporânea. As perspectivas que se nos oferecem ao trabalharmos com fontes orais podem ser, pelo visto, muito variadas, tanto pela qualidade das próprias fontes — a maneira de constituí-las — como pelo tipo de análise e resultados produzidos pela pesquisa. Talvez atuemos primeiro como arquivistas e depois como difusores e promotores; mas é preciso não perder de vista a especificidade e a dinâmica da oralidade, já que as diversas facetas ou modalidades bem podem ser somente fases e tarefas sucessivas ou combinadas no tempo, mas sempre fazendo parte de um processo que integra os elementos mais convincentes das diversas técnicas e artes de fazer história oral.

Como acontece com outras questões mais vitais, aprende-se melhor a história oral experimentando-a, praticando-a sistemática e criticamente; mantendo a disposição de voltar atrás reflexivamente sobre os passos percorridos, com a finalidade de melhorar cada vez mais o nosso desempenho.

Capítulo 3

O *handicap* do *a posteriori**

Jean-Jacques Becker**

A fonte por excelência da história é, evidentemente, o material escrito, mesmo porque, até recentemente, a história não dispunha de outra coisa. Portanto a questão que se coloca é saber como a "história oral" pode articular-se com os outros tipos de arquivos cuja utilização há muito se tornou habitual.

Por natureza, a história oral sofre de um *handicap*: ela não é uma documentação "objetiva". Entendo por isso — e Danièle Voldman já acentuou esse fato — que o historiador trabalha normalmente com uma documentação que não foi escrita para a história, mas que ele encontrou inteiramente constituída. É verdade, contudo, que podemos corrigir ligeiramente essa afirmativa: assim, quando o reitor Charles-Petit Dutailis pede que os professores primários de sua circunscrição relatem o que se passa em suas comunas no momento da declaração da guerra de 1914, ele crê estar assim constituindo material para a história. Ocorre o mesmo quando eruditos obscuros ou personagens importantes escrevem um relato diário dos acontecimentos. Todavia essa documentação, que pode ter um interesse considerável, é relativamente rara ou permanece desconhecida.

---

* Becker, Jean-Jacques. Le handicap de l'a posteriori. *Les Cahiers de L'IHTP* (4):95-7, juin 1987.
** Universidade de Paris X.

De fato, creio que a história oral não constitui uma categoria particular de fontes, mas inclui-se naquilo que Jacques Ozouf chamou de "arquivos provocados". Ora, os arquivos provocados podem, indiferentemente, tomar a forma escrita ou oral. Quando Jacques Ozouf ou Jean-François Sirinelli enviam aos professores primários ou normalistas questionários cujas respostas são por escrito, seu procedimento não é diferente daquele da entrevista. Não podemos nem mesmo dizer que a forma oral conduz a uma espontaneidade maior do que a escrita, pois assim como as entrevistas dos políticos são redigidas com o maior cuidado, antes ou depois, geralmente as pessoas interrogadas numa pesquisa oral pelo menos refletiram no que iam dizer, ou mesmo consultaram previamente a documentação de que dispunham, a não ser quando as entrevistas são feitas de improviso, o que é muito raro. Aliás, podemos dizer que os arquivos provocados pertencem à mesma categoria das *recordações* ou *memórias*, ainda que estas possam ser autoprovocadas, considerando que alguns escreveram suas memórias sem que isso lhes fosse realmente pedido!

Ora, qualquer que seja a forma do arquivo provocado, ele tem sempre o mesmo inconveniente: foi sempre constituído depois do acontecimento e, portanto, é responsável por tudo o que foi dito e escrito *a posteriori*; ele pode resgatar lembranças involuntariamente equivocadas, lembranças transformadas em função dos acontecimentos posteriores, lembranças sobrepostas, lembranças transformadas deliberadamente para "coincidir" com o que é pensado muitos anos mais tarde, lembranças transformadas simplesmente para justificar posições e atitudes posteriores. Pode-se até apostar que certo relato conhecido sobre a Grande Guerra foi em grande parte uma reconstituição em função das posições antimilitaristas assumidas por seu autor muito mais tarde...

Cabe então afirmar que o "historiador integrista" deve rejeitar qualquer documento que não seja contemporâneo do fato? Evidentemente nenhum historiador faz isso, porque assim ele se privaria de fontes que podem se revelar muito úteis. De qualquer forma, a razão manda o historiador rejeitar o documento provocado, mas na prática ele o utiliza e pode mesmo ser levado a utilizá-lo cada vez mais. De fato, a experiência prova — podemos pensar particularmente na abundante colheita realizada por Jacques Ozouf — que o método traz grandes resultados. E, desse ponto de vista, podemos dizer que a história oral ocupa um lugar especial, pois permite que categorias cujo ofício não é escrever possam se expressar. Ela pode dar a palavra aos "esquecidos da história", aos que não têm capacidade, nem tempo, nem vontade de escrever...

Todavia, até agora falei indistintamente de fontes, arquivos, documentos, sem aludir ao nosso tema, que é o depoimento. Fazer distinções se torna ainda mais necessário quando consideramos que os arquivos provocados têm a vantagem de extrair informações que não pertencem à categoria do testemunho *a posteriori*, por exemplo, quando um professor primário transmite seu diário de classe ou um entrevistado restabelece uma correspondência de época, mas trata-se somente de reincidências da história oral.

O que nos interessa mais precisamente é o que podemos esperar do depoimento *a posteriori*. Podemos deixar de lado o depoimento sobre os fatos importantes a que outros tipos de fontes dão acesso. Em compensação, esse tipo de depoimento acaso esclarece os sentimentos, os comportamentos? Como disse há pouco Pierre Renouvin, existe no comportamento dos homens alguma coisa de incomunicável, de inapreensível. Será que a história oral permite reduzir essa parte incognoscível?

Primeira dificuldade: a história oral tem por natureza um caráter individual. Não se fala em nome de um grupo, mas em seu próprio nome. É mais ou menos o contrário do documento de história, que em geral tem caráter coletivo. Como materialmente é difícil interrogar um grande número de testemunhas, não raro o *corpus* corre o risco de ser demasiadamente limitado, seja em número, seja em representatividade.

Segunda dificuldade: não é difícil retificar o erro material que escapa num depoimento, mas é impossível retificar as transformações de sentimentos ou de atitudes que podem ser expressas. De alguma forma, por definição, nenhum meio permite isso.

Respondendo a essa objeção, Jacques Ozouf argumentou que havia mais probabilidade de as testemunhas serem mais sinceras na exposição dos seus sentimentos em relação a acontecimentos remotos do que em relação a acontecimentos próximos. Assim, dizia ele, o francês do ano 2000 não saberá mais de qual manifestação participou a favor ou contra a guerra da Argélia, mas lhe será muito mais fácil revelar os sentimentos que tinha em relação à FLN. Tenho minhas dúvidas, e minha tendência é seguir Pierre Laborie, para quem as testemunhas que interrogou sobre o período de Vichy pareciam ter vontade (mesmo inconscientemente) de estar do lado certo. A história oral é mais promissora para a história das mentalidades do que para a história da opinião, no sentido estrito.

Certamente não é o caso de descartar a contribuição da história oral, mas também não é o caso de pretender fazer história com base unicamente na história oral. Desse ponto de vista, a história "alternativa" pode levar a perigosas distorções, a contrassensos e até mesmo a falsificações. Aliás, nunca confiar numa única fonte, é um dos mandamentos da profissão de historiador. Todavia, pela importância dos meios que supõe, pelo tempo que exige, a história oral pode levar alguns — já existem exemplos disso — a acreditarem somente nela. Como disse M. Pollak, a história oral permite preencher certas lacunas da história, mas, se isso for feito de maneira falsa ou incerta, qual será a vantagem?

Donde uma última questão essencial: para que serve a história oral? Evidentemente para fazer história, o que pressupõe uma prudência enorme, a fim de adaptar bem o método ao objeto.

Intervenções

François Bédarida

Dessas duas exposições surgem cinco importantes questões. Primeiramente, o que está em jogo é a natureza do depoimento. Do depoimento no tempo, pois não há depoimento sem temporalidade. Em segundo lugar, o processo de constituição do depoimento, sua gênese, suas condições de elaboração, em suma, a construção do documento. Em terceiro lugar, coloca-se a questão da validade do depoimento, de seus critérios de veracidade, de fidedignidade. A quarta questão é o uso do depoimento, ou melhor, os usos do depoimento, em particular as condições de utilização do documento. Finalmente, a interpretação do depoimento: que sentido tem ele para o historiador e para a história?

Jean-Paul Thuillier

Estou inteiramente de acordo com o que disse J.-J. Becker. Mas quanto ao pressuposto que ele enunciou a propósito da fonte oral, que não seria objetiva, enquanto a fonte escrita o seria, fiquei um pouco insatisfeito. Ele disse que o historiador integrista deveria recusar-se a utilizar um documento posterior ao acontecimento. Devemos então recusar Joinville e Tucídides?

Jean-Jacques Becker

Em história, devemos mesmo utilizar o que temos. Quando falo de fonte objetiva, não digo que ela o seja no sentido pleno do termo, mas simplesmente que ela existe. É um documento que se encontra ali e que o historiador explora. A história oral é extremamente útil para preencher as lacunas da história, para compensar a falta de documentação. Há porém um grande risco: preenchê-las de modo falso. Quando nada mais temos senão a história oral, realmente incorremos no pecado a que me referi há pouco: ter uma história de fonte única, o que é dramático para a história.

Jean-Paul Thuillier

Mais importante do que distinguir dois tipos de fontes é o historiador manter-se distanciado desses depoimentos, sejam eles orais ou escritos.

Capítulo 4

Definições e usos*

Danièle Voldman

Ao contrário dos especialistas em Antiguidade e Idade Média, os historiadores do século XX se deparam com fontes abundantes e múltiplas, a partir das quais trabalham. A proximidade temporal de seus objetos, as inovações técnicas e tecnológicas do século (cinema, televisão, vídeo, informática e reprografia maciça), bem como, de um ponto de vista completamente diferente, a consciência aguda das implicações políticas e sociais que o passado transmite, lhes dão possibilidades — se não facilidades — documentais que não raro causam inveja aos analistas de períodos anteriores.

Essa ampliação desafia tanto os historiadores quanto os arquivistas, que têm assim que lidar com novos tipos de arquivos aos quais a tradição da École des Chartes não os habituara.[1] Até o limiar dos anos 90, utilizaram-se na França, de modo quase equivalente, várias expressões para designar as palavras registradas com vistas à análise histórica.[2] Entretanto, caberia estabelecer uma distinção entre a história oral, os arquivos orais, as fontes orais e os depoimentos orais, a fim de dissipar

---

* Voldman, Danièle. Définitions et usages. *Les Cahiers de l'IHTP* (21), nov. 1992.
[1] Direction des Archives de France. *Les nouvelles archives, formation et collecte*. Actes du XXVIIIe Congrès National des Archivistes Français. Paris, Archives Nationales, 1987.
[2] Voldman, Danièle. Paroles enregistrées, sources du XXe siècle. In: Direction des Archives de France, 1987:184-8.

ambiguidades e esclarecer certos aspectos do debate entre os partidários de um método elevado à categoria de disciplina e seus adversários adeptos dos postulados da história clássica. Mas a elucidação dessas diferenças não resolve todos os questionamentos, que em parte resultam da diversidade dos tipos de testemunhas que se pode ouvir e das categorias de depoimentos que se pode colher. Eis por que devemos tentar classificá-los de forma razoável. Mas acaso essa taxinomia conduz a uma visão crítica dos usos das fontes orais?

Não voltemos à expressão "história oral". Ela se tornou inadequada e só deveria ser empregada a título histórico, para qualificar o período historiográfico dos anos 50 aos 80. Neste sentido, é o equivalente da expressão "história positivista", utilizada para designar um momento da ciência histórica que corresponde aproximadamente à produção de nossa disciplina entre a década de 1870 e 1920. O que não impede que a questão permaneça, ligada à definição de história contemporânea e história do tempo presente, cujo "campo pode ser delimitado a jusante pela história mais imediata e a montante pela sobrevivência de testemunhas: antes de mais nada poderíamos qualificá-la como história com testemunhas; atualmente remontaria aos anos 30 (...)"[3] Sem dúvida, seria necessário melhorar essa definição, que não resolve a questão dessa história "mais imediata", aquela que os historiadores não podem fazer devido à falta de um leque de fontes suficientemente amplo para cruzar suas informações e apresentá-las como prova. Portanto, se a história oral é entendida como um método, ela deve incluir-se na história do tempo presente, e se ela serve para designar a parte pelo todo, a expressão deve ser abandonada em prol da história feita com testemunhas. Mas quais? E com que tipos de depoimentos?

Os historiadores de outrora — *grosso modo*, de Heródoto a Ernest Lavisse, passando por Ibn Khaldun e a escola alemã do último terço do século XIX — de bom grado utilizavam as contribuições da "testemunha digna de fé"; mas os rigores da escola positivista, ao mesmo tempo que acentuavam as desconfianças em relação ao presente, pouco a pouco cristalizaram e fixaram uma recusa ao sujeito que testemunha, cujas palavras seriam ontologicamente não confiáveis. Isso os levou a

---

[3] Burguières, André. *Dictionnaire des sciences historiques*. Paris, PUF, 1986 (verbetes Histoire contemporaine, de Olivier Dumolin, e Temps présent, de Jean Pierre Azéma).

confiar somente no material escrito. Duas razões de natureza diferente explicam essa mudança. Primeiro, parecia que a expressão por escrito dava ao depoimento um caráter de exterioridade, já que opera um distanciamento das afirmações, objetivando-as. Segundo, atribuía-se ao material escrito o mérito da transparência, não de maneira intrínseca, mas em virtude de uma constante possibilidade de referência, de verificação e de retorno, até mesmo de contradição. Com a evolução da disciplina no decorrer do século XX, reavivou-se o interesse pela testemunha ocular, cujas potencialidades descritivas, narrativas e mesmo explicativas na escrita da história foram reconhecidas.

Entretanto, já não bastava que essa testemunha fosse digna de fé. Era preciso que sua mensagem fosse acessível a todos e que a comunidade científica pudesse utilizá-la como prova. A invenção do gravador permitiu atender a essas exigências. Daí o recurso à palavra gravada, tornando-se o documento sonoro uma das fontes da história. Este ganhou então uma definição ampla: o documento sonoro é "um tipo de documento que contém informações gravadas sob forma de sons e que, devido ao modo de gravação e ao aparelho utilizados, só podem ser conhecidas por intermédio de uma máquina acústica que permita a sua reconstituição".[4] Essa definição, que privilegia o aspecto arquivístico, sublinhando ao mesmo tempo que somente o som pode reconstituir todas as informações contidas no depoimento, deixa de lado a questão da transcrição por escrito da fita sonora. Ela é essencial, mas as razões que levaram certos historiadores a não seguir essa via têm a ver, por uma preocupação de honestidade, com sua intenção de fazer a testemunha controlar o documento que eles elaboraram juntos. Existem dois modos de proceder baseados em duas maneiras diferentes de tratar o documento: um que confere maior importância à precisão factual e à informação, e outro mais preocupado com o que revelam os interstícios do discurso. Os primeiros se atêm essencialmente à elaboração de um documento legível para suas pesquisas; eles privilegiam os "modos de proceder". Os outros dão também atenção ao depoente, sensíveis à dimensão da presença dos corpos e aos "modos de dizer".[5]

---

[4] Delmas, Bruno. Les nouvelles archives, problèmes de définition. In: Direction des Archives de France, 1987:178-83.

[5] Peter, Jean-Pierre. Quand les paroles s'envolent et qu'à terre l'écrit reste. *Ethnologie Française*, jui.-sept. 1990. p. 334-40. Ver o número intitulado *Entre l'oral et l'écrit*.

Continuemos com a exposição de Bruno Delmas: "Em boa linguagem arquivística, a expressão arquivos orais deveria ser reservada aos arquivos sonoros que só contêm registros de palavras ou discursos de pessoas ou instituições no decorrer de suas atividades comuns, isto é, aos documentos de arquivos por natureza. Tudo isso diz respeito a modos de criação e reconstituição de informações e documentos de arquivos tradicionais, ainda que, em relação a estes, haja uma dimensão humana suplementar. Entretanto, com a expressão arquivos orais abordamos conceitos inteiramente diferentes, pois, neste caso, é o sentido da palavra arquivo, tal como definida por lei, que está em causa".

Assim, para esse arquivista, "a expressão arquivos orais é hoje impropriamente empregada para designar os depoimentos orais gravados com fins documentais no decorrer de uma pesquisa".

No centro das discussões está a distinção fundamental entre arquivo oral e fonte oral. O arquivo oral seria um documento sonoro, gravado por um pesquisador, arquivista, historiador, etnólogo ou sociólogo, sem dúvida em função de um assunto preciso, mas cuja guarda numa instituição destinada a preservar os vestígios dos tempos passados para os historiadores do futuro tenha sido, logo de início, seu destino natural. A fonte oral é o material recolhido por um historiador para as necessidades de sua pesquisa, em função de suas hipóteses e do tipo de informações que lhe pareça necessário possuir. Pois quando se trata, para um historiador, de trabalhar sobre documentos gravados por outros, em contextos remotos ou totalmente diferentes de suas preocupações, estamos diante de um caso idêntico ao de qualquer tipo de arquivo, não havendo aí matéria de discussão. De fato, não se trata senão de simples arquivos sonoros. Ainda não chegamos ao momento em que os historiadores utilizarão correntemente palavras gravadas por outros, mas a prática deverá difundir-se, provocando novos questionamentos, difíceis de prever.[6] Por ora, o que complica o caso e que nos obriga a diferenciar os arquivos sonoros dos arquivos orais é essa operação particular de coleta, esses depoimentos orais, gravados com fins documentais no decorrer de uma pesquisa.

Uma das mais antigas discussões acerca da utilização das fontes orais diz respeito à credibilidade e à definição de uma fonte provocada

---

[6] Comecei um trabalho desse tipo, mencionado no artigo Récits de bâtisseurs après les ruines. *Les Cahiers de L'Institut d'Histoire du Temps Présent*. Paris (22), nov. 1992.

por seu usuário imediato, bem como aos efeitos de sua constituição para o objeto da pesquisa. Os detratores desse tipo de informações têm bons motivos para condenar uma documentação inventada para atender a necessidades preestabelecidas do pesquisador e submetida ao seu poder discricionário, tanto mais que, contrariamente aos arquivos correntemente passados pelo crivo da crítica, as entrevistas nem sempre são conservadas em gravação sonora e raramente podem ser consultadas pelos historiadores nos locais públicos destinados a conservar os traços do passado. Tais reservas deveriam ser eliminadas pelos próprios usuários, mediante dois tipos de esforços. O primeiro é simples, porquanto inteiramente material: basta confiar o material gravado a instituições públicas habilitadas a recebê-lo. O segundo consiste em definir, da forma mais precisa possível, as características e os usos das fontes orais.

A palavra-fonte possui duas características particulares que fazem ao mesmo tempo sua riqueza e sua fraqueza.[7] Primeiramente, de modo mais ou menos pacífico, a entrevista é um jogo de esconde-esconde entre o historiador e seu interlocutor. O primeiro, instalado numa posição de inquisidor, se apresenta como "aquele que sabe" ou que saberá, porque sua missão é estabelecer a verdade. O segundo, intimado a fornecer informações que permitirão essa operação, frequentemente é forçado a ficar na defensiva, de tão evidente que é a suspeita do entrevistador, enquanto ele próprio sente que possui a força da convicção "daquele que viveu". Assim, enquanto o método referente aos documentos escritos declarativos consiste em praticar uma dúvida sistemática, da qual somente o cruzamento com outras informações permite sair, o historiador que ouve a palavra-fonte expressa uma dúvida sobre a dúvida, pois duas subjetividades imediatas se conjugam, tanto para esclarecer quanto para confundir as pistas.

Em segundo lugar, o historiador tem que navegar na crista de uma onda sempre prestes a arrebatar, seja na beira de uma memória reconstituída ou firmemente construída por motivos diversos (preservação de uma identidade coletiva ou de um mito, proteção pessoal da vida passada, risco de ter que mudar de modo de representação de sua própria existência...), seja no curso de uma empatia participante que certos sociólogos, por seu turno, manipulam conscientemente, julgando estar as-

---

[7] Retomo, aqui, palavra por palavra, parte das demonstrações contidas em *La place du verbe*, contribuição ao seminário em homenagem a François Bédarida, em maio de 1992.

sim ajudando a construir ou afirmar a identidade das pessoas solicitadas.[8] Até agora negligenciou-se muito o desconforto, as dificuldades e os riscos que podem representar para um indivíduo sua solicitude em responder às perguntas de um pesquisador. Pois se é natural para o historiador ir buscar na melhor fonte sua melhor informação, para o depoente — muito mais amiúde do que o historiador suspeita — isso custa muito.

Quando realiza entrevistas, certamente o historiador deve trabalhar segundo suas técnicas próprias, mas também deve ter em mente dois outros procedimentos, tomados de empréstimo a disciplinas vizinhas: por um lado, servir-se das contribuições da sociologia na condução e na formulação das pesquisas; por outro, não negligenciar elementos de psicologia, psicossociologia e psicanálise. Para ele, não se trata de propor interpretações da mensagem que lhe é comunicada, mas de saber que o não dito, a hesitação, o silêncio, a repetição desnecessária, o lapso, a divagação e a associação são elementos integrantes e até estruturantes do discurso e do relato. Não cabe desesperar-se com mentiras mais ou menos fáceis de desmascarar nem com o que pode ser tomado como contraverdades da palavra-fonte.

Se compete ao historiador estabelecer o que será tomado como está e o que será reexaminado (à luz de outras fontes), posto de lado (definitivamente ou de modo provisório para uma análise secundária ou em outro plano) e criticado (como é mister em qualquer estudo), nada permite retirar da testemunha a posição que ela adquiriu pelo simples fato de ter aceitado responder às perguntas que lhe faziam. Presume-se, portanto, que ela seja sincera no que diz, residindo todo o problema no tipo de sinceridade. Por que uma autoridade teima em silenciar um conflito com colaboradores que o pesquisador conhece bem? Por que tal personalidade não faz alusão a alguns fatos de sua vida privada que esclareceriam os motivos de suas atitudes? Por que o presente costuma ser pintado em cores mais sombrias do que um passado difícil e que se torna quase cintilante na palavra-fonte? Em tais casos, a compreensão do depoimento colhido requer uma explicação sociológica e psicológica. Nos mecanismos complexos de reconstrução do passado, a nostalgia dos anos dourados da juventude

---

[8] Lapierre, Nicole. *Le silence de la mémoire. A la recherche des Juifs de Plock.* Paris, Plon, 1989; Pollak, Michael. *L'expérience concentrationnaire. Essai sur le maintien de l'identité sociale.* Paris, Métailié, 1990.

é tão frequente quanto a confusão entre a visão do tempo passado e a apologia deste último.

Mas nem todos viveram sua adolescência e sua maturidade nas mesmas condições sociais e políticas, e os velhos tempos, embora tenham igualmente passado, não são os mesmos para todo mundo. Do ponto de vista do que há de mais singular em cada indivíduo, nenhuma testemunha se assemelha a outra; também no plano social o leque é muito rico. Mas a diversidade de *status* dos depoentes não é unicamente função da situação e dos papéis psicológicos e sociais de uns e de outros. No que concerne às fontes orais, essa diversidade advém primeiramente dos objetivos enunciados da pesquisa para a qual contribuem as testemunhas: a vida cotidiana dos habitantes das ilhotas insalubres da França dos anos 50 não é estudada da mesma maneira (nem com os mesmo atores, nem com as mesmas perguntas) que as razões e os mecanismos que resultaram na votação da lei de 1948 sobre os aluguéis. Além disso, paralelamente à elaboração progressiva do objeto histórico, ocorre que o *status* de uma testemunha se transforma, tendo seu depoimento revelado aspectos insuspeitados da pesquisa, acarretado um reexame das hipóteses ou simplesmente alterado hierarquias preestabelecidas.

Podemos assim distinguir as pessoas que têm o sentimento de haverem de algum modo feito a história. Costumamos chamá-las de "grandes testemunhas" ou grandes atores. Ao contrário, as "pequenas testemunhas" são aquelas que começam afirmando ao pesquisador terem antes se submetido à história. As primeiras, conscientes de terem cumprido o papel pelo qual são agora solicitadas, parecem ter muito a dizer. As outras, nem sempre verbalizando claramente um sentimento de exclusão, sem se apresentarem desde logo como bodes expiatórios, marginais ou oprimidos, em geral começam afirmando que nada têm a dizer. A esse par antinômico acrescenta-se um outro binômio, associando por um lado as testemunhas que oferecem um discurso trancado, construído e controlado, e por outro as que passam lembranças menos ordenadas, mais espontâneas. Entre esses quatro casos, todas as combinações são possíveis: enquanto um excluído da história pode ter um discurso racionalmente reorganizado e julgar ter que depor sobre sua condição, sua ação ou sua inação, há importantes atores que somente revelam elementos de suas histórias individuais, isolados voluntariamente ou não num discurso factual, ao qual o historiador tem dificuldade em dar sentido.

Assim, os depoimentos dos membros de grupos que construíram, no decorrer dos anos, com ou sem a ajuda de um suporte associativo, uma memória como história própria, têm uma coerência e uma estruturação rígidas, que demandam uma grande vigilância se quisermos superar seu aspecto reconstruído e estereotipado. Consciente de ter uma mensagem a comunicar, a testemunha fala apropriando-se do passado do grupo; ela seleciona as lembranças de modo a minimizar os choques, as tensões e os conflitos internos da organização, diminuindo a importância dos oponentes ou então aumentando-a até a caricatura para justificar, por exemplo, afastamentos, partidas e exclusões. Assim, elas costumam apresentar uma história do seu movimento unânime e sem falha ou, ao contrário, evoluções caóticas, feitas de rupturas e desligamentos. Isso obriga a confrontar vários relatos: os dos porta-vozes que querem preservar a legitimidade da transmissão e os dos dissidentes ou contestadores, cuja exclusão ou marginalidade colore o discurso com uma veemência portadora de sentido. A confrontação, mesmo sendo difícil de obter, é ainda mais eficaz na medida em que uns e outros pretendem possuir a verdade, e as lutas, quando evocadas pela memória, são mais engajadas.

O caso das autoridades é parecido, na medida em que elas também têm de justificar suas ações passadas. A diferença provém sobretudo do fato de que — salvo exceção — elas não têm de levar em consideração um grupo inteiro, mas apenas sua individualidade. Além disso, mas num plano diferente, pois passamos do ponto de vista da testemunha para o do historiador, o discurso das autoridades permite analisar como esses atores compreendem e analisam, por dentro, os mecanismos políticos e estratégicos da decisão. Isso esclarece a questão do papel do indivíduo na história, quer o avaliemos ou reavaliemos, através da testemunha, quer o julguemos supervalorizado pelo próprio discurso do locutor. Da mesma forma, podemos abordar o problema das relações e dos determinantes entre as forças políticas, econômicas e sociais. O testemunho-fonte oferece elementos para aquilatar o peso do acaso e das conjunturas, a importância da psicologia individual e coletiva, bem como as tentativas de autojustificação e os julgamentos *a posteriori*.

Bem diferente é o testemunho das pessoas simples e dos excluídos, aqueles que tendemos a considerar os não atores da história, cuja importância passa a ser valorizada pelo simples fato de o historiador solicitá-los e entrevistá-los. Aqui, a suspeita muda de campo. O informante se pergunta o que sua vida poderia ter de interessante para um intelectual que escreve livros, enquanto este último faz elucubrações fascinantes a partir dos depoimentos sobre simples gestos do cotidiano ou sobre ações de pouco brilho na história nacional.

Conferindo a cada testemunha um *status* diferente, conforme o tipo de pesquisa visado, o historiador que recusa a observação participante dispõe, contudo, de um amplo leque de categorias, que vai da grande à pequena testemunha. As primeiras se diferenciam das últimas pela ideia que fazem de seu próprio papel histórico, pela consciência de terem participado dos acontecimentos do seu tempo e de terem influenciado o seu curso. Mesmo que o historiador possa contestar esse papel, isso não muda a categorização, pois o relato carregado com as tintas da autoproclamação guarda seus tons dominantes. A grande testemunha é aquela que construiu sua identidade sobre uma ação voluntária e conscientemente interpretada, qualquer que tenha sido o nível de responsabilidade ou de ação reais. Desse ponto de vista, o ex-ministro ou o obscuro militante de base não têm *status* essencialmente diferentes. Tanto uns quanto outros podem dizer "eu" ou "nós". Eles são "testemunhas-sujeitos". Do outro lado está a obscuridade, que a historiografia passada costumava considerar como simples espectadores ou diluir na massa dos soldados, dos camponeses ou dos proletários, silhuetas indispensáveis dos grandes afrescos, mas sem nome nem rosto. Estes se submeteriam aos acontecimentos, ao curso e ao peso da história. Apesar da tendência recente de descobrir o ator desconhecido por trás da testemunha passiva ou mesmo de reabilitar uma passividade que tenha sentido, esta continua sendo uma "testemunha-objeto". Com esse tipo de interlocutores, o historiador pode aceitar ou recusar uma tarefa inédita: colaborar, por meio da entrevista histórica, na transformação do objeto em sujeito. Pois, estabelecendo o diálogo e deixando um pouco de lado suas curiosidades imediatas, o historiador pode contribuir para favorecer ou acelerar a evolução do seu interlocutor, que pode passar da afirmação de sua obscuridade e de sua insignificância ("nada tenho de interessante para dizer") à construção de seu próprio relato.

É possível que estejamos assim saindo do estrito exercício do ofício de historiador. E sem dúvida é preciso se limitar a colher o depoimento-fonte para encerrá-lo nos meandros da razão estruturante do relato histórico. Como no caso de todos os tipos de fontes, esta é a passagem obrigatória da historicização. O trabalho com o ser vivo exige simplesmente conhecer melhor e explorar os seus contornos. Nem por isso os palácios venezianos, cujas fundações são movediças, iluminam menos a laguna...

Capítulo 5

História oral: balanço da metodologia e da produção nos últimos 25 anos*

Philippe Joutard**

O próprio título de nosso tema mostra claramente o espírito que anima os sete trabalhos que me foram apresentados e o relatório que os sintetiza: não se trata de uma série de pesquisas pontuais de história oral, mas de um balanço sistemático que, a partir de diversos trabalhos individuais ou pesquisas coletivas, procura mostrar a evolução de uma prática, tanto no que diz respeito aos métodos quanto ao conteúdo e ao papel da história oral no conjunto da historiografia contemporânea. Para garantir ao debate certa unidade, enviei aos participantes uma breve nota indicativa, mais sob a forma de questões que de afirmações.

Quadro do debate

Parti de uma constatação bem conhecida: afora a história africana, que desde os primórdios se serviu de fontes orais, a história se constituiu cientificamente, desde o século XVII, a partir da crítica da tradição oral e, mais genericamente, do testemunho. Assim, a reintrodução

---

* Joutard, Philippe. L'histoire orale: bilan d'un quart de siècle de réflexion méthodologique et de travaux. In: XVIIIe Congrès International des Sciences Historiques, Montréal, 1995. Actes... Montréal, Comité International des Sciences Historiques, 1995. p. 205-18.
** Academia de Toulouse, França.

da fonte oral na segunda metade do século XX em países de antiga tradição escrita não foi bem recebida pelos historiadores, salvo talvez nos Estados Unidos, precursor nessa matéria. Os adeptos da história oral não raro ficam à margem da história acadêmica, constituindo grupos particulares com suas próprias instituições, sociedades, revistas e seminários.

Primeira questão: é grande essa marginalização? E, quando houve um reconhecimento da história oral, manteve ela sua originalidade? A própria expressão história oral cria problemas, particularmente na França, na medida em que há um confronto permanente entre o escrito e o oral, donde alguns preferirem a expressão arquivos orais. Esse debate ainda tem algum sentido?

A segunda série de questões dizia respeito à contribuição da história oral nos últimos 25 anos, tanto no que se refere aos temas abordados quanto aos períodos focalizados. Nesse sentido, pergunto-me acerca dos vínculos entre as duas correntes que desde o início dividiram a história oral, uma próxima das ciências políticas, voltada para as elites e os notáveis, outra interessada nas "populações sem história", situada na fronteira da antropologia. Além disso, coloca-se a questão das relações entre a história oral e as disciplinas afins que também se utilizam da pesquisa oral, como a sociologia e a linguística.

A última questão era acerca dos novos problemas eventualmente suscitados pela utilização da fonte oral.

Os sete trabalhos responderam, cada qual à sua maneira, a todas essas questões, a maioria (cinco) a partir de um espaço geográfico determinado. David K. Dunaway evoca a experiência norte-americana, mas, ao fazer também uma reflexão sobre o caráter interdisciplinar da história oral, acaba se ocupando de todo o mundo ocidental. Dora Schwarzstein trata da América Latina, Pietro Clemente, da Itália, Mercedes Vilanova, da Espanha, e Tadahide Hirokawa, do Japão. O trabalho de Fabienne Regard é mais temático, mas também se insere no espaço, pois trata dos vínculos entre a abordagem oral e a história judaica na diáspora. A última dissertação, de Jean-Pierre Wallot, aborda um problema metodológico, a arquivística e a história oral. De minha parte, apresentarei oportunamente exemplos franceses a partir de um esclarecimento sobre *Historia y Fuente Oral* (Joutard, 1995). Utilizarei também esta revista, que é um excelente observatório, remetendo-me a ela mais adiante, bem como algumas referências complementares, nem que seja para suprir as lacunas normalmente existentes nesse tipo de mesa-redonda.

De fato, é fácil verificar as omissões, como no caso da situação inglesa, alemã ou da Europa setentrional. O que mais lamento, porém, é a desistência de historiadores, um russo e outro africano. Espero que no decorrer do debate essas lacunas possam ser parcialmente preenchidas. Mesmo assim, o conjunto é rico o suficiente para permitir um verdadeiro balanço e responder ao título deste seminário. Vê-se claramente que a história oral reflete ao mesmo tempo o clima cultural e a historiografia de cada um dos países em questão, obedecendo a uma lógica própria que transcende em muito as fronteiras.

Uma cronologia significativa

Graças a esses trabalhos é possível estabelecer uma cronologia significativa que configura uma geografia contrastada, fácil de reconstituir. Assim é que Dunaway pode já contar quatro gerações de historiadores nos Estados Unidos, enquanto existe apenas uma em atividade no Japão, onde a história oral acaba de ser reconhecida (Hirokawa). Mas, com a ajuda de nossos sete autores, sejamos mais precisos.

A primeira geração surgiu nos Estados Unidos nos anos 50 e seu intento era modesto: coligir material para os historiadores futuros; seria um instrumento para os biógrafos vindouros. Ela está decididamente do lado das ciências políticas e se ocupa somente dos notáveis. Esse é também o trabalho que fazem, sem reflexão metodológica, os correspondentes departamentais do Comitê de História da II Guerra Mundial junto aos chefes da Resistência. No México, desde 1956, os arquivos sonoros do Instituto Nacional de Antropologia registram as recordações dos chefes da revolução mexicana (Scharwzstein). Já na Itália, sociólogos como Ferraotti e antropólogos como De Martino ou Bosio, próximos dos partidos de esquerda, utilizam a pesquisa oral para reconstituir a cultura popular (Clemente). Eles são os precursores da segunda forma de história oral que surge com a segunda geração de historiadores orais em fins dos anos 60.

De fato, essa nova geração desenvolveu uma nova concepção muito mais ambiciosa: não mais se trata apenas de uma simples fonte complementar do material escrito, e sim "de uma outra história", afim da antropologia, que dá voz aos "povos sem história", iletrados, que valoriza os vencidos, os marginais e as diversas minorias, operários, negros, mulheres. Essa história se pretende militante e se acha à margem do mundo universitário (ou é por este rejeitada). É praticada por não profissionais, feministas, educadores, sindicalistas (Dunaway). Surgida em meio ao clima dos movimentos de 1968, prega o não conformismo sistemático, inclusive em relação às estruturas tradicionais dos partidos de esquerda; em sua versão mais radical, é uma história alternativa, não apenas em relação à história acadêmica, mas também em relação a todas as construções historiográficas baseadas no escrito. Assim, na Itália ela se desenvolve nos meios que contestam a esquerda comunista, privilegiando a expressão das bases, em relação à máquina do partido. Identifica-se profundamente com a chamada pesquisa territorial, ligada às comunas ou às províncias. Enfim, baseia-se implicitamente na ideia de que se chega à "verdade do povo" graças ao testemunho oral. Nesse mesmo país, dois outros setores ligados entre si apresentam notável desenvolvimento: a escola e os institutos de história da Resistência, sendo os membros desta última entrevistados pelos professores e seus alunos (Clemente). Essa forma de história difunde-se ainda mais na Inglaterra, sobretudo com Paul Thompson, mas também na América Latina, na Argentina, com um instituto privado, influenciado pela Universidade de Colúmbia, que retoma o espírito da primeira forma de história oral, realizando entrevistas com sindicalistas e dirigentes peronistas (Scharwzstein). Na França, assim como na Espanha, há muito que a pesquisa com as fontes orais vem sendo realizada por umas poucas pessoas isoladamente. Mercedes Vilanova trabalhou sozinha de 1969 a 1975, quando então alguns colegas vieram juntar-se a ela na Universidade de Barcelona. Em meados dos anos 70, porém, dois encontros internacionais marcaram a primeira afirmação de uma corrente. Em 1975, no XIV Congresso Internacional de Ciências Históricas de San Francisco, realizou-se uma mesa-redonda intitulada A História Oral como uma Nova Metodologia para a Pesquisa Histórica, que muito impressionou os congressistas. No ano seguinte organizou-se em Bolonha o que foi considerado o primeiro colóquio internacional de história oral, significativamente intitulado Antropologia e História: Fontes Orais.

A partir de 1975, o progresso da história oral

Esses dois encontros podem ser considerados o ponto de partida da terceira etapa ou da terceira geração, quando, segundo Dunaway, após as experiências individuais se constituem verdadeiros grupos. Surgiu assim na Itália um projeto historiográfico de história oral, graças à iniciativa de historiadores turineses de diversos períodos, por ocasião de uma exposição organizada pela comuna de Turim sobre o mundo operário entre as duas guerras, na qual se lançou um verdadeiro manifesto

História Oral: Balanço da Metodologia e da Produção nos Últimos 25 Anos   47

sobre a história oral como meio de estudar as classes populares. Paralelamente, porém, começou-se a criticar a ingenuidade do espontaneísmo e os excessos do localismo, enquanto em 1981 surgiu a revista *Fonti Orali*, que durou até 1987, reunindo antropólogos interessados nas tradições populares e historiadores contemporâneos (Clemente).

Na França, 1975 foi também o ano em que surgiram dois grandes projetos coletivos: em Paris, os arquivos orais da Previdência Social, sob a direção de Dominique Aron-Schnapper e Danièle Hanet; em Aix, a pesquisa sobre os etnotextos, reunindo historiadores, linguistas e etnólogos. Quatro anos depois criou-se a Associação Francesa de Arquivos Sonoros, e em 1980 realizou-se o primeiro encontro francês de pesquisadores orais sob a égide do Instituto de História do Tempo Presente (Joutard, 1983:114-48).

Na América Latina observa-se o mesmo desenvolvimento nas duas áreas de história política e antropologia. Em 1975 criou-se na Fundação Getulio Vargas o primeiro programa de história oral destinado a colher depoimentos dos líderes políticos desde 1920. Em Costa Rica, de 1976 a 1978, a Escola de Planejamento e Promoção Social da Universidade Nacional organizou o primeiro concurso nacional de autobiografias de camponeses. Cinco anos depois, lançou um projeto ainda mais ambicioso: tentar escrever a história do país desde a época pré-colombiana, fazendo o povo narrar a sua própria história. No Equador, na Bolívia e na Nicarágua, realizaram-se na mesma época pesquisas orais sobre o mundo camponês, no quadro da campanha de alfabetização. Na Argentina, o restabelecimento da democracia em 1983 levou à multiplicação dos projetos orais (Schwarzstein).

Até 1985, a história oral espanhola esteve limitada ao grupo de Barcelona, que foi o único a apresentar trabalhos no V Colóquio Internacional de Barcelona, organizado precisamente por Mercedes Vilanova para, entre outros motivos, incentivar seus colegas espanhóis a utilizarem a fonte oral. Não resta dúvida que o evento cumpriu seu objetivo, mesmo não tendo sido o único responsável pelo intenso desenvolvimento da história oral espanhola depois de 1985. Na Universidade de Mallorca, Joan Mirallès organizara em 1984 um colóquio sobre o tema; no ano seguinte, Carmen Nieto promoveu um seminário sobre as fontes orais na grande universidade madrilenha da Complutense e três anos depois passou a realizar encontros bianuais. Em quatro ou cinco anos, a Espanha recuperou seu atraso com uma série de projetos em Valença, Santiago de

Compostela, Oviedo, Canárias, Málaga, Navarra e Andaluzia, não sendo esta uma lista exaustiva (Vilanova).

No Japão, somente em 1986 a Sociedade de Ciência Histórica organizou o primeiro simpósio de história oral; os debates teóricos e historiográficos destacaram as possibilidades da história oral, em particular na história da última guerra, e deram ensejo, dois anos depois, a duas publicações. Vale lembrar, todavia, que 15 anos antes promovera-se uma grande campanha de autobiografias escritas, intitulada "Minha história", na qual iria inspirar-se mais tarde a história oral japonesa. Cumpre citar também a série de depoimentos sobre a II Guerra Mundial colhidos por sociedades locais, focalizando a batalha de Okinawa ou de Midway (Hirokawa).

O caso da história oral judaica evidentemente é específico, pois transcende as historiografias nacionais. Mas merece atenção especial pela ligação privilegiada entre memória oral e tradição, enfatizada no início da dissertação de Fabienne Regard em sua dimensão religiosa e festiva, mas também histórica, com as diversas diásporas. Tal ligação ganha ainda mais força com o drama da *Shoa*, que torna ainda mais necessário o dever da memória, não apenas como dever de rememorar, mas também como dever de transmitir uma experiência indizível, a fim de impedir que se perca esse acontecimento único. Portanto não admira que as autobiografias e as pesquisas de história oral sejam tão numerosas e relativamente precoces, isto é, desde os anos 70, mas com uma anterioridade que não causa surpresa a obras anglófonas, americanas ou britânicas. O tema prioritariamente abordado é a memória do exílio e a lembrança dos lugares antigos Shtetl ou, mais recentemente, do norte da África. Os relatos de mulheres divididas entre a tradição e a modernidade, no caso da emigração, propiciam uma fonte privilegiada. Os depoimentos sobre a Shoa aparecem depois de 1980 nos países anglo-saxônicos e quatro ou cinco anos mais tarde na França.

Os anos 80 se caracterizaram também pela multiplicação dos colóquios internacionais, que permitiram a criação de uma verdadeira comunidade de história oral. Depois de Bolonha, tivemos Colchester em 1978, Amsterdam em 1980, Aix-en-Provence em 1982, Barcelona em 1985, Oxford em 1987, eventos em que foram apresentadas várias dezenas de trabalhos, com a participação de um número cada vez maior de países. Assim, em 1987, a participação latino-americana foi particularmente notável.

Foi também a época em que, às vezes antes das universidades, museus e arquivos sentiram a necessidade de associar-se a programas de história oral ou mesmo promovê-los. No caso dos primeiros, o material oral é o meio de acrescentar uma dimensão viva à apresentação de objetos (Dunaway). Assim, a Maison de la Villette em Paris e o Museu do Delfim em Grenoble iniciaram pesquisas nessa área. Em 1988, o Congresso Internacional de Arquivos ocupou-se das novas formas de suporte, entre as quais os arquivos orais.

Na França e depois na Itália, a pesquisa oral tornou-se um meio pedagógico eficaz para motivar os alunos de história, levando-os a tomar consciência das relações que o passado mantém com o presente. O trabalho feito pelos alunos com seus avós apresentou resultados não raro surpreendentes, fornecendo uma documentação bastante original sobre a II Guerra Mundial ou a emigração e que dificilmente seria obtida por um pesquisador externo (Joutard, G., 1981; Voldman, 1992:148-50).

Foi, enfim, um período de reflexões epistemológicas e metodológicas, no qual se contestou a ideia ingênua de que a entrevista permitia atingir diretamente a realidade, havendo inclusive uma profissionalização maior no tocante aos projetos de pesquisa oral e à sua utilização (Dunaway). Etapa indispensável, porquanto a difusão do gravador resulta muitas vezes em operações mal preparadas que comprometem os resultados da história oral, fornecendo argumentos aos seus detratores (Wallot).

Corolário natural do dinamismo do grupo de Barcelona, que Mercedes Vilanova desde o início incentivou, foi o lançamento, no final da década, em 1989, da revista *Historia y Fuente Oral*, que logo se tornou o ponto de referência não só para os estudos de história oral espanhola, mas também para a comunidade internacional de história oral. Existiram e ainda existem várias revistas nacionais ou mesmo regionais nos Estados Unidos, no Canadá, na Grã-Bretanha e na Itália que periodicamente divulgam o que se passa fora de seu território, publicando regularmente autores estrangeiros — citemos, por exemplo, a revista *Oral History*, da Sociedade de História Oral Inglesa, fundada por Paul Thompson, ou o interessantíssimo *International Journal of Oral History* de Ronald Grele, que publicou muitos artigos de referência sobre história oral —, mas nenhuma outra publicação se mostrou tão sistematicamente aberta ao resto do mundo, tanto nos números temáticos quanto nas resenhas sistemáticas de trabalhos estrangeiros ou nos artigos historiográficos. Basta ver que o primeiro número apresentava três autores franceses, dois mexicanos, um italiano, um belga, um cubano e somente dois historiadores de Barcelona. Nos dois números de 1994 (11 e 12), intitulados Identidad y Memoria e Fronteras, dos 26 artigos, apenas dois eram escritos por espanhóis, dividindo-se os demais entre nove nacionalidades diferentes, desde britânica (cinco), grega e mexicana (um artigo cada), passando por argentina e brasileira (três), até sueca, italiana, holandesa e norte-americana (dois). Mesmo no número temático espanhol dedicado à Andaluzia (n. 8, 1992), havia duas participações francesas, as conclusões do seminário em homenagem a François Bédarida, dois artigos latino-americanos e um alemão. Não creio que haja tamanha abertura nas revistas históricas em geral, somando-se todas as especialidades. Logo, não é por acaso que muitos dos trabalhos que serviram à elaboração deste relatório tenham tido o privilégio de ser nela publicados (n. 14).

Segundo David Dunaway, a atual década de 90 marca o advento da quarta geração, nascida nos anos 60, que vive "naturalmente" em um mundo de som e de oralidade, influenciada nos Estados Unidos pelos movimentos críticos pós-modernistas, o que se traduz na valorização da subjetividade, consequência ou mesmo, para alguns, finalidade da história oral. Mas a queda do muro de Berlim e o restabelecimento da democracia no Leste europeu também propiciaram à pesquisa oral as condições de liberdade necessárias e novos campos de estudo sobre o período stalinista e a resistência ao stalinismo (El peso de la historia: 1989. *Historia y Fuente* (5), 1989; Brossat et alii, 1990). Mas paralelamente ao desenvolvimento da história oral no Leste europeu, assiste-se também ao surgimento de uma história oral no Magreb. Esta é igualmente a época em que o filme de vídeo, cada vez mais difundido, permite a multiplicação de videogramas que complementam ou mesmo substituem os fonogramas. Muitos programas de televisão dedicados à história do século XX utilizam a pesquisa oral. Universidades e escolas secundárias também substituíram o gravador pela câmara de vídeo (Joutard, 1995). Atualmente, o cineasta Spielberg pretende estender ao resto do mundo o seu grande projeto de registro audiovisual de depoimentos da Shoah (Regard).

Feita essa exposição cronológica, que permitiu uma primeira apresentação dos trabalhos, podemos responder de maneira mais precisa a algumas das questões suscitadas pelo desenvolvimento da história oral.

Algumas respostas

Primeiramente cabe notar que o vínculo entre a história oral e a atualidade é ainda mais forte do que no caso da história geral. Não é de surpeender a estreita relação entre o restabelecimento e o desenvolvimento da democracia e o progresso da história oral, não só na América Latina, por exemplo, mas também na Espanha (Schwarzstein; Vilanova). Jamais será esquecido o quanto a história oral deve aos acontecimentos de maio de 1968 ou à contestação do partido comunista na Itália (Clemente). No Japão, foi o drama da bomba atômica (Hirokawa). Não se pode negligenciar o contexto técnico: a utilização do gravador pela segunda geração de historiadores orais, o desenvolvimento de novos suportes de informações com a evolução dos arquivistas (Wallot) ou a quarta geração (Dunaway).

Desde os seus primórdios a história oral é dupla, como atesta a maioria das historiografias, conforme observei no início. Existe uma história oral política, que apareceu primeiro, na qual a entrevista serve de complemento a documentos escritos já coligidos, e que pesquisa os atores principais. Mais tarde desenvolveu-se uma história oral antropológica voltada para temas que se acham presentes nas diversas experiências nacionais. Sem estarem combinados, os autores retomam os mesmos assuntos: o mundo do trabalho, os fenômenos migratórios, a problemática dos gêneros, a construção das identidades (Schwarzstein; Regard; Vilanova; Clemente). A julgar pela maioria dos trabalhos, existe um predomínio da segunda tendência, que conferiu à história oral toda a sua dimensão e sua riqueza metodológica. Aliás, basta examinar os programas de diversos encontros internacionais para confirmar esse fato. A história oral antropológica inclusive influenciou de vários modos a primeira tendência, fazendo com que a história política não mais se contentasse em interrogar os atores principais, passando a interessar-se pelos executantes ou mesmo as testemunhas. A história política não é mais unicamente uma história da elite, mesmo quando permanece predominante, como no Japão (Hirokawa). Os temas escolhidos refletem igualmente essa abordagem global e antropológica, privilegiando assim a guerra da Espanha, a Resistência na França ou na Itália, os campos de exterminação. O exemplo mais significativo é o seminário promovido em 1989 pelos Arquivos Históricos de Salamanca sobre A Mulher na Guerra Civil Espanhola — Análise Histórica e Fontes Orais (Vilanova).

A breve apresentação mostrou-nos a diversidade de situações. A noção de marginalidade da história oral comporta nuanças, e isso desde os seus primórdios: ela não existe verdadeiramente nos Estados Unidos, nem nos projetos da América Latina influenciados pela historiografia norte-americana e tampouco, de modo mais geral, na tendência ligada às ciências políticas (Schwarzstein). Isso é perfeitamente compreensível, considerando o conteúdo e os personagens em questão, a clássica história política concernente às elites; não se sai dos domínios há muito explorados pelos historiadores: a única novidade é a utilização da fonte, mas nos Estados Unidos, ponto de partida dessa história oral, a proximidade entre jornalismo, ciências políticas e história ultracontemporânea facilita a aceitação do depoimento oral. Já a história oral ligada à antropologia, que dá voz aos excluídos e trata de temas da vida cotidiana, não surpreende a história acadêmica somente por sua fonte, mas também por seu objeto e suas problemáticas. A essas restrições juntam-se as da arquivologia clássica, baseada na conservação de documentos oficiais "produzidos espontaneamente e não com o objetivo de informar", tendo o arquivista, nesse aspecto, um papel passivo, à diferença do pesquisador oral que cria o documento (Wallot).

Muitos historiadores orais, em vez de deplorarem a incompreensão, vangloriam-se dessa marginalidade, vendo nela a garantia da criação de uma verdadeira "história alternativa" democrática, uma história que dá voz aos "vencidos", para usar o termo de um dos pioneiros da história oral italiana, Nuto Revelli. Tal é o caso, por exemplo, na Grã-Bretanha e na Itália, onde o testemunho oral das classes populares tem "um valor imediato de verdade e de verdade alternativa", em oposição e contra a visão das classes dominantes. Trata-se portanto de uma verdadeira ação política, não raro o sucedâneo da ação tradicional que rejeita qualquer preocupação disciplinar e acadêmica identificada ao poder das classes dominantes (Clemente). Nessa ótica, os dominados não são apenas os operários, mas também as mulheres e toda sorte de minorias. Mesmo que durante alguns anos os historiadores profissionais, desejosos de renovar sua disciplina, e os militantes da marginalidade tenham coexistido nos grandes encontros de história oral de natureza ambígua, meio congresso científico, meio assembleia militante, no final não poderia haver senão mal-entendido. No início dos anos 80, historiadores italianos, como Luisa Passerini, porém bastante engajados, passaram a criticar o "espontaneísmo", o "basismo" e o "localismo". Depois, insistiram em que a especificidade da pesquisa "concerne à memória como produtora de representações e reveladora das mentalidades" (Clemente), despertando em muitos historiadores um interesse mais geral.

Reconhecimento da fonte oral

A progressiva aceitação da história oral pela história universitária nos últimos 25 anos está ligada ao aumento considerável das curiosidades do historiador. Assim, na América Latina, não se pode separar o progresso da história oral da influência da escola francesa dos *Annales*, que ambicionava uma história total (Schwarzstein). Citarei apenas três exemplos, os mais significativos. O crescente interesse pela história das mulheres — do qual aliás é testemunha este congresso internacional — desempenhou importante papel, quer se trate da vida cotidiana, do trabalho operário ou doméstico, da militância ou, mais profundamente, de sua identidade ou de sua vida afetiva. Desse ponto de vista, não resta dúvida que a história oral teve um papel pioneiro desde os anos 70 — bem antes de a história geral ter-se debruçado sobre o tema — com o ensaio de Sherna Gluck intitulado *What's so special about women: women's oral history* (1977) e o primeiro simpósio de história oral das mulheres (1983) (Dunaway). Na Itália, o avanço da história oral também está estreitamente ligado à "ótica de gênero" (Clemente). Na França, uma das primeiras mesas-redondas de história oral, organizada por Danièle Voldman, foi dedicada às mulheres (1982). A bibliografia sobre o tema é das mais abundantes e não pára de aumentar (Clemente; Regard; Vilanova). Para citar apenas um exemplo, o último número de *Historia y Fuente Oral* publicou um índice de seus 12 primeiros números: no índice temático, o assunto ocupa a segunda posição, com 22 ocorrências, logo após a metodologia. Cabe destacar também a importante contribuição prestada por várias universitárias ao desenvolvimento da história oral (e não somente da história das mulheres). Eugenia Meyer, no México, Willa K. Baum, nos Estados Unidos, Luisa Passerini, na Itália, Mercedes Vilanova, na Espanha, e poderíamos citar muitas outras: nos encontros internacionais de história oral, a presença feminina é bem maior do que em outros congressos históricos. Em Siena, a participação feminina foi superior a 60%.

Outro tema familiar à história oral tornou-se também uma das atuais áreas de pesquisa da historiografia geral: os fenômenos migratórios, como atesta igualmente o programa do congresso realizado em Montreal. Não admira que seja esta uma das principais vertentes da historiografia judaica, devido não só à destruição das comunidades asquenazes do Leste europeu, mas também ao êxodo dos judeus sefarditas do Magreb após a descolonização e a guerra da Argélia (Regard). Muitas pesquisas orais francesas escolheram também esse tema, quer se trate dos italianos de antes da guerra ou dos magrebinos da época atual (Joutard, 1995).

A história oral reencontrou finalmente a história geral em torno da Memória: acaso será preciso lembrar a enorme influência que há uma década exerce na historiografia francesa o projeto de Pierre Nora, *Les lieux de mémoire* (Os lugares da memória), expressão hoje consagrada? Porém muitos outros sinais também dão prova desse mesmo interesse na Itália e na Espanha, sem falar da historiografia judaica, na qual o papel da memória é fundamental desde os tempos bíblicos, mas que ganhou forte impulso com o dever de transmissão da Shoa (Regard). Ora, se existem múltiplos vestígios da memória, das inscrições em pedra, o testemunho oral é o documento mais adaptado por sua ambivalência. Os defeitos que lhe atribuem, as distorções ou os esquecimentos tornam-se uma força e uma matéria histórica. Mas a memória é também constitutiva da identidade pessoal e coletiva, tema caro à etnologia mas que interessa igualmente aos historiadores orais: no índice de *Historia y Fonte Oral*, ele ocupa a terceira posição, com 20 ocorrências. Foi esse tema que inspirou toda a metodologia de Aix baseada nos etnotextos (Bouvier et alii, 1980). Seu estudo exprime pois perfeitamente o tipo de história antropológica praticado pela maioria dos adeptos da história oral que não deliberadamente se veem assim às voltas com as preocupações mais atuais.

O fenômeno da memória age de outra maneira na integração da história oral à história geral, através das comemorações que no ensejo do cinquentenário resultaram em inúmeras pesquisas: percebe-se aí a importância da fonte oral, quer se trate de história militar, de resistência interna ou de acontecimentos ainda mais dramáticos, a bomba atômica no Japão e a solução final no contexto europeu (Hirokawa, Regard e Joutard, 1995).

Os arquivistas seguiram esse movimento, quando não o antecederam, pois o espectro da clientela dos arquivos passou a incluir outras disciplinas das ciências humanas, bem como geneticistas, jornalistas, militantes diversos. A profissão de arquivista evoluiu muito na segunda metade do século XX; ele se tornou mais ativo, cabendo-lhe não só selecionar mas também completar e preencher as lacunas, e a principal referência não é mais o documento e sim a atividade humana que cumpre testemunhar. Essa abordagem contextual suprime as objeções aos arquivos provocados e torna os arquivistas parceiros ativos dos projetos de história oral, não só para a conservação de documentos, mas também para sua criação, na maioria dos países, quer eles promovam ou apoiem projetos, quer pesquisem por si mesmos, por exemplo, junto aos criadores de documentos, no momento do registro, para compreender como o acervo foi constituído, os pontos fortes e as omissões, ou para precisamente completar um acervo (Wallot); na Itália, um levantamento dos institutos de conservação de fontes orais sob a égide do Ministério do Patrimônio Cultural mostra os vínculos entre os Arquivos do Estado e os centros de pesquisas territoriais, independentemente da Universidade (Clemente). Já em Barcelona, foi o departamento de história contemporânea que criou uma seção de documentos orais nos Arquivos da Cidade (Vilanova). Em 1985 e 1986, os arquivistas franceses organizaram uma parte de seu congresso anual sobre a fonte oral; em 1990, um conservador dos Arquivos Nacionais, Chantal Tourtier-Bonazzi, publicou um manual (*Le témoignage oral aux archives, de la collecte à la communication*) prefaciado pelo diretor-geral dos Arquivos da França, Jean Favier. Nos Arquivos Nacionais, inaugurou-se há vários anos um fichário central de arquivos orais, e os serviços históricos da Marinha e da Força Aérea também constituíram um acervo de depoimentos cujo catálogo é por eles publicado (Joutard, 1995).

    A utilização da fonte oral está pois largamente difundida no mundo universitário, havendo certamente diferenças conforme o país. Na Europa, a Espanha, tardiamente "conquistada", me parece ser o país onde o problema foi mais bem resolvido, a julgar pelo grande número de centros interessados e de projetos desenvolvidos (Vilanova). Paradoxalmente, no sentido inverso, é num dos países mais precoces, a Itália, que a universidade permanece mais indiferente, senão mais hostil (Clemente). A França está numa situação intermediária. Ainda há uma forte resistência aqui e ali, mas os centros de atividade são bem menos numerosos do que no país vizinho do outro lado dos Pireneus (Joutard, 1995). No Leste europeu os projetos se multiplicam, assim como na América Latina, onde grandes instituições universitárias promovem pesquisas orais (Schwarzstein). No Japão, as restrições à história oral na verdade escondem uma oposição à história mais contemporânea (Hirokawa). A meu ver não devemos nos preocupar demais com as derradeiras e persistentes resistências de colegas universitários cuja obstinação pode somente privá-los de documentos insubstituíveis e comprometer seus trabalhos. Já não é mais tempo de procurar convencê-los. Contentemo-nos em lembrar a conclusão de Jean-Pierre Wallot ao dirigir-se a seus colegas: "Quando a vida e os princípios se defrontam, a vida quase sempre acaba por impor-se. Embora a história oral seja relativamente nova como disciplina (...) sua utilização e sua popularidade não param de aumentar. Os arquivos orais existem, multiplicam-se em número e em qualidade, assim como os projetos de história oral. O século XXI, já às nossas portas, deixa entrever uma expansão desse campo de estudo". Mesmo que limitemos o documento oral, como quer Danièle Voldman, "a alguns tipos de objetos históricos (...) o estudo da memória ou, ao contrário, da vida cotidiana, a análise da evolução das representações ou dos discursos sobre os discursos" (1992:8), tais objetos são tão estrategicamente decisivos para a compreensão de uma sociedade que abrem à pesquisa oral um campo considerável.

História ou fontes orais?

Todavia essa reintegração na disciplina histórica geral levou muitos historiadores que praticam a história oral a se interrogarem sobre a pertinência da expressão história oral. Já em 1980, Dominique Aron-Schnapper contestara seu uso, preferindo a expressão arquivo oral. Sintomaticamente, Mercedes Vilanova assim intitulou o balanço que ela hoje nos apresenta: Por uma História sem Adjetivos: 25 Anos de Fontes Orais na Espanha; note-se a analogia com o nome da revista que ela fundou e dirige: *Historia y Fuente Oral,* cujo primeiro editorial é explícito a esse respeito: "A revista se chama *Historia y Fuente Oral* não porque a 'História oral' seja alguma panaceia, e sim para reivindicar a utilização do documento oral" (n. 1, 1989, p. 3). Na América Latina, muitos utilizam as fontes orais de modo predominante, mas não exclusivo. Assim, eles também preferem falar em uso de fontes orais na pesquisa e não em história oral (Schwarzstein). Pietro Clemente partilha desse ponto de vista quando diz em sua conclusão que deseja abrir "novas frentes de diálogo entre antropologia e história no que diz respeito ao *status* documental das fontes orais". O mesmo pensam muitos arquivistas para quem a expressão fontes orais é mais exata na medida em que se trata de uma fonte entre outras. Por sua vez, Jean-Pierre Wallot reserva a expressão história oral para designar "um método de pesquisa baseado no registro de depoimentos orais concedidos em entrevistas". De minha parte considero, como a maioria de meus colegas, que a expressão "fontes orais" é metodologicamente preferível e que a expressão "história oral" é terrivelmente ambígua, para não dizer inexata. Mas pode-se voltar atrás e paradoxalmente não levar em consideração uma história? Assim, contanto que retomemos a definição de Jean-Pierre Wallot e sublinhemos seus limites, podemos manter a expressão porque ela é simples e tem a antiguidade a seu favor.

Tal definição não deve satisfazer aos militantes da oralidade — que não são poucos — da América Latina, entre outros, mas também da Itália, para quem a história oral continua sendo uma maneira radicalmente nova, para não dizer revolucionária, de fazer história "do ponto de vista da base da sociedade, dos excluídos". Nessa ótica, o próprio fato de intervir e interpretar, como se faz num trabalho histórico acadêmico, é considerado "sacrilégio". A história consiste simplesmente na reprodução do discurso dos excluídos, o que equivale a "desprofissionalizar" o trabalho disciplinar, pois não há mais necessidade de ter uma formação específica. Qualquer intermediário seria uma traição, qualquer alusão a métodos críticos, uma assunção de poder ilegítima (Schwarzstein).

Não é certo que essas duas tendências bem definidas, claramente manifestadas ainda por ocasião do último congresso internacional de Nova York, possam prosseguir o diálogo por muito tempo, já que sua lógica e seus objetivos são tão diferentes. A defesa do "subjetivismo", que segundo Dunaway é tão caro à quarta geração de historiadores orais, pode momentaneamente manter as aparências, mas o subjetivismo tem seus limites. É bem verdade que todo historiador lúcido sabe perfeitamente até que ponto ele mesmo se projeta em qualquer pesquisa histórica, fato que o historiador oral percebe ainda mais claramente: a qualidade da entrevista depende também do envolvimento do entrevistador, e este não raro obtém melhores resultados quando leva em conta sua própria subjetividade. Porém reconhecer tal subjetividade não significa abandonar todas as regras e rejeitar uma abordagem científica, isto é, a confrontação das fontes, o trabalho crítico, a adoção de uma perspectiva. Pode-se mesmo dizer, sem paradoxo, que o fato de reconhecer sua subjetividade é a primeira manifestação de espírito crítico.

Todos os textos aqui apresentados, que refletem trajetórias, sensibilidades, histórias pessoais e nacionais muito diferentes, ligam-se à primeira tendência e apresentam convergências bastante animadoras para o desenvolvimento da história oral. Estabelecem um eixo principal de reflexão em torno do necessário confronto entre os historiadores e os etnólogos e, de modo mais geral, os especialistas das outras ciências sociais. Tal é aliás o teor da tese apresentada por Dunaway, a conclusão das exposições de Pietro Clemente e de Dora Schwarzstein.

Os atuais desafios da história oral

Cabe um último comentário à guisa de conclusão, porém deliberadamente longo. Falei da dificuldade cada vez maior de diálogo com os militantes da história oral, que veem nossos métodos científicos como uma espécie de traição para com aqueles que conosco tanto colaboram. Já que não quero mais perder tempo tentando convencer alguns colegas reticenciosos da evidente necessidade da fonte oral, convém utilizar o tempo assim poupado para mostrar a esses militantes, que muitas vezes atualizaram tesouros humanos inestimáveis, que a melhor homenagem à memória dos vencidos é ainda fazer dela uma história. Essa historização da memória, em vez de enfraquecê-la, virá reforçá-la. Pressente-se, no entanto, a objeção que deve ser levada a sério: o tratamento científico de um relato de vida acaso não seria dessacralizante, como que uma falta de respeito, uma contestação? Não podemos ter para com quem nos confiou uma parte importante de si próprio a mesma atitude que temos para com os documentos escritos. Tomemos o caso extremo do fugitivo de um campo de extermínio diante de quem preferimos nos calar e não escrever por receio de relativizar e banalizar (Regard). E, no entanto, se não quisermos que a testemunha somente seja aceita em toda a sua contundência pelos que a conhecem ou por seus contemporâneos, não escaparemos dos métodos de pesquisa rigorosos, nem posteriormente da adoção de uma perspectiva, nem das comparações. No exemplo específico mencionado, este é o meio mais eficaz de combater o câncer que representam, em nossa disciplina, o revisionismo e, pior ainda, o negativismo.

Mas entre os historiadores orais que rejeitam essa abordagem científica, pressinto também o receio de passar da marginalização à banalização, para usar a expressão de Danièle Voldman, bem como uma nostalgia da aurora da história oral. Em outras palavras, a passagem da juventude à maturidade é sempre difícil; teme-se o embotamento, a institucionalização que leva à perda do dinamismo e da criatividade. Agora que é aceita pelo mundo acadêmico, a utilização da fonte oral acaso não corre o risco de soçobrar no academicismo? Gostaria de tranquilizar todos os que estão hesitantes e por isso se refugiam numa fase infantil da pesquisa oral. Relendo os trabalhos aqui apresentados, folheando as várias revistas dedicadas parcial ou totalmente à história oral, não vejo nenhum motivo para manifestar inquietação. Os desafios são suficientemente numerosos para evitar o embotamento da história oral e sua banalização.

Primeiro desafio: o lançado pela rápida evolução das tecnologias de comunicação, com os *audiobooks* e as *videoletters* e agora a imagem numérica e a multimídia (Dunaway, Regard).

Segundo desafio: a reflexão metodológica ligada aos debates com as disciplinas afins, sociologia, etnologia ou linguística, amplamente abordadas por Dunaway e também por Clemente ou Dora Schwarzstein. Cumpre igualmente tratar do problema levantado por Jean-Pierre Wallot: "até que ponto o testemunho oral se presta a uma utilização fora do contexto e não prevista por seus criadores?" Com a multiplicação do acervo de fonogramas nos arquivos e museus, a questão se torna atualíssima.

Terceiro desafio: como articular melhor e fazer dialogar os diversos projetos e produções de história oral, os de universitários que se colocam um problema histórico e buscam na fonte oral um meio de resolvê-lo, os de arquivistas e museógrafos interessados em completar sua documentação, os de pedagogos que querem iniciar seus alunos na história, os desses outros pedagogos que são os jornalistas interessados em explicar ao grande público algum acontecimento do passado nacional ou regional, os das diversas instituições territoriais ou grupos em busca de sua identidade?

Quarto desafio, sugerido por Mercedes Vilanova: o "descobrimento dos analfabetos" num mundo de civilização escrita, com as possibilidades de comparação entre populações analfabetas de diversos países, submetidas a diferentes tipos de opressões, raciais ou políticas, sem contar os deficientes físicos.

Quinto desafio, ainda mais difícil de enfrentar, se é que isso é possível: as situações históricas extremas que acarretam um profundo traumatismo da memória. E no entanto é precisamente nesse caso que o testemunho oral se faz necessário, por mais difícil que seja obtê-lo e quaisquer que sejam os escrúpulos dos pesquisadores. Tadahide Hirokawa nos oferece um exemplo com as *Japan's military comfort women* que aceitaram depor, mostrando assim a contribuição das fontes orais à história contemporânea do Japão.

Mas neste cinquentenário da descoberta do horror absoluto com a abertura dos campos de extermínio, não podemos nos furtar, como historiadores e também como cidadãos, a uma reflexão sobre o papel do depoimento oral na história indispensável desse acontecimento inconcebível da Shoah. Não é por acaso que, apesar de todos os problemas levantados, o Holocausto é atualmente o acontecimento da II Guerra Mundial que suscita cada vez mais pesquisas orais, não só gravadas mas também filmadas, sendo o exemplo mais recente o projeto de Spielberg a que já aludimos. Posso afirmar, sem receio de ser desmentido, que na França a "solução final" produziu as obras mais significativas em matéria de história oral, como o belíssimo *Silêncio da memória,* de Nicole Lapider, ou *O universo dos campos de concentração,* de Michael Pollak, e evidentemente o filme *Shoah,* de Claude Lanzmann. O historiador Pierre Vidal-Naquet não hesitou em escrever: "a única grande obra histórica francesa sobre o massacre (...) não é um livro, mas o filme *Shoah* de Claude Lanzmann (...). Ele teve a audácia de fazer uma obra de história em que somente a memória do presente é chamada a depor (...) tudo repousa sobre as perguntas que ele faz e as respostas que lhe dão" (1991:227, 233). É surpreendente? Decerto que não, se lembrarmos a observação de Elie Wiesel: "Auschwitz desafia a imaginação e a percepção, submetendo-se apenas à memória". Não a memória bruta, mas a memória moldada pelo historiador, que não age mais exclusivamente como cientista, mas como artista, não hesitando em fazer, segundo a bela expressão de Pierre Vidal-Naquet, "uma história-memória, obra de pesquisa, obra de arte", pois somente o artista pode exprimir, explicar e denunciar o inominável.

Vamos mais além. Se cabe à história oral um derradeiro papel no que toca à profissão em geral, este é lembrar que, para ser realmente "a ciência dos homens no tempo", a história deve ser também uma arte. Isso equivale a dizer que temos ainda muito trabalho pela frente e que não há nenhuma razão para temer o marasmo ou a banalização.

Lista dos trabalhos que serviram à elaboração do relatório

• Clemente, Pietro (Universidade de Siena, Itália). Vingt-cinq ans d'histoire orale. Le débat sur les sources orales en Italie.

• Dunaway, David (Universidade do Novo México, Albuquerque, EUA). The interdisciplinarity of oral history.

• Hirokawa, Tadahide (Universidade da Cidade de Osaka, Japão). Modern contemporary history and oral history in Japan.

- Regard, Fabienne (Instituto Universitário de Altos Estudos Internacionais, Genebra, Suíça). Approche orale et histoire juive en diaspora depuis une trentaine d'annés.

- Schwarzstein, Dora (Universidade de Buenos Aires, Argentina). La historia oral en América Latina.

- Vilanova, Mercedes (Universidade de Barcelona, Espanha). Por una historia sin adjetivos: 25 años de fuentes orales en España.

- Wallot, Jean-Pierre (Arquivos Nacionais do Canadá, Ottawa, Canadá). L'archivistique et l'histoire orale: bilan d'un quart de siècle de reflexion méthodologique et de travail.

Referências bibliográficas

Aron-Schnapper, Dominique & Hanet, Danièle. *Histoire orale ou archives orales?* Paris, Association pour l'Histoire de la Securité Sociale, 1980.

Bouvier, Jean-Claude et alii. *Tradition orale et identité culturelle. Problèmes et méthodes.* Marseille, CNRS, 1980.

Brossat, Alain; Combe, Sonia; Potel, Jean-Yves & Szurek, Jean-Charles (dir.). *À l'Est: la mémoire retrouvée.* Paris, La Découverte, 1990.

Historia y Fuente Oral (1-13). Barcelona, Arxiu Historic de la Ciutat/Universitat de Barcelona.

Joutard, Geneviève. L'enquête orale en classe. *Historiens et Géographes,* juil. 1981. Também publicado em *Fonti Orali* (1), apr. 1982.

Joutard, Philippe. *Ces voix qui nous viennent du passé.* Paris, Hachette, 1983.

———. Le témoignage oral et la recherche historique française: progrès ou déclin? *Historia y Fuente Oral* (15), 1995.

Lapierre, Nicole. *Le silence de la mémoire.* Paris, Plon, 1989.

Nora, Pierre (dir.). *Les lieux de mémoire.* Paris, Gallimard, 1984-92. 7v.

Pollak, Michael. *L'expérience concentrationnaire.* Paris, Métaillé, 1993.

Thompson, Paul. *The voice of the past.* Oxford University Press, 1978.

Vidal-Naquet, Pierre. *Les juifs, la mémoire et le temps présent.* Paris, La Découverte, 1991. v. 2.

Voldman, Danièle (dir.). Histoire orale et histoire des femmes: table ronde, 16 octobre 1981. *Bulletin de l'Institut d'Histoire du Temps Présent* (3), 1982.

―――. La historia oral en Francia a finales de los años ochenta. *Historia y Fuente Oral* (5), 1991.

―――. *La bouche de verité. La recherche historique et les sources orales.* Paris, Cahiers de l'IHTP, 1992.

2
Memória e tradição

Capítulo 6

Os debates sobre memória e história: alguns aspectos internacionais*

Alistair Thomson, Michael Frisch e Paula Hamilton

Desde que a história oral se estabeleceu como prática e movimento nos anos 60 e 70, os historiadores orais debatem questões referentes a memória e história. Este artigo, elaborado para a edição comemorativa do aniversário de *Oral History*, representa uma tentativa de fazer um balanço desses debates. A fim de tirar proveito das diferentes experiências e visões da teoria e da prática da história oral de outros países de língua inglesa, Alistair Thomson convidou Michael Frisch, dos Estados Unidos, e Paula Hamilton, da Austrália, para serem coautores nesta contribuição. Decidimos utilizar neste trabalho o processo da "redação sequencial", cabendo a Alistair desenvolver uma seção introdutória, à qual Michael e Paula acrescentaram suas contribuições. Decidimos também adotar um método reflexivo e coloquial, valendo-nos sempre que cabível de nossas próprias experiências e recorrendo a debates passados como pontos de partida para sugerir e explorar algumas das questões com que se defrontam os historiadores orais na atualidade.

Alistair Thomson

A meu ver, uma questão básica na história oral britânica — e possivelmente também na de outros países — é a dificuldade de estabelecer ligações entre os estimulantes e novos conhecimentos teóricos sobre

---

* Thomson, Alistair; Frisch, Michael & Hamilton, Paula. The memory and history debates: some international perspectives. *Journal of Oral History*. Aug. 1994. p. 33-43.

histórias da vida e memória, e as aspirações democráticas da história oral como prática que recupera histórias não conhecidas e capacita as pessoas a fazer suas próprias histórias. Essa tensão certamente tem sido uma característica de meu próprio trabalho no campo da história oral, que teve início na Austrália, nos primórdios dos anos 80, com uma breve participação nos projetos comunitários de história oral de Melbourne, antes de eu me mudar para a Inglaterra, em 1983, e ingressar no grupo editorial da comunidade de Brighton, o QueenSpark Books. Ainda na Austrália, trabalhei como entrevistador autônomo em projetos patrocinados pelo governo, como o Australian Parliament Bicentenary Oral History Project (Projeto de História Oral do Bicentenário do Parlamento Australiano), e em minha própria pesquisa sobre as experiências dos soldados australianos (os *anzacs*) na I Guerra Mundial. Os projetos comunitários aspiravam a ser uma história democrática "do povo" e o trabalho autônomo era um ótimo meio de ganhar a vida, mas foi o projeto *anzac* que me levou a participar dos debates sobre memória e história oral. As histórias de vida que me foram contadas revelaram-se ricas em detalhes sobre a guerra e seus impactos, mas estavam também profundamente influenciadas pelas vidas desses homens no pós-guerra, por seu papel de contadores de histórias e por seus relacionamentos comigo e com a lenda de suas vidas.[1]

Os críticos da história oral

Para entender as superposições de influências e significados nas memórias dos *anzacs*, comecei explorando alguns dos debates sobre teoria e método na história oral. O renascimento da história oral nos anos 70, na Grã-Bretanha e na Austrália, foi profundamente influenciado pelas críticas dos historiadores documentalistas tradicionais. O principal alvo dessas críticas era a memória não ser confiável como fonte histórica, porque era distorcida pela deterioração física e pela nostalgia da velhice, por preconceitos do entrevistador e do entrevistado e pela influência de versões coletivas e retrospectivas do passado. Por trás dessas críticas estava a preocupação de que a democratização do ofício de historiador fosse facilitada pelos grupos de história oral, além do menosprezo pela aparente "discriminação" da história oral em favor das mulheres, dos trabalhadores e das comunidades minoritárias.

---

[1] Thomson, Alistair. *Anzac memories: living with the legend*. Melbourne, Oxford University Press, 1994.

Influenciados pelas censuras dos historiadores documentalistas, os primeiros manuais de história oral estabeleceram um cânon para avaliar a confiabilidade da memória oral (enquanto astutamente lembravam aos historiadores tradicionalistas que as fontes documentais não eram menos seletivas ou menos tendenciosas). Tomando por base a psicologia social e a antropologia, mostraram como determinar a tendenciosidade e a fabulação da memória, a importância da retrospecção e a influência do entrevistador sobre as recordações. Da sociologia, adotaram os métodos da amostragem representativa, e na história documental foram buscar regras para checar a confiabilidade e a coerência interna de suas fontes. O novo cânon forneceu indicadores úteis para interpretar memórias e combiná-las com outras fontes históricas, a fim de descobrir o que ocorreu no passado.[2]

No entanto, a tendência de defender e usar a história oral como apenas mais uma fonte histórica para descobrir "o que realmente aconteceu" levou à não consideração de outros aspectos e valores do depoimento oral. Alguns praticantes da história oral, na ânsia de corrigir preconceitos e fabulações, deixaram de considerar as razões que levaram os indivíduos a construir suas memórias de determinada maneira, e não perceberam como o processo de relembrar poderia ser um meio de explorar os significados subjetivos da experiência vivida e a natureza da memória coletiva e individual. Ao tentarem descobrir uma única história, fixa e recuperável, alguns historiadores orais foram levados a negligenciar os muitos níveis da memória individual e a pluralidade de versões do passado, fornecidos por diferentes interlocutores. Eles não se deram conta de que as "distorções" da memória podiam ser um recurso, além de um problema.

Um grupo que, no início dos anos 80, emitia as críticas mais ferozes à prática da história oral, e que teve especial influência sobre mim e sobre outros coativistas, tanto em Melbourne, quanto na Inglaterra, foi o Popular Memory Group (Grupo de Memória Popular) do Centre for Contemporary Cultural Studies (Centro de Estudos Culturais Contemporâneos) de Birmingham. O grupo valia-se de debates em estudos de cinema e televisão sobre as representações do passado na tela, bem como de estudos culturais mais gerais sobre a importância do passado na cul-

---

[2] Para um resumo de críticas conservadoras, ver Thompson, Paul. *The voice of the past: oral history*. Oxford, Oxford University Press. 1988. p. 68-71, e seu editorial em *Oral History*, 18(1):24, Spring 1990. Para o debate australiano, ver Oral history: facts and fiction, em *Oral History Association of Australia Journal* (5), 1983-84.

tura contemporânea. Era também influenciado por um número pequeno, mas crescente, de historiadores orais internacionais — como Luisa Passerini, Alessandro Portelli e Ronald Grele —, que começavam a sondar os processos subjetivos da memória, mas cujo trabalho ainda era praticamente ignorado na Grã-Bretanha. Em *Making histories*, publicado em 1982, o grupo esboçou sua primeira, e relativamente incipiente, alternativa à história oral, que requeria a pesquisa da construção das histórias públicas e da interação dos sentidos público e privado do passado. Membros do grupo puseram em prática suas teorias em vários estudos de caso da memória britânica da II Guerra Mundial, e começavam a explorar os meios através dos quais as pessoas articulam suas memórias (adaptando teorias sobre narrativa tiradas da crítica literária), e a relação entre memória e identidade pessoal, quando o grupo se desfez em 1985.[3]

Alguns praticantes da história oral encaravam com reservas o método do Popular Memory Group, que parecia representar uma visão "de cima para baixo" da memória. Recordo-me da recepção hostil dada a um trabalho que traçava as linhas gerais desse método na Conferência Anual da Associação de História Oral da Austrália em 1985. A hostilidade advinha da sensação de que o expositor negava a validade ou a autenticidade da memória e da preocupação de que a linguagem da teoria radical simplesmente reproduzia os ataques anteriores quanto à "não confiabilidade" da história oral. E o que ainda é mais justificável, os críticos salientavam que o grupo desconsiderava certos tipos de memória — por exemplo, memórias de aspectos da vida que não estão tão obscurecidos ou retocados por relatos públicos influentes — e processos de en-

---

[3] Popular Memory Group. Popular memory: theory, politics, method. In: Johnson, Richard et alii (eds.). *Making histories: studies in history writing and politics*. London, Hutchinson, 1982. Entre os estudos do Popular Memory Group estão: Dawson, Graham & West, Bob. "Our finest hours"? The popular memory of World War Two and the struggles over national identity. In: Hurd, Geoff (ed.). *National fictions: World War Two in British films and television*. London, BFI, 1984; Wright, Patrick. *On living in an old country: the national past in contemporary Britain*. London, Verso, 1985. A parte A dos originais inéditos de um livro sobre memória popular (generosamente cedidos por Richard Johnson) discute o trabalho de memória, "histórias internas" e a forma narrativa. Ver também Passerini, Luisa. Work ideology and consensus under Italian fascism. *History Workshop Journal*, 8:82-108, 1979; Portelli, Alessandro. The peculiarities of oral history. *History Workshop Journal*, 12:96-107, Autumn 1981; Editorial — oral history. *History Workshop Journal*, 8:i-iii, Autumn 1979; Grele, Ronald J. *Envelopes of sound: the art of oral history*. 1985. New York, Praeger, 1991.

velhecimento e de rememoração em etapas mais avançadas da vida. Contudo, em fins dos anos 80, os historiadores orais britânicos e australianos já estavam cada vez mais influenciados pelas ideias dos membros do Popular Memory Group e dos historiadores orais internacionais que exploravam questões ligadas à memória e à subjetividade. Como Paul Thompson comentou no editorial de *Oral History*, no outono de 1989:

> "Nossos primeiros e um tanto ingênuos debates metodológicos e nosso entusiasmo pelos depoimentos acerca 'do que realmente aconteceu' amadureceram, dando lugar a um entendimento comum das questões técnicas e humanas fundamentais de nossa profissão e, o que é igualmente importante, a uma percepção muito mais apurada de como cada história de vida interliga inextricavelmente evidências tanto objetivas quanto subjetivas, que são diferentes, mas igualmente importantes."[4]

Nos últimos anos, alguns historiadores orais criaram métodos de análise e de entrevista que se fundamentam num entendimento mais complexo da memória e da identidade, e que sugerem meios novos e estimulantes para tirar o maior proveito das memórias para fins de pesquisa histórica e sociológica. Procuramos explorar as relações entre reminiscências individuais e coletivas, entre memória e identidade, ou entre entrevistador e entrevistado. De fato, frequentemente estamos tão interessados na natureza e nos processos da rememoração quanto no conteúdo das memórias que registramos.

---

[4] *Oral History*, 17(2):2, Autumn 1989; McConville, Chris. Oral history or popular memory? The power of talk. Melbourne, Oral History Association of Australia Annual Conference, 1985. Para críticas do Popular Memory Group, ver Lummis, Trevor. *Listening to history*. London, Hutchinson, 1987. p. 117-40. Para novos métodos, ver o número dedicado à memória popular de *Oral History*, 18(1), Spring 1990; a discussão revista sobre memória e subjetividade, in: Thompson, Paul. *The voice of the past* (1988:150-65); os debates no *International Journal of Oral History*, 6, Feb. 1985; e a antologia internacional editada por Raphael Samuel e Paul Thompson, *The myths we live by* (London, Routledge, 1990). Para fatos semelhantes nos EUA, ver Thelen, David. Memory and American history. *Journal of American History*, 75(4):1.117-29, Mar. 1989; e Frisch, Michael. *A shared authority: essays on the craft and meaning of oral and public history*. Albany, State University of New York Press, 1990. Para a Austrália, ver Murphy, John. The voice of memory: history, autobiography and oral memory. *Historical Studies*, 22(87):157-75, Oct. 1986.

Dilemas éticos e políticos

Métodos como esses impõem dilemas éticos que constituem verdadeiros desafios para os historiadores orais. As entrevistas que exploram os meios empregados por uma pessoa para se recordar de seu passado podem ser gratificantes para o entrevistador, mas também podem ser perturbadoras ou até prejudiciais para o entrevistado. Ao contrário do terapeuta, os historiadores orais podem não estar por perto para juntar os pedaços da memória que foi desmantelada e que já não é mais segura. Mesmo quando feitas com grande cautela e sensibilidade, e partem da regra fundamental de que o bem-estar do entrevistado sempre prevalece sobre os interesses da pesquisa, as entrevistas que exploram a natureza e os processos da rememoração tornam menos precisos os limites do relacionamento na história oral. As historiadoras orais feministas apontaram esses dilemas pessoais e éticos do relacionamento na história oral e contestaram os métodos tradicionais que enfatizam a neutralidade e o afastamento profissionais, como explica Mary Stuart em seu artigo nesta edição de aniversário de *Oral History*.[5] Por outro ângulo, o trabalho de colher reminiscências atribui maior prioridade ao valor da rememoração para o narrador do que ao seu valor para a pesquisa histórica.[6] Traçar diretrizes éticas nacionais para os historiadores orais — o que já é feito em vários países — é um meio de incentivar a boa prática nos relacionamentos da história oral, mas essas diretrizes devem se fundamentar em difíceis debates sobre a tensão inerente a esses relacionamentos, e no reconhecimento de que narradores e pesquisadores frequentemente têm objetivos conflitantes.

O trabalho de história oral que se vale de teorias sobre a memória e a subjetividade aponta um segundo dilema ético, este com dimensão política. É relativamente fácil colaborar para a produção de uma história que dê aval público a pessoas cujas vidas e memórias foram marginalizadas, e que desafie os que exerceram essa opressão. Tal defesa tem sido o objetivo usual de projetos comunitários de história oral desenvolvidos na Grã-Bretanha e na Austrália, como a história oral das lésbicas e *gays* de

---

[5] Para questões éticas, ver Gluck, Sherna Berger & Patai, Daphne (eds.). *Women's words: the feminist practice of oral history*. New York, Routledge, 1991; Frisch, M. *A shared authority* (1990); Elinor, Gillian. Stolen or given: an issue in oral history. *Oral History*, 20(1):78-80, Spring 1992.

[6] Ver Bornat, Joanna (ed.). *Reminiscence reviewed: perspectives, evaluations, achievements*. Buckingham, Open University Press, 1994.

Brighton, publicada pela QueenSpark Books com o título de *Daring hearts*.[7] Mas o que dizer de projetos de história oral — como o meu próprio trabalho com os *anzacs*, ou os que exploram experiências do fascismo na Itália ou na Alemanha — que se utilizam do depoimento oral para explorar e questionar mitos públicos que serviram de refúgio seguro para as pessoas que estão sendo entrevistadas, e que talvez não desejem ter suas memórias questionadas ou suas histórias contestadas? Por um lado, os historiadores orais podem achar que não têm o direito de usar as memórias das pessoas para fazer histórias que contestem ou critiquem seus narradores, e que isso constitui um abuso de confiança. Por outro lado, os historiadores orais podem achar que têm outro dever para com a sociedade e a história, a responsabilidade de contestar mitos históricos que privilegiam certas pessoas em detrimento de outras. Talvez todos os pesquisadores convivam com este dilema, mas para os historiadores orais ele está mais presente, porque mantemos relações pessoais com nossas fontes.

Michael Frisch apresentou uma saída para este dilema, ao defender "uma autoridade compartilhada" na história oral e "projetos que assumam seriamente a tarefa de envolver as pessoas na exploração do significado de lembrar e no que fazer com as memórias para torná-las ativas e vivas, e não meros objetos para colecionar e classificar".[8] Os projetos de história oral em que o pesquisador conduz uma série de entrevistas para fins de pesquisa dificilmente atenderão a esses requisitos. Tampouco solucionarão esse dilema os métodos coletivos ou comunitários que procuram envolver os narradores tanto no estágio da entrevista quanto no da elaboração da história de um projeto de história oral. Os participantes podem não se sentir aptos ou dispostos a fazer indagações sobre suas próprias vidas e memórias. De fato, é quase inevitável que um projeto coletivo que explore as relações entre memórias pessoais e coletivas e que conteste as histórias de vida das pessoas crie problemas e sofrimento.

Mas há que considerar o lado mais positivo: a exploração coletiva de histórias de vida em projetos participativos pode ajudar as pessoas a reconhecer e valorizar experiências que foram silenciadas, ou a enfrentar aspectos difíceis e dolorosos de suas vidas. Para alguns, esse processo será extremamente polêmico; para outros, será gratificante: as novas histórias

---

[7] Brighton Ourstory Project. *Daring hearts: lesbian and gay lives of 50s and 60s Brighton*. Brighton, Queen-Spark Books, 1992.
[8] Frisch, 1990:189.

podem contribuir para divulgar as experiências vividas por indivíduos e grupos que foram excluídos ou marginalizados em narrativas históricas anteriores. Por exemplo, apesar de minhas histórias orais dos *anzacs* contestarem e até criticarem alguns dos homens que se tornaram influentes ou estimados devido à lenda de suas vidas, o próprio fato de serem entrevistados frequentemente reafirmou a importância que esses homens se atribuíam perante suas famílias e a sociedade. Em contraposição, a lenda dos homens australianos que participaram da guerra desconsiderou e portanto silenciou sobre as vidas da maioria das mulheres e homens que não foram à guerra. Só nestas últimas décadas é que as histórias — inclusive as histórias orais — começaram a recriar essas vidas esquecidas e contribuíram para que as pessoas reconhecessem que elas também haviam sido historicamente significantes.

Teoria e prática

Os métodos de história oral fundamentados na comunidade destacam outra tensão. Muitas das discussões teóricas recentes sobre memória e subjetividade tiveram lugar nos círculos acadêmicos, em geral nos círculos acadêmicos internacionais. Alguns historiadores orais tomaram parte nesses debates, apesar do extraordinário crescimento, nos últimos anos, do interesse pela pesquisa da história de vida surgido numa ampla gama de disciplinas e contextos acadêmicos (representados, por exemplo, pela rede de autobiografia da British Sociological Association descrita por Liz Stanley nesta edição de aniversário de *Oral History*). As abordagens interdisciplinares questionaram e enriqueceram a prática do historiador oral, mas esses debates teóricos nem sempre têm a ver com a prática comunitária ou com a pesquisa coletiva credenciadora; de fato, são frequentemente conduzidos em linguagem, forma e contexto que podem ser profundamente alienantes e excludentes.

Resumindo, um aspecto crucial do movimento da história oral — certamente do movimento britânico — é uma tensão entre os desenvolvimentos teóricos que questionaram a memória e a identidade, e o compromisso com a prática democrática e credenciada. Não afirmo aqui que a sofisticação teórica não possa se tornar acessível e útil à prática, nem que a prática da história oral comunitária seja necessariamente não reflexiva ou ateórica. Mas, a meu ver, o principal desafio para os historiadores orais na atualidade é encontrar meios de facilitar a união entre a teoria e a prática, a fim de que os debates sobre história e memória, sobre a relação na história oral, ou sobre os dilemas éticos e políticos de nosso ofício se fundamentem tanto nos novos meios de conhecimento quanto na experiência prática.

Coletâneas recentes de ensaios, de autoria de Alessandro Portelli, Michael Frisch, Sherna Berger Gluck e Daphne Patai, apontam os meios para concretizar tal união.[9] Mais perto de casa, a própria revista *Oral History* está procurando conscientemente desenvolver tal papel e abordagem. Nem sempre é fácil. Há pressões e tentações para que a revista se torne ou uma publicação puramente acadêmica ou um periódico e boletim para praticantes do ofício que não trabalham no meio universitário. Um tema constantemente debatido nos editoriais é a necessidade de incentivar contribuições cuja linguagem e abordagem atinjam ambos os mundos, que explorem tentativas de pôr teorias em prática e que repercutam sobre os problemas levantados pela prática. Os títulos das edições temáticas recentes — "Vidas de mulheres", "Memória popular", "Fazendo histórias", "Reminiscências" — refletem essa preocupação.

Na Universidade de Sussex, onde atualmente leciono no Centro de Educação Continuada, também estamos tentando estabelecer vínculos entre a teoria e a prática em um novo certificado para trabalhos sobre história de vida (Certificate in Life History Work). Este é um curso noturno para adultos, destinado aos praticantes de história de vida que trabalham nos diversos campos da história oral comunitária, e em trabalhos e pesquisas sobre reminiscências que se utilizam de documentos de histórias de vida. Embora os participantes sejam encorajados a explorar o rico veio da literatura teórica interdisciplinar sobre histórias de vida e sobre o trabalho com histórias de vida, eles são também incentivados a repensar seu trabalho e a tentar novos métodos de abordar o trabalho de histórias de vida, fundamentados em suas leituras e discussões.

O curso ainda está em seus primórdios e, pelo que sabemos, não há muitos outros cursos na Grã-Bretanha que tentam estabelecer tais vínculos, à exceção, possivelmente, dos cursos sobre tradição cultural e museologia. Na Austrália e nos EUA, por outro lado, existe uma tradição de cursos universitários de "história pública" que estabelecem ligações entre a teoria e a prática históricas. Bem que poderíamos tirar proveito dessa experiência.

---

[9] Frisch, 1990; Gluck & Patai, 1991; Portelli, Alessandro. *The death of Luigi Trastulli and other stories: form and meaning in oral history*. Albany, Suny Press, 1992.

Michael Frisch

Este esforço coletivo explora as várias maneiras pelas quais uma preocupação comum — o método da história oral e a memória coletiva como um artefato cultural e psicossocial — foi definida e assumida tanto pela academia quanto pela sociedade, em nossos diversos cenários e também em nossa própria experiência acadêmica, social e política. Esperamos que essas reflexões informais possam contribuir para concentrar nossa atenção em dimensões da cultura cuja importância recente para diferentes disciplinas tem sido um dado ao mesmo tempo curioso e fascinante, que clama por uma discussão mais ampla e constante.

Minha contribuição relata alguns eventos atuais diretamente ou em parte relacionados com os estudos históricos nos EUA, que revelaram ao público questões cruciais até recentemente restritas ao discurso acadêmico. Vamos esquadrinhar esse assunto distinguindo três meios pelos quais questões de memória coletiva, tão frequentemente trazidas à tona por processos e produtos da história oral, acabaram se inter-relacionando com a disciplina mais ampla do estudo histórico formal, com implicações ao mesmo tempo produtivas, sugestivas e problemáticas.

Primeiro, consideraremos a memória coletiva como um componente das novas compreensões acadêmicas do processo histórico, e como essas compreensões esclarecem o papel central da memória coletiva nos recentes, acalorados, amplos e políticos debates públicos sobre a natureza e o lugar ocupado pelo conhecimento histórico, pela consciência, pela sensibilidade e pela percepção na vida e na cultura contemporâneas norte-americanas.

Segundo, focalizaremos a memória coletiva como história — assinalando algumas das formas pelas quais a memória vem se impondo por si mesma como objeto de estudo histórico, como uma dimensão da cultura dotada de uma historicidade que precisa ser mais bem rastreada e entendida —, um empreendimento no qual, como bem sabe a maioria dos leitores, os historiadores orais tiveram um importante papel muito antes de a teoria pós-moderna trazer essa questão para o primeiro plano entre a intelectualidade de diversos campos do conhecimento.

Por fim, consideraremos o lugar ocupado recentemente pela história no domínio da memória e da cultura coletivas — como um compromisso consciente e formal com o legado e a herança do passado se transformou literalmente num "campo de disputa" na vida americana, não só em termos culturais mais amplos, como também em arenas políticas específicas, abrangendo desde o turismo e o desenvolvimento econômico até o planejamento regional, assuntos urbanos, a política social, a política ambiental e a educação.

Uma vez esclarecida essa geografia tridimensional, talvez estejamos em melhor situação para avaliar os efeitos mais amplos desses eventos para uma compreensão mais abrangente da natureza, da dinâmica e do papel da memória coletiva no mundo moderno, pelo menos do ponto de vista norte-americano.

História e memória

A memória coletiva passou a fazer parte dos estudos históricos por muitos meios e formas, mas vamos distinguir duas dimensões gerais, ambas importantes em boa parte da literatura norte-americana de história oral — teórica e aplicada — e também interessantes por serem, em certos sentidos, diametralmente opostas, apesar do muito que têm em comum. Em uma, a memória é invocada para subverter as afirmações da história ortodoxa; na outra, os estudos históricos ganharam impulso por sua capacidade de subverter as categorias, as suposições e as ideologias das memórias culturais aceitas e dominantes.

No primeiro sentido, uma dimensão definitiva do estudo histórico acadêmico da geração passada foi a crítica à história convencional, por esta se fundamentar em noções extremamente restritas do que (e de quem) importa na história, e de como (e por quem) é gerada a mudança histórica. Essa crítica frequentemente salientou os vínculos entre essas concepções limitadas e as noções igualmente restritas da evidência histórica — por exemplo, documentos formais, jornais e memórias escritas —, na qual comumente baseamos narrativas e análises históricas, e as próprias noções do que se pode saber e dizer com certeza e comprovadamente acerca do passado.

Nesse contexto, as histórias orais ocupam o primeiro plano no conjunto mais amplo de estudos inovadores sobre história social e cultural que tiveram profundo impacto revisionista sobre os conceitos de processo e explicação históricos, mesmo em áreas tradicionais como a da história diplomática e política. O que motivou esses estudos foram as novas metodologias fundamentadas no esforço de recuperar a experiência e os pontos de vista daqueles que normalmente permanecem invisíveis na documentação histórica convencional e de considerar seriamente essas fontes como evidência. E mais, o impulso de fazer a chamada "história de baixo para cima" não significou apenas um assunto diferente, e sim um ângulo diferente de visão e uma noção mais ampla do próprio processo de reconceber perguntas e respostas históricas. Nesse esforço, não seria demais afirmar que a história oral — juntamente com outros artefatos, dados e "textos" culturais — provou-se crucial para o processo de superar noções convencionais acerca do que vale como história e, portanto, do que a história pode contar. É nesse sentido que se pode falar — como meio de reunir essas amplas tendências acadêmicas — da memória subvertendo a história.

Mas em outro sentido, a subversão se dá na direção oposta, e isso se aplica particularmente às noções de memória coletiva. É amplamente reconhecido que na sociedade moderna nossas imagens do passado são conservadas e transmitidas através do tempo não só por meio da experiência vernacular, mas também como construções culturais administradas e mediatizadas. Ao confrontar e transcender as limitações e exclusões dessas construções predominantemente ideológicas — um processo que recentemente atingiu um máximo de controvérsia nos debates sobre multiculturalismo, correção do ponto de vista político e currículos escolares, por exemplo —, o trabalho paciente dos especialistas em história, que vem se aprimorando com o correr dos anos, foi de capital importância.

Há aqui uma sutil ironia: os historiadores americanos quase sempre internalizam a crítica de que seu trabalho só interessa a eles mesmos e só tem interesse em si mesmo, e de que pouco tem a ver com a sociedade circundante, mesmo quando trata de questões atuais e de interesse público. De fato, esta tem sido uma das características mais criticadas do estudo histórico acadêmico nas controvérsias públicas recentes. No entanto, o desconforto que o estudo histórico moderno tem gerado provém, na realidade, do oposto: o estudo acadêmico está sob ataque feroz precisamente por *ter feito* tanta diferença no discurso público. Por exemplo, estudos alentados sobre história do trabalho e da mulher, ou os novos mundos de entendimento e evidências que surgiram de décadas de estudo histórico afro-americano — tais estudos fomentaram as atuais controvérsias, na medida em que entraram no campo do discurso geral. É óbvio que, nesse processo, o estudo histórico paciente subverteu de tal maneira as estruturas convencionais da memória cultural que provocou um ataque desesperado, e basicamente pela retaguarda, em defesa daquelas autoimagens culturais vulneráveis e ameaçadas. Nesse sentido, portanto, a história é importante por sua capacidade de moldar e subverter a memória coletiva.

Cabe dizer que, assim, o estudo recente está marcado por situações, nas quais a história subverteu a memória *e* a memória subverteu a história. Isso não sugere apenas uma contradição ou paradoxo, mas sobretudo uma tensão útil que contribuiu para que os historiadores focalizassem a problemática da própria memória coletiva. Na medida em que os historiadores orais confrontam evidências de ambos os processos em seus textos de entrevista, a complexa questão da interpretação ultrapassa em muito as teses românticas acerca da história alternativa de baixo para cima, que tantas inovações provocou nesse campo.

A memória *como* história

Ao situarem a memória simultaneamente como fonte de alternativas e resistências vernaculares ao poder estabelecido e como objeto de manipulação ideológica hegemônica por parte das estruturas do poder cultural e político, os historiadores fizeram muito mais do que simplesmente incorporar a memória à sua coleção de ferramentas, fontes, métodos e abordagens. A própria memória coletiva vem se convertendo cada vez mais em objeto de estudo: ela tem sido entendida, em todas as suas formas e dimensões, como uma dimensão da história com uma história própria que pode ser estudada e explorada. Algumas das obras mais fascinantes destes últimos anos — de Thelen (1990), Portelli (1991), Kammen (1991), Bodnar (1991), Schudson (1992) e Peterson (1994) — abordam a natureza e a história da memória coletiva norte-americana com a necessária energia, imaginação e habilidade para incorporar uma vasta gama de evidências anteriormente díspares, o que caracteriza uma pesquisa amadurecida.[10]

Mas a exploração já está indo bem além dessa incorporação da memória à história: a tensão produtiva vem gerando novas abordagens

---

[10] Thelen, David. *Memory and American history*. Bloomington, Indiana University Press, 1990; Portelli, 1992; Kammen, Michael. *Mystic chords of memory: the transformation of tradition in American culture*. New York, Knopf, 1991; Bodnar, John. *Remaking America: public memory, commemoration and patriotism in the twentieth century*. Princeton, Princeton University Press, 1991; Schudson, Michael. *Watergate in American memory: how we remember, forget and reconstruct the past*. New York, Basic Books, 1992; Peterson, Merrill D. *Lincoln in American memory*. New York, Oxford University Press, 1994.

à concepção tanto da história quanto da memória, nas quais o processo de dar sentido ao passado é entendido como uma capacidade mais geral, expressa de várias formas e modos, que podem ser mais bem-entendidos como organizados em vetores de diferentes espectros, em vez de estarem agrupados em torno de noções polarizadas de história e memória.

Um exemplo desse impulso é o Center for History-Making in America (COHMIA, Centro para a Realização da História na América), um projeto dirigido pelo editor do *Journal of American History*, David Thelen, com sede na Universidade de Indiana. O COHMIA parte da premissa de que a realização da história compreende uma ampla gama de modos e práticas — profissionais (estudo acadêmico, exposições em museus, documentos), amadores (colecionadores, aficionados, autores de peças históricas), instrumentais (ativista, comercial ou mídia) e vernaculares (expressões individuais, familiares ou comunitárias). Neste amplo cenário, os praticantes da história raramente reconhecem que, não obstante o campo ser tão diferenciado, todos realmente habitam um território cuja abordagem é mais útil se compartilhada.[11]

No caso do projeto COHMIA, é promissor seu interesse em converter o sistema de comunicação das ciências humanas, convencionalmente dicotomizado (especialista/audiência, acadêmico/público), em uma estrutura mais abrangente, que descreva com mais precisão a realidade do fazer a história na prática. Assim o projeto espera gerar processos através dos quais todos os meios usados para dar sentido ao passado possam dialogar entre si, em que os discursos da história e da memória coletiva possam se interligar de forma instrutiva e complementar, assim como começamos a entender os fenômenos da história e da memória como interligados em nossa cultura.

A história *como* memória

Há uma última dimensão em que os campos da história e da memória se entrelaçam, uma dimensão em que a história oral tem tido especial importância, não tanto por seus produtos, mas mais por seus processos: pelo envolvimento maior na recuperação e na reapropriação do passado que a história oral possibilita. Aqui, a relação lança sombras na direção oposta: não se trata apenas de entender as dimensões da

---
[11] Thelen, 1990; Frisch, 1990.

memória coletiva no contexto da história, mas sobretudo de entender como a historicização formal e autoconsciente vem se transformando numa dimensão cada vez mais importante do como lembramos o passado e entendemos sua relação com a vida e a cultura contemporâneas.

Os debates sobre currículos e sobre o que é "politicamente correto", já mencionados, são uma manifestação disso, mas talvez seja interessante considerá-los uma forma bastante específica de um impulso muito mais geral, e, vale dizer, uma forma incomumente estreita e dicotomizada. Existem, de fato, muitos outros meios pelos quais as representações da história se tornaram componentes contestados nos meandros da cultura e da memória coletiva, em toda sua complexidade.

Um bom exemplo é a área em que venho trabalhando em Buffalo, tanto num livro recente,[12] quanto num projeto regional cooperativo, organizado por alguns de meus alunos de graduação. Denominamos nosso enfoque de Política de Herança Industrial (*Industrial Heritage Policy*), e estamos interessados nas diversas formas — algumas sobrepostas e outras conflitantes — de mobilização da história formal como parte do processo pelo qual as comunidades e as regiões reagem à profunda reestruturação da economia industrial norte-americana.

Nas áreas que enfrentam a desintegração da base industrial, tanto da economia quanto da comunidade, qual seria o papel, o significado e a importância de preservar, celebrar e compartilhar a história de fábricas fechadas, indústrias perdidas e comunidades industriais em decadência? O que ocorreu — em Buffalo e em muitas outras comunidades semelhantes, o que de maneira alguma se restringe ao Nordeste industrial — foi que os usos, o valor, a administração e a projeção da "herança industrial" converteram-se em algo que só pode ser descrito como uma área extremamente polêmica de política pública.

Para este campo convergem o que se poderia classificar como diferentes exércitos em luta — historiadores profissionais, arquivistas e conservacionistas; empreendedores econômicos interessados em diferentes formas de promover o turismo e de reutilizar terrenos e instalações industriais; entidades federais e estaduais preocupadas com locais históricos, desde o Serviço de Parques até agências de reurbanização; ativistas

---

[12] Frisch, Michael (com o fotógrafo Milton Rogovin). *Portraits in steel*. Ithaca, Cornell University Press, 1993.

interessados em mobilizar forças para empreender mudanças progressivas; e as próprias comunidades afetadas — trabalhadores desempregados e suas famílias, sindicatos e comunidades.

É claro que esses exércitos podem ser tudo, menos homogêneos, sendo comuns divergências e divisões internas, entre cada ala e entre cada lugar. Em alguns casos, por exemplo, sindicalistas se insurgem contra projetos de herança industrial porque apoiá-los é visto como a confirmação da sentença da história de relegar empregos e comunidades industriais ao passado, frustrando esforços para preservar empregos e oportunidades industriais no presente; em outros casos, celebrar a herança industrial constitui uma importante dimensão da luta dos sindicatos pela sobrevivência, um fator crucial para forjar um futuro que se fundamente na história vivida e levada adiante pelos trabalhadores e suas famílias.

Em todas essas instâncias, a história formal se envolveu nos processos da memória coletiva e em como essa memória é vista como uma conexão viva entre o passado celebrado, o presente conturbado e um futuro que requer complexas escolhas políticas em todos os níveis, do individual e familiar ao comunitário, estadual e nacional. Seria possível citar muitos exemplos semelhantes, extraídos de outros cenários ou dimensões de nossa cultura — por exemplo, de comunidades étnicas, hispânicas, asiáticas, americanas e afro-americanas, onde questões do tipo como, por quem e para quem a história deveria ser abordada ou representada nada têm de autoevidentes.

Por que tudo isso é importante

Para concluir este breve e informal levantamento, a diversidade aqui descrita pode ser muito bem contrastada com as agudas dicotomias da história e da memória que ocuparam o centro de tantos debates públicos nestes últimos anos, desde as guerras canônicas até as ladainhas politicamente corretas, desde os debates curriculares sobre multiculturalismo e afrocentrismo até preocupações mais gerais acerca da fragmentação cultural e da balcanização das universidades, das comunidades e da sociedade norte-americanas — balcanização sendo um termo particularmente incendiário se considerarmos a pesada carga que a história contemporânea da ex-Iugoslávia atribuiu a esta velha metáfora. Todos esses meios de construir escolhas societárias parecem-me cada vez mais tacanhos e improdutivos como discurso político, um jogo inútil de alternativas polares que parece ter mais ou menos se esgotado na discussão pública.

No entanto, o cenário que descrevi dá margem a muitas esperanças. Em variados contextos, desde os esforços de busca das raízes familiares à impressionante diversidade de representações históricas mediadas pelas massas, as questões atinentes à memória coletiva estão, através do envolvimento construtivo e aberto frequentemente promovido pelos projetos de história oral, produzindo um estimulante discurso público sobre a influência do passado rememorado sobre o presente.

Quanto mais penso na extraordinária vitalidade e abrangência dos estudos históricos recentes, na pujante diversidade dos esforços públicos com a história no nível comunitário e na mídia, e no poder da memória coletiva vernacular de utilizar a história para enfrentar e contestar as manipulações do poder, mais me sinto encorajado pela capacidade democratizante da história e da memória quando inseridas num diálogo construtivo — como têm estado, cada vez mais, nos discursos e estudos recentes sobre memória coletiva, que só agora começam a contar com o reconhecimento público mais amplo que merecem.

Paula Hamilton

Alistair traçou um esboço genealógico dos debates acerca da história oral como metodologia na Grã-Bretanha e na Austrália, alguns dos quais ainda persistem nos anos 90.[13] Inicialmente, gostaria de fazer mais alguns comentários sobre o rumo da pesquisa em história oral e seu impacto no trabalho histórico na Austrália e, em seguida, como Michael Frisch, mapear novos rumos do estudo da memória coletiva e examinar seus usos políticos no contexto australiano.

Comecei a trabalhar em história oral em meados da década de 80, quando, como historiadora do trabalho, concebi um grande projeto para estudar o trabalho e a cultura dos empregados domésticos na Austrália, e passei a conversar com centenas de mulheres que se dedicaram a esse serviço entre 1950 e 1990. Posteriormente, em 1987, fui contratada para trabalhar numa importante coleção de arquivos de iniciativa governamental, o New South Wales Bicentennial Oral History Project (Projeto de História Oral do Bicentenário de Nova Gales do Sul), como

---

[13] Ver o debate em números recentes, sobre a interpretação de David Potts das memórias da Depressão de 30, do *Journal of Australian Studies* (26), 1990; e artigos de Spenceley e Scott & Saunders (41), 1994.

uma das entrevistadoras deste tópico. Como outros, interessei-me pelas questões metodológicas e teóricas relacionadas com as minhas experiências de conversar com pessoas mais idosas, especialmente porque algumas das preocupações da época com a "história vinda de baixo" nem sempre se "encaixavam" com as explicações acerca do significado dos depoimentos dos entrevistados.[14] Meu interesse nessas áreas se aguçou quando dei um curso de história oral em nosso novo programa de pós-graduação em história aplicada da University of Technology, em Sydney. Um curso que, iniciado em 1988, também pregava o método de investigar como a história oral é utilizada pela comunidade mais ampla. A história oral hoje faz parte de uma diversificada gama de trabalhos históricos, que abrangem desde a pesquisa e a documentação histórica mais formais, passando por teses de doutorado e monografias históricas, até o uso mais amplo em museus, sobretudo na pesquisa da origem de artefatos domésticos ou pessoais e seus significados simbólicos; na pesquisa da história genealógica ou familiar, frequentemente iniciada por um membro da família; e em trabalhos de história pública, como consultorias sobre direitos fundiários dos aborígines, histórias locais, histórias sindicais e projetos cinematográficos.

Nestes últimos anos, fiquei entusiasmada com a mudança de rumo acadêmica para estudos da memória e da história, em que a história oral passa a ser um componente da expressão coletiva. É aí que minhas preocupações políticas se complementam de modo mais produtivo: meu compromisso como historiadora pública com a intervenção em uma ampla gama de arenas sociais se associa à análise do processo histórico através da memória e como ele esclarece a realização da história na cultura australiana. Uma proveitosa colaboração entre a academia e os historiadores "profissionais" na Austrália foi o surgimento de uma nova publicação, a *Public History Review*, com a qual me envolvi como um de seus editores. Entre outras coisas, esta publicação serve de fórum de debate do uso da história oral numa ampla gama de práticas históricas e de como as diversas formas culturais moldam o significado da entrevista.

Essas circunstâncias são examinadas mais a fundo em "News from abroad", contribuição de Janis Wilton e Rosemary Block para esta edição de aniversário de *Oral History* (outono de 1994). Um fator im-

---

[14] Hamilton, Paula. Inventing the self: oral history as autobiography. In: Donaldson, Ian; Read, Peter & Walter, James (eds.). *Shaping lives: reflections on biography*. HRC, ANU, 1992.

portante na Austrália é o papel do Estado de incentivador da história oral como fenômeno documental. Desde o início dos anos 70 tem havido uma pletora de grandes projetos financiados pelo Estado, que influenciaram não só como e por quem a história oral é exercida, mas também as tendências dos arquivos de gravações. Entre os mais importantes financiadores institucionais da história oral estão a National Library of Australia (Biblioteca Nacional da Austrália), o Australian War Memorial (Memorial Australiano da Guerra), o Australian Institute of Aboriginal Studies (Instituto Australiano de Estudos Aborígines), a NSW Ethnic Affairs Commission (Comissão de Assuntos Étnicos de Nova Gales do Sul) e as bibliotecas públicas.

O apoio estatal e outros fatores culturais específicos permitiram que as coleções de história oral australiana incluíssem histórias de migrações e comunidades étnicas; o trabalho de povos indígenas de todo o país; histórias da classe trabalhadora de determinadas regiões; e relatos orais da guerra. A história do trabalho tende a ser fragmentada. Existem algumas histórias orais de sindicatos ou locais de trabalho específicos, mas poucos tiraram proveito do potencial da história oral para explorar a experiência da cultura do trabalho e do local de trabalho, muito embora John Shields tenha conseguido em parte corrigir esse desequilíbrio com sua coletânea recém-publicada *All our labours: oral histories of working lives in twentieth century Sydney* (Todos os nossos trabalhos: histórias orais de vidas de trabalho na Sydney do século XX).[15]

Talvez ainda mais surpreendente, dadas as origens da história oral nos movimentos de direitos civis dos anos 60, seja o fato de os historiadores do feminismo não recorrerem a fontes orais. No início dos anos 80, Louise Douglas e Peter Spearritt observaram numa pesquisa que "até o presente poucos historiadores investigaram diretamente as experiências femininas através do processo de entrevistas". Como parte de uma tendência mundial de "reivindicar um passado", muitas mulheres australianas, nos anos 70 e 80, se envolveram em projetos comunitários com outras mulheres, particularmente na Austrália Meridional, mas desde então esses projetos seguiram rumos paralelos, em vez de dialogar com os historiadores feministas acadêmicos. A pesquisa de

---

[15] Publicado pela NSW University Press, 1992. Shields aborda esse ponto em sua excelente introdução (p. 1-9).

Jean Duruz sobre como as mulheres lidam com o sonho suburbano e o estudo de Kate Darian-Smith das experiências de guerra das mulheres através de entrevistas são duas importantes exceções recentes; o mesmo se pode dizer do trabalho de especialistas lésbicas de "recuperação" de histórias de lésbicas.[16]

A história oral na Austrália também não tem o forte enfoque comunitário da Grã-Bretanha, a percepção da história oral como um instrumento vital para fazer e refazer identidades relacionadas a lugar ou idade. Isso talvez se deva em parte ao fato de a história oral não ter sido amplamente utilizada na Austrália como uma prática comunitária radical, para fortalecer pessoas unidas por locais ou experiências comuns. Como o impulso democrático tem sido mediado mais pelo individualismo, há um grande número de pessoas trabalhando em história oral por conta própria a fim de documentar as histórias de grupos específicos, definidos por ocupação ou relação, como músicos de jazz, artistas, unidades do Exército, arquitetos; ou atividades e eventos específicos, como greves e cultura literária. Mas, como ocorre na Inglaterra, a tensão entre o trabalho acadêmico e o daqueles muitos indivíduos que se dedicam à história oral mantém-se, por vezes com uma certa aspereza, como uma luta pelo controle de determinados meios de realizar o trabalho de história oral, de seu significado para os que participam do ofício e de sua relação com a profissão histórica. Um fórum importantíssimo para aproximar os historiadores públicos da academia é a Australian Broadcasting Commission's Social History Unit (Unidade de História Social da Comissão Australiana de Radiodifusão), descrita por Wilton e Block, que toma por base a história oral, mas explora mais amplamente o potencial da memória social.

Essas circunstâncias, nas quais a história oral surgiu como indústria na Austrália, foram ao mesmo tempo liberalizantes e limitadoras. Nestes últimos anos, frequentemente se tornou difícil reconceituar a pesquisa que usa a história oral para "dar voz às pessoas" e se livrar da sensação empírica e da política desse processo; Louise Douglas e Peter Spearritt também observaram que aqueles que classificavam de historia-

---

[16] Douglas, Louise & Spearritt, Peter. Talking history: the use of oral sources. In: Osborne, O. G. & Mandle, W. F. *New history*. Allen & Unwin, 1982; Duruz, Jean. Suburban houses revisited. In: Darian-Smith, Kate & Hamilton, Paula (eds.). *Memory and history in twentieth century Australia*. OUP, 1994; Darian-Smith, Kate. *On the home front: Melbourne in wartime, 1939-45*. OUP, 1990; e a tese de doutorado em andamento de Ruth Ford na La Trobe University sobre histórias de lésbicas dos anos 50.

dores "amadores" tendiam a usar a história oral sem sustentação documental, enquanto os historiadores preferiam fazer uso de fontes documentais. Essa questão levanta o dilema do entrevistado como testemunha ocular do passado.

A autenticidade da memória

O fato de a história e o jornalismo privilegiarem atualmente a "testemunha ocular" dos eventos do passado criou dificuldades para alguns historiadores. Por um lado, a estrutura positivista da lei e da história tradicionais ocidentais determina que os fatos sejam corroborados por depoimentos de pelo menos duas testemunhas (ou outras provas documentais); por outro lado, há o problema de conferir a uma "testemunha ocular" autoridade exclusiva para interpretá-los.

No que diz respeito a grupos, as memórias são consideradas individuais, mas ocorrem os maiores conflitos quando as pessoas insistem em que as lembranças dos outros sejam iguais às suas. Reuniões e aniversários são frequentemente fóruns de ásperos debates entre os participantes sobre a memória de um evento, mesmo quando todos o testemunharam. Eles discutem o que se passou e que interpretação dar à experiência, o que costuma ser negociado pelo processo coletivo da rememoração. David Thelen nos lembra que, "como as memórias das pessoas conferem segurança, autoridade, legitimidade e, por fim, identidade ao presente", não é de surpreender que "os conflitos acerca da posse e da interpretação das memórias sejam profundos, frequentes e ásperos".[17] Essa observação é particularmente evidente no transcorrer de entrevistas de história oral, quando historiadores como eu se veem frequentemente diante de histórias de passados pessoais que são meios de dar sentido à exclusão e à perda nas vidas atuais de idosos.

Memória e o passado nacional

Um dos grandes mitos dominantes no cenário histórico australiano é o da Austrália ser um país *novo* (o corolário da Grã-Bretanha como país natal, a pátria): temos uma história tão *curta*. De fato, desde

---

[17] Thelen, David. Introduction: memory and American history. In: Thelen, D. (ed.). *Memory and American history*. Bloomington, Indiana University Press, 1990. p. xvi.

o século XIX tornou-se mais ou menos comum entre os que viajavam para a Austrália o comentário de que a viam como um lugar *sem* história. Essa ideia de uma *tábula rasa* histórica é, evidentemente, uma história de colonos, de migrantes britânicos, contada por várias gerações de imigrantes ingleses e europeus. Memórias de invasões e da morte de povos indígenas são mais facilmente apagadas, ou pelo menos atenuadas, pela experiência migratória: os que chegavam não carregavam "o peso do passado"; vislumbravam uma nova oportunidade, um território vazio, vidas que podiam ser renovadas.

Mas nos últimos 30 anos houve uma profunda mudança no nosso modo de entender o que constitui o passado *australiano*, cujas características já estão hoje muito bem-delineadas.[18] Começamos a perceber estruturas organizadas de esquecimento com relação aos povos aborígines, estruturas que os historiadores ajudaram a construir e, muitos anos mais tarde, a destruir. Jacques Le Goff, historiador francês, afirma que sempre que as sociedades são predominantemente orais, a transição para a memória coletiva escrita constitui a melhor oportunidade para entender a luta para dominar as recordações. Para fins dessa discussão, a importância da observação de Le Goff está na complexa interação entre uma cultura oral e uma escrita, a fim de contestar as narrativas históricas dominantes; e numa inter-relação ainda mais complexa de memória e história. Há, por exemplo, a manutenção da memória aborígine através da comunidade e da cultura (apesar de tentativas de destruí-la); também presenciamos sua reinvenção através de memórias escritas e outras formas culturais: autobiografias, romances, reminiscências, filmes. Além disso, as histórias orais têm sido importantes — especialmente quando realizadas por historiadores, antropólogos e linguistas pretos e brancos —, assim como a música dos cantores aborígines.[19] Um dos temas dominantes na memória urbana aborígine é a tomada das crianças pelas autoridades estatais, a separação de famílias numa política sistemática de des-

---

[18] Reynolds, Henry. *The breaking of the great Australian silence: Aboriginies in Australian historiography, 1955-83*. London, 1984; Stanner, William E. H. *After the dreaming*. Sydney, 1968, Boyer Lectures, 1969.

[19] Le Goff, Jacques. *History and memory*. Trad. de Steven Rendall e Elizabeth Clamon. New York, Columbia University Press, 1992. Como exemplos de autobiografias aborígines temos Gilbert, Kevin. *Living black*. Melbourne, 1977; Ward, Glenyse. *Wandering girl*. Broome, Magabala Books, 1987; ver também o filme de Gerry Bostock, *Lousy Little Sixpense* e histórias orais como Edwards, Coral & Read, Peter (eds.). *The lost children*. Sydney, Doubleday, 1989.

truição racial, que só terminou em alguns estados em 1969. Essas atitudes tomadas pelo Estado são um foco de grande poder emotivo nas políticas de memória da Austrália contemporânea: "Eles levaram as crianças", canta Archie Roach numa balada popular; as repetidas imagens de crianças sendo levadas para longe representam a dolorosa perda de uma herança; a tarefa agora é reunificar as famílias, encontrar o passado. Neste caso, a memória conseguiu contestar a história, e no processo dessa contestação uma população euro-australiana repete: "nós não sabíamos", retórica reveladora que faz parte da forma com que o público lida com mudanças na consciência histórica.

A política da memória na Austrália

Em 1993, em parte como resposta à divulgação pública — transcorridos 50 anos — das experiências de guerra no Pacífico, o primeiro-ministro Keating inaugurou um novo memorial Sandakan, dedicado aos prisioneiros de guerra australianos (POW) que morreram em Bornéu Setentrional. Na cerimônia de abertura, declarou:

> "A Austrália deve conhecer sua verdadeira história. Uma nação é forte por seu conhecimento da experiência compartilhada, e a experiência desses homens deve ficar gravada na memória nacional."[20]

Este é um reconhecimento tácito de que a experiência dos prisioneiros de guerra havia sido "esquecida" como parte da história australiana. No entanto, também faz parte da retórica a ideia de que a "experiência compartilhada" deva integrar a "memória nacional", apesar de sabermos que esta experiência foi traumática, mas não compartilhada de fato por todos. Quem, então, é o "nós" da nação? Como me relaciono com uma "memória nacional"?

Definir grupos ou nações sempre exige um duplo processo de inclusão e exclusão, e recordar o passado é um mecanismo central nesse processo. O esquecimento é um dos principais fatores que moldam a lembrança nacional. Essa amnésia social organizada não é um problema es-

---

[20] Hole, Jacquelyn. Fate of soldiers: "a stark lesson". *Sydney Morning Herald,* 2 Aug. 1993, p. 6.

pecífico da Austrália. O historiador norte-americano Michael Kammen identificou várias características relacionadas com a política da memória nacional. Apesar de a busca da memória estar presente em todos os países, ela é contestada em vários países em diferentes épocas, e em cada país circulam simultaneamente várias versões do passado em escalas e níveis variáveis. Como afirma Kammen: "pinçamos e organizamos nossas memórias de forma a atender a nossas necessidades psíquicas".[21] Mas o estudo da memória frequentemente revela, por exemplo, uma tensão entre as tradições locais e nacionalistas. Em cada país, ele identifica fatores que afetam a especificidade do processo e a forma assumida pela rememoração. O primeiro é o papel do governo como guardião da memória pública. Nos EUA, por exemplo, não existe um Ministério da Cultura, ao contrário da Austrália, onde existe uma crescente centralização e a tradição de um forte envolvimento governamental em muitas áreas de atividade nacional. Por outro lado, várias autoridades educacionais do governo norte-americano exerceram vez por outra um ativo papel de censores na interpretação do passado e em como este é lembrado nas escolas, do mesmo modo que haviam feito no Japão. Na Austrália, os estados têm programas escolares diferenciados e não há um currículo padrão nacional.

Um segundo fator na política da memória é o quanto se discute as políticas culturais contemporâneas e até que ponto as questões históricas são contestadas publicamente. Importantes nesse caso são a imprensa e a autoridade cultural dos "especialistas em memória", como historiadores e jornalistas, que trazem a discussão e o debate para o âmbito público. Na Austrália dos anos 90, o primeiro-ministro emprega um historiador como seu principal redator de discursos, e ambos têm tentado tirar proveito político do uso da memória coletiva, contribuindo para criar um sentimento de autoconsciência histórica a fim de promover a transformação do país em república. A recente alegação do primeiro-ministro Keating, por exemplo, de que durante a II Guerra Mundial a Grã-Bretanha "deixara por conta" da Austrália a guerra no Pacífico foi muito mais uma tentativa de se valer do mito popular e do sentimento antibritânico do que uma interpretação formal dos acontecimentos. Essa

---

[21] Kammen, Michael. *Mystic chords of memory: the transformation of tradition in American culture.* p. 9, 13-5.

questão é de fato assunto de debates entre os historiadores e, a julgar pela grande polêmica que surgiu no seio do público, ainda é também uma questão não resolvida na memória popular.[22]

Terceiro, o grau de centralização afeta o tratamento dado à memória. Há frequentemente uma tensão entre as memórias locais e a retórica nacionalista pública, uma tensão que se intensifica quando a "comunidade imaginada" nacional torna-se muito circunscrita. As comunidades locais, por exemplo, podem se apropriar de formas materiais de comemoração nacional, como monumentos à guerra, mas não necessariamente de seu conteúdo, submetendo a expressão da memória aos interesses locais.

Memória e cultura popular

Num ensaio acerca de alguns trabalhos recentes sobre a memória, Nancy Woods afirma que, no mundo do pós-guerra, as políticas da memória estão mais presentes na cultura popular do que no debate acadêmico. Woods refere-se principalmente ao poder do cinema nesse campo, sobretudo à sua audiência de massa e à sua capacidade de influenciar o pensamento do público acerca das narrativas sobre o passado. Ela cita vários estudos que analisam o impacto do cinema sobre a rememoração coletiva nos países europeus, particularmente a França e a Alemanha.[23] Mas muitos historiadores ainda consideram as versões do passado representadas na cultura popular prejudiciais à análise crítica da história, e deixam a política da memória para os analistas da mídia. A minissérie *Brides of Christ* (Noivas de Cristo) da Australian Broadcasting Commission, ambientada nos anos 60, provocou muitas entrevistas de jornalistas com freiras, para comparar suas memórias da época com a representação (ficcional) na tela.

Um professor recentemente me confidenciou, em tom lacônico, que sempre pensara que a I Guerra Mundial acontecera em preto-e-branco. Esta me pareceu uma boa descrição do produto final imaginado por

---

[22] A British High Commission em Canberra recebeu uma avalanche de telefonemas, e um grande número de cartas foi enviado ao *Sydney Morning Herald* em março de 1992. Ver o relato do discurso de Paul Keating no *The Australian,* de 28-2-1992, e o debate público no *Weekend Australian,* de 29-2 e 1-3-1992.

[23] Woods, Nancy. Vichy memories. *New Formations* (17):153, 1992.

aqueles que temem a colonização da memória pelos meios de comunicação de massa: até nossas memórias obedeceriam às convenções da representação cinematográfica do passado. Tem havido muita preocupação com a penetração da cultura popular no processo de rememoração, com a possibilidade de as pessoas passarem a relatar as experiências que viram na televisão, por exemplo, como se fossem suas, substituírem suas experiências de testemunhas oculares ou participantes. Durante minhas entrevistas com empregados domésticos, por exemplo, era frequente eles descreverem suas vidas como semelhantes às de *Upstairs. Downstairs*, uma série da TV britânica sobre a hierarquia dos empregados domésticos cuja ação transcorria na Londres eduardiana. O programa nada tinha a ver com a experiência australiana de serviço doméstico nos anos 20 e 30, mas mesmo assim sensibilizava muitos empregados, que procuravam encontrar aí pontos em comum com uma experiência que, para a maioria, havia sido bastante isoladora.

Teme-se que a cultura de massa empobreça "nossas memórias originais" e que uma versão mais homogeneizada tome seu lugar. Teme-se também perder a comunidade e a identidade, já que a tecnologia de massa modifica não só nosso sentido do temporal, mas também a natureza especificamente espacial do lembrar. A noção de que podemos nos "lembrar", por exemplo, do assassinato de Kennedy significa que nos lembramos de como foi apresentado na televisão ou no rádio, e não de termos a experiência direta desse evento. O que Ulric Neisser chama de "memórias de *flash*", ou imagens repetidas reforça o impacto da representação visual. Em meio ao pessimismo generalizado, o historiador norte-americano Lipsitz afirma que, embora a transcendência do tempo e do espaço gere "instabilidade, porque desconecta as pessoas das tradições passadas (...), também as libera, porque torna o passado menos determinante das experiências no presente". As formas culturais, diz ele, "criam condições de possibilidade" para as audiências, porque informam o presente com o passado e o futuro.[24]

É evidente que a pesquisa e a reflexão nesta área estão apenas começando. Outra característica, dentre as muitas interessantes, da relação da cultura popular com a memória é a centralidade da reminiscência

---

[24] Neisser, Ulric. *Memory observed*. San Francisco, W. H. Freeman, 1982; Lipsitz, George. *Time passages: collective memory and American popular culture*. Minneapolis, 1990. p. 5 e 16.

oral. As autobiografias ou reminiscências escritas não parecem ter estruturas de narração que permitam exprimir a complexa interligação entre as memórias individual e coletiva propiciada pela cultura de massa. As convenções genéricas do formato literário e o contexto da escrita impedem aquela passagem óbvia da recordação de um passado pessoal para a recordação de sua representação na cultura popular. Para o comunicador oral, este empréstimo pode ocorrer até em casos isolados. Irina Sherbakova, ao entrevistar recentemente ex-internos em campos de trabalho forçado russos, constatou que muitas de suas memórias se assemelhavam às histórias do *Arquipélago Gulag,* de Solzhenitsyn. Para Sherbakova, "a grande quantidade de informação que emana das pessoas frequentemente parece ocorrer pela imolação de suas próprias memórias, até que começa a parecer que tudo o que sabem aconteceu pessoalmente com elas".[25]

Em nosso artigo conjunto, delineamos alguns dos debates sobre memória e história que são importantes para os historiadores orais: desde a celebração inicial da "história vinda de baixo"; passando pelos argumentos acerca da confiabilidade da memória e da validade do depoimento oral; até as preocupações com as relações entre a história — inclusive a história oral — e as disputas pela memória popular, coletiva ou nacional. Uma das conclusões a que chegamos é que se reconhece haver um maior envolvimento dos historiadores no trato público da memória e também a necessidade de estudos detalhados que nos ajudem a entender tanto a especificidade da rememoração coletiva em cada país, quanto as similaridades mais genéricas entre países diferentes. A história oral continuará a explicitar, de várias maneiras, aspectos de nosso passado e a moldar sua expressão em nossas culturas. De fato, é precisamente porque, em seu aspecto mais positivo, o relacionamento da história oral facilita a rememoração dinâmica e a interação de "historiadores" e "comunidades", de "discurso histórico" e "memória coletiva", que os historiadores orais podem desempenhar um papel ímpar e central nas questões atinentes à memória e à história.

---

[25] Sherbakova, Irina. The Gulag in memory. In: Passerini, Luisa (ed.). *Memory and totalitarianism, international yearbook of oral history and life stories.* OUP, 1993. p. 113.

Capítulo 7

A memória não é mais o que era*

Henry Rousso

Tendo ingressado no IHTP há mais de 10 anos, algum tempo depois de sua criação, que causou certo alvoroço, creio que prestar hoje uma homenagem a François Bédarida, seu fundador e animador incansável, é de certa forma iniciar a história de uma aventura intelectual. E para todos que dela participaram, essa história se confunde com sua memória pessoal, já que o empenho nesse projeto foi tão intenso e tanto contribuiu para forjar sua identidade de pesquisadores. Trata-se portanto de vivenciar a experiência imediata da dificuldade de pretender escrever uma "história da memória", objetivo que se furta constantemente a toda definição simples e clara. Creio, porém, que foi esse objetivo que mais nos motivou, que nos obrigou a abandonar os padrões tradicionais nos quais se elabora um pensamento historiográfico, e que foi esse objetivo que nos levou definitivamente a nos afirmarmos como historiadores do tempo presente. Assim, a verdadeira homenagem devida a François Bédarida, que amiúde nos precedeu, sempre nos guiou e por vezes nos seguiu nesse terreno, consiste não tanto nas poucas páginas que se seguem,

---

* Rousso, Henry. La mémoire n'est plus ce qu'elle était. In: *Écrire l'histoire du temps présent*. Paris, CNRS, 1992.

e sim na maioria das pesquisas que há anos se vêm realizando nessa área, sobretudo no âmbito dos trabalhos coletivos do IHTP.[1]

A memória é incontestavelmente da atualidade, por assim dizer: o termo se repete hoje como um *leitmotiv* nas campanhas publicitárias dos editores, tanto na França quanto no exterior (especialmente nos Estados Unidos), e são incontáveis as obras que o empregam no título ou subtítulo, mesmo quando são de história, no sentido mais clássico do termo. Sem dúvida, no espírito de muitos de nossos contemporâneos, a referência à memória deve oferecer uma mais-valia moral que a história, tão em voga há apenas alguns anos, parece ter agora dificuldade de assumir. Mas esse modismo, e mesmo esses desvios, sem dúvida passageiros, não devem ocultar o fato de que já faz uma década que a história da memória constitui um campo específico, quase uma nova maneira de fazer história, à feição dos *Lieux de mémoire*, concebidos e editados por Pierre Nora no início dos anos 80 e concluídos em 1993.

A memória, no sentido básico do termo, é a presença do passado. Portanto não admira que tenha interessado aos historiadores do tempo presente, depois de outros, já que essa presença, sobretudo a de acontecimentos relativamente próximos como as revoluções, as guerras mundiais ou as guerras coloniais, acontecimentos que deixam sequelas e marcas duradouras, tem ressonância em suas preocupações científicas: como arquivar tranquilamente e em silêncio a história de Vichy, quando no mesmo momento esse período era alvo de uma interrogação obsessiva em escala nacional? A memória, para prolongar essa definição lapidar, é uma reconstrução psíquica e intelectual que acarreta de fato uma representação seletiva do passado, um passado que nunca é aquele do indivíduo somente, mas de um indivíduo inserido num contexto familiar, social, nacional. Portanto toda memória é, por definição, "coletiva", como sugeriu Maurice Halbwachs. Seu atributo mais imediato é garantir a continuidade do tempo e permitir resistir à alteridade, ao "tempo que muda", às rupturas que são o destino de toda vida humana; em suma, ela cons-

---

[1] Este breve texto é pois o prolongamento de reflexões já publicadas. Ver especialmente Peschanski, Denis; Pollak, Michael & Rousso, Henry (dir.). Histoire politique et sciences sociales. *Les Cahiers de l'IHTP, 18,* juin 1991; reedição: Bruxelles, Complexe, 1991. 290p. (coleção Questions aux XXe siècle); e também Rousso, Henry. La Seconde Guerre Mondiale dans la mémoire des droites. In: Sirinelli, Jean-François (dir.). *Histoire des droites en France.* v. 2: *Cultures.* Paris, Gallimard, 1992. p. 549-620.

titui — eis uma banalidade — um elemento essencial da identidade, da percepção de si e dos outros. Mas essa percepção difere segundo nos situemos na escala do indivíduo ou na escala de um grupo social, ou mesmo de toda uma nação. Se o caráter coletivo de toda memória individual nos parece evidente, o mesmo não se pode dizer da ideia de que existe uma "memória coletiva", isto é, uma presença e portanto uma representação do passado que sejam compartilhadas nos mesmos termos por toda uma coletividade.

Para superar esse obstáculo teórico, que concerne antes à filosofia ou à psicologia social (e que merece ser debatido), os historiadores em geral admitem, de maneira mais ou menos declarada, que as representações do passado observadas em determinada época e em determinado lugar — contanto que apresentem um caráter recorrente e repetitivo, que digam respeito a um grupo significativo e que tenham aceitação nesse grupo ou fora dele — constituem a manifestação mais clara de uma "memória coletiva". Fazer a história dessas manifestações, isto é, realizar "uma pesquisa sobre a representação autóctone de fatos passados e de sua evolução cronológica",[2] permite chegar mais perto da noção de memória coletiva, ainda que por uma abordagem empírica, própria dos historiadores. Eis o objetivo de toda história da memória.

Na França, esse campo relativamente novo do historiador ainda não foi totalmente explorado, e os trabalhos nessa área não raro se atêm a preocupações demasiado contemporâneas, seja por causa da pressão exercida pela demanda social, seja porque os historiadores não podem furtar-se à atualidade do passado que lhes compete decifrar. Assim, a história da memória tem sido quase sempre uma história das feridas abertas pela memória, não sendo no fundo senão uma manifestação, entre outras, das interrogações atuais e palpitantes sobre certos períodos que "não passam": se admitirmos que a história dos historiadores é apenas uma das formas de expressão da memória coletiva, apenas um dos vetores pelos quais se transmite e se reconstrói o passado, então não admira que a história da memória seja antes de tudo uma manifestação da memória coletiva, no contexto um pouco

---

[2] Favret-Saada, Jeanne. Sale histoire. *Gradiva*, 10:4, 1991. Nesse artigo, às vezes crítico em relação aos historiadores, o autor, etnólogo das religiões, examina os vínculos entre história e memória, e entre historiadores e testemunhas, especialmente no âmbito da história do nazismo.

confuso, da perda de referências dos anos 80 e 90. Assim, podemos constatar que, se Pierre Nora e seus colaboradores erigiram realmente um marco essencial ao inventar a noção de "lugar da memória", a maioria dos trabalhos publicados de uns anos para cá buscou sobretudo compreender a memória de um acontecimento notável, destacando-se aí a Grande Guerra, a guerra da Argélia e principalmente a II Guerra Mundial e o nazismo (é talvez nesse campo que a historiografia estrangeira e francesa é mais abundante), sem esquecer a Revolução Francesa.

Do mesmo modo, a história da memória concentrou-se sobretudo nos vetores de memória imediatamente identificáveis: a política de memória do Estado, as associações de preservação da memória, as representações do passado no cinema ou na literatura, a historiografia — o ângulo tradicional pelo qual há muito se estudam as representações do passado —, que por definição implicam representações explícitas e voluntaristas do passado, de tendência ideológica e unificadora. Ela se debruçou sobre a memória de grupos diretamente sensibilizados pela questão do passado e de seu papel na formação e manutenção de uma identidade coletiva: memória do operariado, memória das mulheres, memória dos judeus. A história da memória constitui enfim um elemento doravante essencial na análise das culturas políticas, como atestam os numerosos trabalhos sobre a memória gaullista ou a memória comunista, ou ainda a experiência recente conduzida por Jean-François Sirinelli, que, no quadro de uma história geral das direitas francesas, dedica quase um livro inteiro a essa questão.[3]

Mas esses tropismos decorrentes do contexto em que escrevem os historiadores não deixam de ter seus inconvenientes. Apresentam o clássico risco de uma espécie de metonímia, que consiste em tomar a parte pelo todo, crítica de que foram alvo todos os historiadores que se dedicaram a esses temas: será possível pretender captar a história de uma memória nacional unicamente pelo viés de grupos restritos ou de setores da sociedade particularmente sensibilizados pelo passado ou que têm tendência, como o Estado, a propor representações do passado? Que representações dele fazem os grupos mais amplos e mais heterogêneos? Será possível falar, como se fala, de uma memória do operariado, de uma memória das "classes médias", ou ainda de uma "memória masculina"

---

[3] Ver Sirinelli, Jean-François (dir.), 1992. v. 2: *Cultures*.

em oposição à memória das mulheres e na lógica das reflexões sobre a diferença sexual? Em outras palavras, a história da memória só poderá realmente pretender oferecer a chave da inteligibilidade do passado quando conseguir se afastar um pouco da atualidade e da demanda social, em suma, dos objetos de recordação que evidentemente necessitam desde logo uma história.

Apesar de suas lacunas e imperfeições, essa historiografia pode legitimamente considerar que resolveu em parte certas polêmicas que causavam furor há apenas 10 anos. Assim, a questão ritual das diferenças entre história e memória parece agora um tanto ultrapassada. Primeiro porque é hoje pacífico (ou assim esperamos) que opor de um lado a reconstrução historiográfica do passado, com seus métodos, sua distância, sua pretensa cientificidade, e de outro as reconstruções múltiplas feitas pelos indivíduos ou grupos faz tão pouco sentido quanto opor o "mito" à "realidade". A tarefa dos historiadores é pois dupla. Por um lado, e essa é uma exigência fundamental, cumpre-lhes satisfazer a necessidade de estabelecer ou restabelecer verdades históricas, com base em fontes de informação tão diversas quanto possível, a fim de descrever a configuração de um fato ou a estrutura perene de uma prática social, de um partido político, de uma nação ou mesmo, hoje em dia, de uma entidade continental (pensamos aqui em novas histórias da Europa), em suma, fazer uma história positiva, ainda que seja ilusão descrever ou explicar "o que realmente aconteceu". Por outro lado, com métodos e questionamentos diferentes, eles têm que expor e explicar a evolução das representações do passado, como sempre se tentou escrever a história dos mitos e das tradições que são as formas mais evidentes da presença do passado. Em outras palavras, o próprio fato de escrever uma história da memória significa, por definição, que se ultrapassa essa oposição sumária entre história e memória, pois isso equivale a admitir que a memória tem uma história que é preciso compreender. Além disso, como já foi lembrado, nenhuma história da memória pode furtar-se a uma análise historiográfica, isto é, a uma análise de um dos vetores particulares da memória coletiva que é a história erudita (a dos historiadores): um dos problemas da história da memória é justamente a discrepância entre o que essa história erudita possa dizer de um acontecimento passado e as percepções que prevaleçam no mesmo momento no seio de uma sociedade, num tempo e num local determinados, e que certamente têm peso infinitamente maior.

Portanto a história da memória é um excelente exercício crítico — e um exercício permanente — sobre o próprio ofício do historiador, muito diferente de qualquer pretensão à normatividade. Ela permite resistir a essa outra ilusão nefasta que consiste em acreditar que os historiadores são os depositários da verdade histórica: ao recolocar a história erudita simplesmente em seu lugar, ao ser forçado a reconhecer que nenhum historiador jamais escapa às indagações de seu tempo, inclusive quando escreve uma história da memória — como se vê pela escolha dos temas mais frequentemente estudados nessa nova tendência historiográfica —, ele reafirma energicamente que a história pertence sobretudo àqueles que a viveram e que ela é um patrimônio comum que cabe ao historiador exumar e tornar inteligível a seus contemporâneos.

Eis outra questão que parece ter hoje perdido sua importância: o lugar da "história oral" ou das "fontes orais" em uma história da memória. Se refletirmos bem, em vez de execrar a pretensa "privação da memória" a que se entregaria o historiador e de que seria vítima a "testemunha" ou o "ator" (vale lembrar os debates por vezes violentos sobre a memória da resistência ou a memória do exílio), teremos que nos ater a uma constatação simples: um indivíduo, quer fale espontaneamente de seu passado e de sua experiência (publicando, por exemplo, suas memórias), quer seja interrogado por um historiador (tornando-se assim testemunha ou ator da história), não falará senão do presente, com as palavras de hoje, com sua sensibilidade do momento, tendo em mente tudo quanto possa saber sobre esse passado que ele pretende recuperar com sinceridade e veracidade. Essa versão é não só legítima, devendo como tal ser reconhecida (pode um historiador impedir alguém de exprimir-se sobre seu passado?), como também indispensável para todo historiador do tempo presente. É mais do que sabido que é, aliás, sua peculiaridade poder valer-se de uma fonte de informação sobre a vivência de um indivíduo, sobre o que é inacessível através de arquivos, sobre sua visão contemporânea (isto é, do momento em que fala) dos fatos estudados pelo historiador. Porém essa "fonte" não é nem mais nem menos importante para os historiadores que lidam com a história da recordação de um acontecimento do que o é para aqueles que lidam com o próprio acontecimento. Em todo caso, não vemos por que, a pretexto de que se trata de memória, essa versão deveria ser, na lógica de uma abordagem historiográfica, uma fonte privilegiada — a não ser, é claro, no que concerne aos indivíduos que tiveram papel essencial na formulação das diferentes representações do passado: um responsável por uma associação de preservação da memória, uma autoridade política encarregada das comemorações, um acadêmico de renome etc.

Em outras palavras, no campo da história da memória, a função da testemunha não tem por que ser diferente daquela que lhe é atribuída na historiografia em geral, cabendo ter para com ela as mesmas precauções: seria possível, por exemplo, ouvir um antigo exilado judeu explicar como seu testemunho, no período imediatamente posterior à guerra, não foi escutado ou considerado, sem se debruçar sobre as várias fontes disponíveis *da época*, que permitiriam confirmar, invalidar ou simplesmente substituir essa versão de hoje no contexto de ontem?[4] Por que seria preciso, nessa matéria, confundir a necessidade de fazer falar homens e mulheres que tenham coisas a dizer sobre seu passado, inclusive sobre como o assimilaram, esqueceram ou reconstruíram em seguida — projeto que os historiadores podem evidentemente incentivar ou mesmo dele encarregar-se tecnicamente, publicando-lhes os textos, por exemplo —, com o interesse que essa "fonte" assim criada venha a ter depois na lógica de uma obra historiográfica?

Enfim, para concluir essas observações sobre a evolução da história da memória, centradas na historiografia francesa, cabe assinalar que tal abordagem se desenvolve também no estrangeiro, às vezes em bases muito diferentes, pois os povos não têm a mesma relação com a história, mas às vezes levantando algumas das questões aqui mencionadas. Assim, Michael Kammen, que acaba de publicar uma história monumental da memória coletiva norte-americana, viu-se diante de uma questão muito distinta daquela que geralmente se colocam os historiadores da França. No âmago do projeto está realmente o desejo de compreender como um povo que na maior parte do tempo vive inteiramente no presente sentiu no entanto necessidade de construir para si um passado "instrumental", a fim de dar forma e substância à sua identidade nacional.[5] Interrogação que se prolonga pelo desejo de precisar "quando e como os Estados Unidos se tornaram uma terra de história e uma cultura dotada de uma

---

[4] Quanto a essas questões, ver a obra de Annette Wieviorka, *Déportation et génocide. Entre la mémoire et l'oubli* (Paris, Plon, 1992), que não se limita a testemunhos atuais, procedendo a uma análise exaustiva dos vestígios deixados no período imediatamente posterior à guerra por uma memória do exílio em plena gestação.

[5] "For much of our history, we have been present-minded; yet a usable past has been needed to give shape and substance to national identity": Kammen, Michael. *Mystic chords of memory. The transformation of tradition in American culture*. New York, Alfred Knopf, 1991 (citações p. 7).

memória específica?" Ora, partindo de pressupostos bem diferentes, Michael Kammen nos oferece em definitivo uma obra muito semelhante aos *Lieux de mémoire* de Pierre Nora, na medida em que propõe uma história das tradições e das culturas políticas americanas, em particular uma "história do sentimento patriótico", tema que a seu ver foi estranhamente negligenciado na historiografia norte-americana. Além disso, o mais interessante são as comparações que ele faz com outros países, sobretudo europeus, para afirmar que no fundo as diferenças têm menos a ver com o conteúdo das representações do passado do que com seus modos de transmissão: nos Estados Unidos, até os anos 50, o Estado federal não teve aí senão um papel secundário, em benefício das iniciativas privadas e locais e especialmente em benefício das minorias religiosas, étnicas e raciais que foram um dos principais vetores de memória e de tradição — basta ver o lugar que as obras sobre a cultura negra (*"African-American"*) ou a cultura dos *"Native Americans"* ocupam na produção literária. Daí a dificuldade de construir uma identidade nacional fundada em um passado comum, à feição do sentimento republicano francês. Em outras palavras, o modelo de análise experimentado na França (embora a historiografia anglo-saxônica desde há muito se ocupe da história social das tradições) não depende do contexto francês, sendo antes um novo enfoque historiográfico em toda a extensão do termo.

    Por outro lado, o exemplo da situação dos países do antigo bloco soviético mostra que as urgências podem ser diferentes. Nos países, notadamente a ex-URSS, onde a história sempre legitimou a opressão, os debates entre história e memória e mesmo a possibilidade de empreender uma história da memória colocam-se em termos bem diferentes. Pierre Nora assinala que, se no Ocidente "a memória aliena e a história libera", naquele país há que afirmar o inverso: "contra uma história que se transformou em prática da mentira em nome de uma pretensa cientificidade, o retorno à memória pode não ser o acesso imediato à verdade histórica, mas é certamente o símbolo da liberdade e da alternativa à tirania".[6] Portanto, se a memória viva encerra inúmeras riquezas sobre o passado stalinista que os arquivos não poderiam certamente reconstituir integralmente, nem por isso ela apresenta menos riscos. Assim, a emancipação

---

[6] Nora, Pierre. Histoire-mémoire. In: Afanassiev, Youri & Ferro, Marc (dir.). *Dictionnaire de la Glasnost*. Paris/Moscou, Payot/Progrès. p. 416-7, citado por Lavabre, Marie-Claire. Memóire et politique: pour une sociologie de la mémoire collective (Exposição feita no seminário Psychanalyse et sciences sociales. Moscou, Mire, avr. 1992).

dos espíritos e das memórias alimenta a renovação historiográfica que se inicia, mas revigora também mitos e lendas tão perigosos e falaciosos como aqueles difundidos pelos comunistas no poder: exemplos não faltam na Tchecoslováquia, nos países bálticos e, pior ainda, na ex-Iugoslávia, onde a memória liberada gera reflexos ultranacionalistas que por definição se nutrem de uma escrita simplificada e deformada da história.[7] Cabe portanto supor que as controvérsias sobre a "história oral", caso venham a ocorrer, terão uma carga emocional muito diversa daquela que já conhecemos.

A história das representações do passado, se vier a ser feita nesses países, certamente será antes de tudo a história de uma escrita oficial e de uma memória reprimida, mas também um exercício de lucidez que deverá igualmente contribuir para o advento de "uma análise histórica racional" do passado.[8] No fundo, essa ambição não é muito diferente da nossa.

---

[7] Ver Brossat, Alain; Combe, Sonia; Potel, Jean-Yves & Szurek, Jean-Charles (dir.). *A l'Est, la mémoire retrouvée*. Paris, La Découverte, 1990.

[8] Afanassiev, Youri. Vers le pluralisme. Entretien avec Anne de Tinguy. *La Nouvelle Alternative, 11*:30, sept. 1988.

Capítulo 8

O massacre de Civitella Val di Chiana
(Toscana, 29 de junho de 1944):
mito e política, luto e senso comum

Alessandro Portelli

Começo a trabalhar na minuta deste ensaio em 21 de agosto de 1995. Ontem, pela segunda vez em um mês, a mão de um desconhecido pintou uma suástica preta na pedra que marca o local, a poucos passos de onde moro, no qual os alemães, em junho de 1944, ao baterem em retirada de Roma, mataram 13 prisioneiros, militares e civis (entre eles, Bruno Buozzi, um dos fundadores do movimento sindical italiano). Poucas semanas mais tarde, os alemães montaram sua linha defensiva perto de Arezzo, na Toscana.

Em 29 de junho, as tropas de ocupação alemãs executaram 115 civis, todos homens, em Civitella Val di Chiana, uma cidadezinha montanhesa nas proximidades de Arezzo, na Toscana. Neste mesmo dia, 58 pessoas, incluindo mulheres e crianças, foram mortas no povoado vizinho de La Cornia, e 39 no vilarejo de San Pancrazio. Tudo indica que esses atos foram uma retaliação pelo assassinato de três soldados alemães por membros da Resistência, em Civitella, em 18 de junho.

"Ouvi fortes estampidos, batidas nas portas com mosquetes e ordens bruscas. De repente nossa porta foi sacudida por violentas batidas. Fui abri-la e dois alemães entraram na casa com rifles abaixados;

inspecionaram cada cômodo e ordenaram que saíssemos. Em meio a estampidos de tiros e gritos comecei a andar, deixando o povoado acompanhada de meus filhos. Deparei-me com um espetáculo chocante! Muitos homens já eram apenas corpos, banhados no próprio sangue; as casas ardiam em chamas, mulheres e crianças seminuas saíam das casas empurradas pelos alemães. Refugiamo-nos na mata, com outras mulheres cujos maridos, irmãos ou pais haviam sido mortos" (Anna Cetoloni, viúva Caldelli).[1]

"Quando chegamos à praça da igreja, o que vimos nos petrificou. Quanto desgosto! Pelas portas abertas das casas saíam filas de homens massacrados! Havia pedaços de cérebro por toda parte e o sangue cobria tudo, uma verdadeira carnificina. As casas queimadas começaram a ruir, a poeira e a fumaça eram insuportáveis. Um dos irmãos de meu marido e um tio também haviam sido mortos" (Rina Caldelli, *RB*:256-7).

"[No dia seguinte], com outras mulheres, voltamos ao povoado à procura de nossos maridos. Ao chegarmos à praça, onde estavam todos os chapéus e o sangue, entre choros e gritos, encontramos nossos amados dentro das casas, num estado terrível, todos atingidos na cabeça, e um com a cabeça estourada. Nós, mulheres, não sei de onde nos veio a coragem para fazer tudo isso, carregamos os mortos para a igreja, todas juntas, ajudando umas às outras. Depois de fazer isso, não sabíamos onde ficar, porque o povoado estava num estado deplorável. Voltamos à mata. No dia seguinte, criamos coragem novamente e retornamos ao povoado, onde juntas, ainda nos ajudando umas às outras, construímos caixões, colocamos os mortos dentro e os levamos em carroças até o cemitério. Ali abrimos as covas, baixamos os caixões e os cobrimos de terra" (Lucia Tippi, viúva Falsetti, *RB*:286).

---

[1] Em Bilenchi, Romano. *Cronache degli anni neri*. Roma, Riuniti, 1984. p. 254. O depoimento escrito das viúvas e sobreviventes de Civitella foi colhido por Romano Bilenchi em 1946, sendo originariamente publicado em *Società*, 2(7-8), 1946. Passaremos a nos referir a essa coletânea no texto pelas iniciais *RB* e os números das páginas. As mulheres de Civitella adotam orgulhosamente o antigo costume de apor a palavra "viúva" ao sobrenome de seus maridos mortos. Além de manter viva sua memória, isso as identifica de imediato como sobreviventes do massacre. A prática foi mantida neste artigo.

Esses acontecimentos geraram o que Giovanni Contini muito bem descreveu como uma "memória dividida".[2] Contini identifica, por um lado, uma memória "oficial", que comemora o massacre como um episódio da Resistência e compara as vítimas a mártires da liberdade; e, por outro lado, uma memória criada e preservada pelos sobreviventes, viúvas e filhos, focada quase que exclusivamente no seu luto, nas perdas pessoais e coletivas. Essa memória não só nega qualquer ligação com a Resistência, como também culpa seus membros de causarem, com um ataque irresponsável, a retaliação alemã: "Hoje, toda a culpa recai sobre os alemães... Mas nós culpamos os membros da Resistência, porque, se não tivessem feito o que fizeram, aquilo não teria acontecido. Eles mataram em retaliação" (M.C.).[3]

O atual pároco de Civitella, e sobrevivente do massacre, padre Daniele Tiezzi, está provavelmente correto em seu julgamento de que a ação dos *partisans* foi conduzida com "extrema irresponsabilidade".[4] Os membros da Resistência das cercanias de Civitella não eram muito organizados, nem politizados; a utilidade de sua ação é, na melhor das hipóteses, duvidosa. Não está claro se pretendiam matar os alemães ou somente desarmá-los, se os mataram a sangue frio ou em legítima defesa. Eles pioraram as coisas agindo dentro dos muros do povoado e não re-

---

[2] Contini, Giovanni. La memoria divisa. Osservazioni sulle due memorie della strage del 29 giugno 1944 a Civitella Val di Chiana, trabalho apresentado na conferência internacional *In Memory. For an European Memory of Nazi Crimes after the End of the Cold War*, Arezzo, 22-24 de junho de 1994. Participei da conferência como debatedor, sem apresentar trabalhos mas com a tarefa de participar das discussões. Foi uma boa e rara oportunidade de comparar o método da história oral com o trabalho de historiadores e antropólogos; por isso aceitei com satisfação a proposta do organizador da conferência, Leonardo Paggi, para pôr no papel alguns de meus comentários de improviso e convertê-los em um documento formal a ser anexado à ata da conferência, onde apareceu a primeira versão deste texto.

Este trabalho, portanto, reflete os trabalhos e documentos da forma como foram apresentados na conferência: minutas de trabalhos; várias entrevistas colhidas em 1993 (farei referência às registradas por Paola Calamandrei e Francesca Cappelletto pelas iniciais dos entrevistados inseridas no texto, e às outras informações nas notas); o depoimento de 1946 colhido por Romano Bilenchi (ver nota 1) e o depoimento escrito extraído de Valli, Ida Balò. *Giugno 1944, Civitella racconta* (Cortona, L'Etruria, 1994), publicado imediatamente após a conferência (no texto, farei referência a este livro pelas iniciais CR e os números das páginas).

[3] M.C., mulher, 66 anos, entrevistada em 7 de julho de 1993.

[4] Entrevistado por Giovanni Contini em 27 de agosto de 1993.

movendo os corpos e outros vestígios de sua ação, o que inevitavelmente envolveu a população. Posteriormente, não conseguiram defender ou ajudar o povoado. Mas os que puxaram o gatilho no massacre foram os alemães. A provável irresponsabilidade dos membros da Resistência não pode, de modo algum, diminuir ou justificar a responsabilidade dos alemães.

Essas duas memórias — a das instituições e celebrações inspiradas na Resistência e a da comunidade — entraram em choque muitas vezes no passado, até mesmo em choque corporal, uma vez que a população local entendia as celebrações oficiais em nome da Resistência como uma violação de suas memórias e perdas. A conferência internacional In Memorian: por uma Memória Europeia dos Crimes Nazistas após o Fim da Guerra Fria (Arezzo, 22 a 24 de junho de 1994) foi também uma tentativa dos acadêmicos de tendência esquerdista de reparar a memória menosprezada e violada de Civitella.

Essa reparação, porém, teve lugar num contexto histórico ambíguo, no qual a esquerda, incerta quanto a seus motivos e precavida quanto a qualquer tipo de ideologia, muito frequentemente adota, sem questionar, os motivos e as ideologias de terceiros, inclusive de seus antigos adversários. Isso foi muito provavelmente o que ocorreu no caso de Civitella, quanto mais não fosse pela natureza dramática dos acontecimentos, a gravidade dos erros do passado, o imenso ressentimento dos sobreviventes.

As narrativas de Civitella nos deixam estarrecidos. No entanto, a tarefa do especialista, após recebido o impacto, é se afastar, respirar fundo, e voltar a pensar. Com o devido respeito às pessoas envolvidas, à autenticidade de sua tristeza e à gravidade de seus motivos, nossa tarefa é interpretar criticamente todos os documentos e narrativas, inclusive as delas. Como tentarei demonstrar, na verdade, quando falamos numa memória dividida, não se deve pensar apenas num conflito entre a memória comunitária pura e espontânea e aquela "oficial" e "ideológica", de forma que, uma vez desmontada esta última, se possa implicitamente assumir a autenticidade não mediada da primeira. Na verdade, estamos lidando com uma multiplicidade de memórias fragmentadas e internamente divididas, todas, de uma forma ou de outra, ideológica e culturalmente mediadas.

Em muitos dos trabalhos apresentados na conferência, contudo, a apreciação reverente — sem dúvida justificada pela dramaticidade dos acontecimentos e pela emoção e dor das testemunhas — prevaleceu sobre a análise e a interpretação. Por isso, embora Giovanni Contini tenha analisado as contradições dos depoimentos dos membros da Resistência,[5] ninguém fez o mesmo com os dos sobreviventes — se não para questionar sua credibilidade, pelo menos para investigar a estrutura e o significado de sua construção narrativa dos eventos. Assim, Valeria Di Piazza se identifica plenamente com a relutância e a necessidade de se expressar dos sobreviventes, e dedica seu trabalho ao dilema do "exprimível e inexprimível" e à dificuldade de comunicar e partilhar o luto e a perda. "O que todos os *civitellini* contam é verdade: não se pode contar, não se pode explicar, não se pode fazer os outros entenderem. Alguém que nunca tenha passado por uma experiência desse tipo jamais conseguirá sentir o que as pessoas de Civitella carregam dentro de si".[6] Como descreve Pietro Clemente, "é como se os pesquisadores que entram em diálogo com uma dor que a razão não consegue controlar ficassem contaminados por ela e precisassem começar a fazer sua própria elaboração dessa perda."[7]

Clemente concorda com a avaliação histórica segundo a qual o erro dos membros da Resistência não exime de culpa os alemães; ele salienta, porém, que o ponto de vista antropológico está mais interessado "nas representações de uma comunidade do que na verdade dos fatos ou na tendência dos valores". O luto comunal, fechado em si, de Civitella, continua Clemente, é um ato de resistência contra o individualismo atomizado do pensamento moderno e, como tal, um "escândalo" contra a "incapacidade do pensamento leigo e da Resistência de entender experiências que não sigam o seu próprio modelo".

Não tenho certeza se essa incapacidade de entender outras experiências e outros modos de pensar que não os próprios é uma prerrogativa do pensamento leigo e progressista (que, por outro lado,

---

[5] Em todos os relatos do ataque da Resistência aos alemães, o centro moral e narrativo da história recai sobre a seguinte questão: "quem atirou primeiro?" (Ida Balò, *CR*:35): um constructo defensivo encontrado tanto na literatura e no cinema ocidentais quanto em outras narrativas da Resistência. O comandante *partisan* Edoardo Succhielli e o membro da Resistência Vasco Caroti, que participaram da ação, descrevem — contradizendo-se em detalhes importantes — uma cena na qual um soldado alemão tenta empunhar sua arma, mas os *partisans* são mais rápidos e o matam em legítima defesa. Todas as variantes das versões da Resistência figuram em *CR* e são discutidas no trabalho de Contini.

[6] Di Piazza, Valeria. *Civitella della Chiana, 50 years after the massacre*. Trabalho apresentado na conferência de Arezzo.

[7] Clemente, Pietro. *Ritorno dall'apocalisse*, trabalho apresentado na conferência de Arezzo.

está bem ciente do problema).⁸ Talvez o pensamento religioso, sobretudo o católico, não esteja totalmente imune também. Lidar com experiências que não as próprias e compreendê-las deve, também, constituir a essência mesma da experiência antropológica. Portanto, é verdade de fato que a morte, o luto e a perda são experiências indescritíveis, por si mesmas e pelas limitações intrínsecas da linguagem: é improvável que *qualquer* experiência possa ser verdadeiramente *expressa*; é inquestionável que ninguém pode compartilhar a experiência alheia, dolorosa ou não. Mas não se pode negar o fato de que, em Civitella como em outros lugares, o indizível *é* dito. O esforço para contar o incontável resulta em narrativas interpretáveis, constructos culturais de palavras e ideias. Por isso, Francesca Cappelletto e Paola Calamandrei encontram em Civitella uma "memória grupal (...) moldada no decorrer de inúmeras ocasiões narrativas", formalizada em narrativas dotadas de "uma forma bastante coerente, estruturada e centrada num tema político":

"Existem narradores gabaritados, e até alguns especialistas 'temáticos', versados em partes ou episódios específicos da história. Pode-se também perceber claramente, nas situações narrativas, um elemento de controle social sobre a forma de relatar os acontecimentos."⁹

A contradição entre essas narrativas estruturadas e controladas socialmente e o "inexprimível" descrito por Valeria Di Piazza é gritante, mas superficial. É exatamente porque as experiências são incontáveis, mas devem ser contadas, que os narradores são apoiados pelas estruturas mediadoras da linguagem, da narrativa, do ambiente social, da religião e da política. As narrativas resultantes — não a dor que elas descrevem, mas as palavras e ideologias pelas quais são representadas — não só podem, como devem ser entendidas criticamente.

---

⁸ Por exemplo, a jornalista e política comunista Rossana Rossanda escreve: "A irracionalidade da doença e da morte, da ilusão da felicidade, da solidão, tudo isso são coisas que os movimentos trabalhistas e revolucionários evitam considerar... Difícil, mas maduro, seria admitir que a condição humana, suspensa entre a vida e a morte, este dado biológico e não histórico, o resquício indestrutível da individualidade no sofrimento humano, é a fronteira obscura que delimita o caminho da emancipação política" (Bergman: un dolore senza storia. Il Manifesto, 8 nov. 1973).
⁹ Calamandrei, Paola & Cappelletto, Francesca. *La memoria lontana di paesi diversi: I massacrinazi-fascisti nei racconti*, trabalho apresentado na conferência de Arezzo.

Como escreve Pietro Clemente, "o escândalo inicial (...) foi descobrir que a memória coletiva dos sobreviventes não só se recusava a considerar-se parte do movimento da Resistência, como também opunha-se abertamente a ele, acusando os membros locais da Resistência de causadores circunstanciais dos massacres". Parece-me, no entanto, que, nesse caso, o "escândalo" se traduz num constructo político e narrativo que participa plenamente do senso comum da "área cinzenta"[10] da ideologia italiana. Por exemplo, apenas dois dias após o massacre das Fossas Ardeatinas em Roma, no qual 335 civis foram exterminados em retaliação à morte de 32 soldados alemães, o *Osservatore Romano*, órgão oficial do Vaticano, descreveu os membros da Resistência como "culpados", os alemães como "vítimas" e as vítimas como "pessoas sacrificadas".[11] Talvez, o "escândalo" comece aí.

O fato de se traduzir num clichê conservador não diminui a dignidade e a dor dos sobreviventes de Civitella. Na verdade, é uma falha da historiografia da Resistência nunca ter considerado tal senso comum com a devida seriedade; encontrá-lo em forma tão "pura" e tão justificada deveria constituir uma oportunidade para entender as limitações éticas da Resistência e o poder dos constructos ideológicos que contribuem para a sua execração na arena política atual (à época da conferência de Arezzo, pela primeira vez na Europa um partido diretamente descendente do fascismo, a Alleanza Nazionale, integrava o governo italiano).

Na verdade, o luto, como a memória, não é um núcleo compacto e impenetrável para o pensamento e a linguagem, mas um processo moldado ("elaborado") no tempo histórico. Por exemplo: assim como o depoimento dos membros da Resistência, o dos sobreviventes também se modifica com o tempo. No depoimento dado no inquérito britânico em 1945 e naqueles colhidos pelo escritor Romano Bilenchi em 1946, o tema da culpa dos membros da Resistência surge ocasional e indiretamente, mas não é o elemento estrutural dominante que passou a ser nas narrativas colhidas meio século mais tarde. Como escreve Contini, "o confli-

---

[10] A expressão "área cinzenta" foi criada por Primo Levi para descrever os prisioneiros de campos de concentração que colaboraram ou serviram de mediadores com as autoridades nazistas (La zona grigia. In: I sommersi e i salvati. Torino, Einaudi, 1991. p. 25-52). Mais recentemente, o historiador Stefano Levi Della Torre ampliou a definição para designar a parte do povo italiano que "não tomou partido" entre o fascismo e a Resistência.

[11] Bocca, Giorgio. Storia dell'Italia partigiana. Bari, Laterza, 1970. p. 288.

to com os membros da Resistência é menos um ponto de partida do que um ponto de chegada". O que prevalece claramente é o ressentimento contra os alemães: "e ali choramos juntos, pensando na tristeza que se nos abatera e amaldiçoando os alemães" (Ada Sestini, viúva Caldelli, RB:1.055). Muitos narradores insistem na desumanidade e na crueldade dos alemães: "Eram 10 horas, as metralhadoras estavam praticamente caladas, mas escutávamos as vozes daquelas feras sedentas do sangue dos inocentes, cantando, rindo e tocando seus instrumentos", "terminado o massacre, os alemães, suas mãos e roupas ainda manchadas com o sangue de nossos mortos, enquanto o povoado ruía, comiam pão e queijo com ótimo apetite" (Rina Caldelli, Zaira Tiezzi, RB:256 e 280). Essas imagens praticamente desaparecem em depoimentos posteriores, dominados pelo ressentimento contra a Resistência; o próprio tom das narrativas passa dos detalhes materiais de 1946 para as colorações patéticas e clichês ocasionais de 1993/94.

Vários são os fatores responsáveis por essas mudanças. As testemunhas talvez relutassem em criticar os membros da Resistência no período imediato ao pós-guerra, quando estes gozavam de prestígio e de certo poder político; os abusos cometidos pelos membros da Resistência após a guerra, para "punir" pessoas respeitadas pela comunidade e que não haviam sido mais fascistas do que as demais, acentuaram a hostilidade do povo de Civitella; a onda de julgamentos de membros da Resistência, as controvérsias acerca da responsabilidade por Fossas Ardeatinas e a consolidação do senso comum já citado podem ter conferido ao ressentimento dos sobreviventes um aparato narrativo e ideológico que à época do depoimento anterior ainda não tomara forma. Resta o fato de que essa memória e essa perda supostamente impenetráveis estão, de fato, fortemente relacionadas à história e ao tempo.

O que se aplica ao tempo também se aplica ao espaço. Em Vallucciole, a poucas milhas de Civitella, em 15 de abril de 1944, os alemães assassinaram 108 homens, mulheres e crianças, mais uma vez em patente retaliação. No entanto, nas entrevistas colhidas em Vallucciole, "o tema da culpa [dos membros da Resistência] (...) parece estar atenuado, ou completamente ausente (...). O tema e referência centrais para os entrevistados é a responsabilidade dos nazistas e fascistas" (Cappelletto-Calamandrei). Afora as explicações dos dois historiadores (estruturas sociais e demográficas diferentes, a estrutura diferente do evento), essa discrepância confirma que o "escândalo" de Civitella não é eterno e universal, e sim histórico e específico. Isso não diminui seu impacto, mas o concentra e especifica, subtraindo-o do universalismo genérico para dotá-lo do poder conflitante de uma narrativa em contraposição a outras.

A distinção de Clemente entre os "fatos" do historiador e as "representações" do antropólogo está totalmente correta. Porém, só considerando-as juntas é que se pode distingui-las.[12] Representações e "fatos" não existem em esferas isoladas. As representações se utilizam dos fatos e alegam que *são* fatos; os fatos são reconhecidos e organizados de acordo com as representações; tanto fatos quanto representações convergem na subjetividade dos seres humanos e são envoltos em sua linguagem. Talvez essa interação seja o campo específico da história oral, que é contabilizada como *história* com fatos reconstruídos, mas também aprende, em sua prática de trabalho de campo dialógico e na confrontação crítica com a alteridade dos narradores, a entender representações.

Inocência

22 de agosto. Junto ao monumento, apenas três ou quatro voluntários, mecânicos e artesãos locais, armados com lixas e esponjas, discutem, com competência profissional, as ferramentas necessárias para restaurar os nomes das vítimas. Remanescentes encanecidos da velha comunidade antes da "gentrificação", talvez eles se lembrem.

M.C. — Ali! Foi onde começou a triste história!

Entrevistador — Que aconteceu?

M.C. — Os membros da Resistência mataram os alemães.

Quase todas as narrativas do massacre de Civitella começam com a morte dos alemães: "Em 18 de junho (...) pelas mãos dos membros da Resistência, dois soldados alemães foram mortos. Assim começou minha agonia e a de todos de meu povoado"; "Ao anoitecer do dia 18 de junho, não me recordo da hora exata, a calma relativa que reinava no

---

[12] Quando estudei as narrativas dos trabalhadores de Terni (Úmbria), que datavam a morte de seu camarada Luigi Trastulli pela polícia em 1953, pude reconhecê-las como representações (ou, pelo menos, reconhecer que tipo de representações eram), porque já sabia que o fato realmente acontecera em 1949. Ver meu artigo The death of Luigi Trastulli: memory and the event, em *The death of Luigi Trastulli and other stories: form and meaning in oral history* (Albany, NY, State of New York University Press, 1991. p. 1-26).

povoado, apesar da proximidade da frente de combate, foi repentinamente interrompida pelo som de tiros."[13]

Em termos narrativos, o *incipit*, o princípio da história, assinala a passagem do equilíbrio, do estático e da ordem para a desordem, o conflito e o dinâmico. Antes de a história ter início, por definição, nada acontece, ou pelo menos nada que valha a pena contar. Essa abertura padronizada das narrativas de Civitella sugere que, antes da ação da Resistência de 18 de junho de 1944, nada ocorria ali: "nós, em Civitella, tranquilos (...) porque até 18 de junho só havíamos sentido muito pouco da guerra" (M.C.); "em Civitella vivíamos calmos e felizes" (P. F.).[14] Civitella era um povoado "emoldurado pelo verde da mata perfumada", um "pequeno mundo antigo, cheio de um encanto sereno e misterioso" onde "o sectarismo político extremo, que divide as almas e alimenta o ódio, nunca existiu". Nem os fascistas nem os alemães incomodavam: "aqueles que, de boa fé, acreditavam naquela política [fascista] não haviam cometido nenhuma ação hedionda". Quanto aos alemães, "não davam problema" (M.C.):[15] "às vezes, chegavam a entrar nas casas para pedir uma bebida ou algo assim, mas nunca nos incomodavam". Calamandrei e Cappelletto descrevem essas representações como um "paraíso perdido" e uma era de "inocência".

"Tinha oito anos e acho que era uma criança feliz.

Durante a guerra, vivíamos todos juntos na casa da família no povoado, com meus pais, avós, minhas duas irmãs, meus irmãos e muitas outras pessoas que nos eram chegadas..." (Maria Teresa Paggi Massi, *CR*:303).

"Paraíso" e "inocência" são imagens estranhas para um povoado sob ocupação nazista, um povoado que passara pelo fascismo e pela guerra. Embora devamos aceitá-las como representações, é preciso, no entanto, que nos questionemos acerca de sua relação com os "fatos".

---

[13] Uliana Merini, viúva Caldelli, em *Società* (1946), citada em Clemente. (Ritorno dall'apocalissi; Lara Lammioni Lucarelli, *CR*:271). Selecionei intencionalmente exemplos de épocas distintas (os anos do pós-guerra e o presente) e meios distintos (narrativa oral e depoimento escrito), a fim de mostrar a amplitude dessa abordagem. Contini, em La memoria divisa, também comenta (criticamente) a morte dos alemães para iniciar sua narrativa.
[14] Homem, 67 anos, 7 de julho de 1993.
[15] Ida Balò (*CR*:3, 9-10); Don Daniele Tiezzi, *Paese mio*, poema (*CR*, sem número de página); Teresa Milani, viúva Bernini (*CR*:365).

Tomemos o depoimento de Alberto Rossi, que tinha 15 anos na época. Ele descreve aquele tempo como de "guerra e tristeza", mas também, compreensivelmente, como de diversão e brincadeiras de adolescente; surpreendentemente, porém, encontra motivos de diversão precisamente na presença da guerra:

"A oportunidade de satisfazer alguns de nossos desejos surgiu nos primeiros meses do ano, quando, nas redondezas do povoado, os alemães instalaram um depósito de combustíveis e outro de munição. Começamos a fazer incursões a estes lugares e, driblando a vigilância ostensiva dos alemães, frequentemente conseguíamos surrupiar algumas coisas, o que nos enchia de entusiasmo" (*CR*:229).

É claro que não há nada de errado com essas reminiscências infantis ao estilo de Tom Sawyer; na verdade, elas nos lembram que a maioria das recordações dos sobreviventes são memórias de homens e mulheres que eram crianças ou adolescentes na época, e que veem o massacre como o fim de sua infância ou juventude. O problema surge, porém, quando essa memória infantil é repetida sem mudanças pelo narrador adulto, e contribui para a formação da memória contemporânea. Alberto Rossi, por exemplo, não se recorda de que, em abril de 1944, por causa de uma incursão àquele mesmo depósito de munição, os alemães mataram um menino de 17 anos, Giulio Cagnacci. Rossi tem todo o direito de esquecer; nós, na qualidade de historiadores e antropólogos, temos o dever de considerar não só a morte de Cagnacci como um fato, e sua omissão no depoimento de Rossi como uma representação, mas também como um se desdobra em outro.[16]

O mesmo se aplica a representações mais amplas da Civitella do pré-guerra. O povoado não desconhecia a articulação e a tensão territorial e de classes. Os velhos muros separavam hierarquicamente a população urbana (proprietários de terras, artesãos, profissionais) da rural e dos lugarejos afastados: "este povoado era muito invejado pelos

---

[16] Um dos poucos depoimentos que citam Cagnacci é também um dos poucos que não confirmam a imagem idílica: "Desde os primeiros meses de 1944, nós, em Civitella, vivíamos na expectativa ansiosa de um futuro iminente e atemorizante de guerra. Essa ansiedade tomou conta do narrador (à época com 11 anos) devido ao fato de seu pai ter de mostrar, diariamente, seus documentos ao cruzar a zona do depósito de munição para se dirigir ao trabalho. "Alguns meses antes, nessa área, Gino Cagnacci tinha sido morto (...)" (Dino Tiezzi, *CR*:292).

povoados das redondezas (...) porque era um lugar próspero" (V. L.); "Nascemos em berço de ouro! Não nos dávamos com os camponeses... Tendíamos a ser gente da cidade! Pensávamos que éramos um pouco melhores do que eles", afirma M.C. Mais abertamente, S.M. fala do "ódio" entre Civitella e a sede do condado, Badia al Pino. Acrescenta que, quando abriram a estrada entre Civitella e o lugarejo de Cornia, "uma massa de trabalhadores começou a transitar pelo povoado, e essa massa de trabalhadores não valia absolutamente nada. [Edoardo] Succhielli [o chefe da Resistência] mora lá".[17]

Nesta frase final, S.M. enquadra o conflito entre sobreviventes e membros da Resistência no contexto das tensões preexistentes entre os "nascidos em berço de ouro" e os "camponeses", os "artesãos" e os "trabalhadores". A raiva contra os membros da Resistência pela matança irresponsável dos alemães dentro dos muros do povoado também comporta o sentimento de invasão do espaço do povoado pelas classes inferiores do campo. Essa invasão continuou após a guerra, quando os "jovens comunistas" do campo passaram a mandar no povoado (Duilio Fattori, *CR*:448) — em parte, talvez, em represália pelas humilhações do passado.

Existe, portanto, um duplo deslocamento, temporal e espacial. No espacial, os invasores são os membros da Resistência, ao invés dos alemães. No temporal, a história não tem início com a guerra, ou mesmo com a primeira vítima local dos alemães, mas só com a primeira reação dos membros da Resistência.

Parece-me que este é o significado básico e radical do "escândalo" de Civitella. É a esquerda que causa "escândalo", porque insiste em contrariar a ordem natural das coisas — natureza, desigualdade humana, o mercado. A própria existência da esquerda é uma invasão, uma interferência, injetando conflito e história na quietude e na natureza.[18]

---

[17] Homem, 62 anos, 11 de setembro de 1993.
[18] A figura do paraíso perdido serve também para questionar a necessidade da presença dos membros da Resistência: "Eles não deviam ter feito aquilo porque tinham que compreender que, mesmo sendo alemães, eram pessoas que não incomodavam ninguém" (A.M., homem, 64 anos, 9 de setembro de 1993). Vários narradores menosprezam o significado da luta dos membros da Resistência, atribuindo-lhes motivos oportunistas ou desonestos: roubavam, ou somente fizeram isso para escapar do alistamento (isto é, para não lutar pelos fascistas ou alemães). Esse tipo de acusação é bastante comum.

Obviamente, como a ordem natural coincide com o poder dos mais fortes sobre os mais fracos, a culpa da esquerda (e as narrativas de Civitella salientam sistematicamente esse ponto: "O que quero dizer é que, quando não se tem força, como ter a ousadia de matar um alemão?", P. C.) é também ser fraca e parte dos fracos; sempre levantar armas contra o céu e nunca conquistá-lo.

As narrativas de Civitella, ao contrário, não pretendem questionar qualquer ordem. Seus violentos ataques aos membros da Resistência nunca se inserem no contexto de uma opção ideológica explícita anti-Resistência. Os narradores não se preocupam em contrariar a ideologia geral da Itália como uma "república nascida da Resistência" (como diz a voz corrente), mas a impregnam de seu ressentimento contra a Resistência da região: "odiava-se os membros da Resistência — não aqueles do Norte, mas aqueles pseudomembros, os locais" (V. C.);[19] "eu chamaria de membros da Resistência aqueles do Norte, que protegiam as fábricas, não esses daqui!" (P. F.); "admiro os membros da Resistência do Norte, que devem ter feito algo de bom. Mas esses, esses da nossa região, não!" (B.B.).[20]

Esta é uma variante da síndrome "não no meu quintal": no caso da "área cinzenta", todos os atos da Resistência são válidos em termos abstratos e a distância, nunca em termos concretos e perto de casa. Como todo senso comum, é claro, esse discurso só se mantém por conter um fundo de verdade: seja porque tenham tido menos tempo para se organizar, o fato é que os membros da Resistência da Itália central costumavam ter menos senso de direção e estratégia do que seus irmãos do Norte. O significado ideológico desse discurso, no entanto, difere da função referencial que o sustenta: narrativas paralelas anti-Resistência, louvando-a no geral e culpando-a no particular, podem ser encontradas por toda a Itália, inclusive no Norte. Algumas das premissas desse discurso, portanto, merecem uma análise mais atenta.

Primeiro, a utilidade imediata da ação da Resistência é uma questão controversa e, ao mesmo tempo, parcial. Numa guerrilha, nenhuma ação isolada pode ser considerada decisiva; no entanto, a guerra de desgaste levada a efeito pela Resistência causou tantos problemas

---

[19] Homem, 63 anos, 4 de outubro de 1993.
[20] Mulher, 86 anos, 9 de julho de 1993.

para a retaguarda alemã que obrigou o desvio de forças expressivas para a constante "limpeza" do território.[21] Apesar de constituírem uma retaliação e uma represália contra ações individuais de membros da Resistência, os inúmeros massacres alemães na região dos Apeninos Toscanos serviam principalmente ao propósito de proteger a frente de batalha dessa fonte de distúrbio, que incluía a não colaboração de grandes setores da população em geral. Em seus primeiros depoimentos, as mulheres de Civitella salientaram que os alemães deixaram passar 11 dias antes de retaliar: "a vida voltara à calma anterior", "nesse meio-tempo os alemães punham em prática à perfeição seu vergonhoso engodo" (Corinna Stopponi, viúva Caldelli, Elda Morfini, viúva Paggi, RB:260, 278): a implicação parece ser que o vínculo entre a ação da Resistência e o massacre talvez seja menos direto do que se quis fazer crer. Por outro lado, três dias apenas após os massacres, Civitella foi escolhida como baluarte de defesa da retirada alemã. Em 2 de julho, quando os alemães se instalaram, o território havia sido completamente limpo.

Segundo, a importância dos membros da Resistência é mais moral que militar. O Eixo teria perdido a guerra mesmo sem sua intervenção. Mas é por causa da existência dos *partisans* que os italianos podem afirmar terem sido atores e não simples objetos de sua própria libertação. A utilidade da Resistência, assim como a dos regimentos afro-americanos na Guerra Civil, está no que para outros é a sua culpa: no fato de ter existido. Se tivermos isso em mente, talvez possamos entender a necessidade psicológica por trás do ataque malconcebido em Civitella: a par de muitas outras motivações ocasionais e menos nobres, os membros da Resistência precisavam provar que existiam, porque de sua existência dependia a libertação de todo o país.[22]

A presença histórica da Resistência destaca, por contraste, a tendência dos narradores de menosprezar a sua própria. V. C., por exemplo, exalta os "mártires [de Civitella], que nada fizeram contra os fascistas, que lutaram na I Guerra Mundial, que deram ao país o que deles

---

[21] Droandi, Enzo. *I massacri avvenuti attorno ad Arezzo dei documenti della "Wehrmacht"*, estudo apresentado na conferência de Arezzo.
[22] O *partisan* Vasco Caroti afirma (embora todos os sobreviventes neguem) que a ação também foi levada a efeito porque a população do povoado reclamava que a Resistência não estava fazendo nada (*CR*).

se esperava". Dessa forma, reivindica para as vítimas de Civitella as grandes virtudes cristãs e subalternas da docilidade e da obediência; ao descrevê-las como "mártires", insere-as na grandiosa narrativa da cristandade, mas viola o significado de suas mortes exatamente como os membros da Resistência, que as chamam de "mártires" da Resistência. Os mártires são sempre "culpados" de uma desobediência militante e plenamente cientes de suas consequências; as vítimas de Civitella, pelo contrário, "morreram inocentes": "não tínhamos feito nada de errado, só nos preocupávamos com o trabalho, com a família". Os mortos de Civitella (à exceção de um)[23] nada tinham feito que pudesse explicar sua morte: vítimas, não mártires, sua perda é ainda mais difícil de explicar e entender.

A inexplicabilidade dessas mortes também é função da definição puramente negativa da inocência, no seu sentido etimológico de inofensividade (*non nocere*). Não ter culpa, porém, não significa não ter responsabilidade: uma coisa é não ter feito nada de errado; outra é não ter feito nada contra o errado. Nessas narrativas, pelo contrário, não ter feito nada contra o fascismo e a ocupação alemã torna-se quase uma virtude: é a inocência da "área cinzenta", do chamado *attesismo* (ficar à espera), daqueles que "não se envolvem com política" e tentam ficar ao largo da história — somente para tê-la súbita e brutalmente jogada na cara.[24]

A abordagem desistoricizante também molda o juízo que se faz dos alemães. Em *Moby Dick*, quando o capitão Ahab anuncia sua intenção

---

[23] O pároco Alcide Lazzeri teve a oportunidade de escapar e salvar a vida, mas voltou para morrer com seu rebanho. Esse episódio será discutido mais adiante neste artigo.

[24] Como relembra um colaborador dos nazistas, foi precisamente a insistência em que o povoado era inofensivo e pacífico que acentuou o sentimento de "traição" nos alemães (Constantino Civitelli, CR:265). A frase de V. C. — "eles nada fizeram" — é a mesma que os trabalhadores de Terni repetiram com raiva e frustração ao recordar que "nada tinham feito" quando um de seus companheiros, Luigi Trastulli, foi morto pela polícia (Portelli, *The death of Luigi Trastulli*). Terni é uma grande cidade industrial, Civitella uma pequena comunidade rural, e seria absurdo esperar as mesmas reações. No entanto, é irônico que a vergonha de um lugar seja a virtude de outro. Só me resta conjecturar (apesar de não haver o menor indício disso nas entrevistas) se o ressentimento contra a Resistência de Civitella também não teria um resquício de constrangimento por nada terem feito contra os fascistas e os alemães. O único indício são as passagens, nas quais os sobreviventes alegam que "defenderíamos o povoado" se os membros da Resistência tivessem ajudado (M.I., C., M.C.).

de perseguir e punir a baleia branca, seu imediato, Starbuck, contra-argumenta dizendo que seria um sacrilégio punir uma "besta estúpida" que "o ataca por instinto cego".[25] Sendo um ser natural, a baleia não é moralmente responsável. Se parte o mastro da embarcação de Ahab, se a afunda e afoga a tripulação, a culpa é exclusivamente de Ahab, por tê-la acossado.

M.C. — Todos sabem que os alemães são uma raça ruim (...) que são cruéis (...) Por que se meter com eles? Veja bem — há um leão, e ele é selvagem, mas já comeu; por que se meter com ele? Ele come mesmo quando não está faminto! É selvagem!

V. C. também bate na mesma tecla: os membros da Resistência sabiam que os alemães eram selvagens e cruéis (*feroci*), e não deviam tê-los provocado. Quanto mais os narradores de Civitella classificam os alemães de "bestas selvagens" (*bestie, belve*),[26] mais me parece que esses termos, originariamente empregados para denunciar a crueldade dos alemães, acabaram por absolvê-los, removendo-os da esfera do julgamento moral: a ferocidade dessa "raça ruim" é tão inevitável quanto um fato natural. Nos depoimentos contemporâneos escritos e orais, em nenhum momento é questionada a "lei" que cobrou, na época, vidas italianas em troca de cada alemão morto.

"Haviam afixado na prefeitura: Para cada alemão morto, 15 civis serão mortos. Tinham avisado a população. Portanto, se chegaram a fazer essa retaliação — quero dizer, alguém os levou a isso!"[27]

Os membros da Resistência "sabiam que a regra dos 10 por um estava em vigor" (V. C.), "sabiam que, para cada alemão, 10 civis seriam mortos" (P. C.). A forma passiva impessoal ("civis seriam mortos") tira os alemães da posição de sujeitos gramaticais ou morais. A lei existe, e pronto. Ninguém questiona quem a criou, com que autoridade e com a anuência de quem; ninguém pergunta se sua execução é sempre inevitável ou se envolve, a cada vez, uma escolha moral por parte de seres humanos.

As únicas leis aplicáveis sem a anuência dos que a elas estão sujeitos e que são inevitavelmente cumpridas, sem qualquer mediação,

---

[25] Melville, Herman. *Moby Dick*. Harmondsworth, Midds., Penguin. p. 261-2.
[26] Ver *RB*:256, 258, 268, 279-81.
[27] Mulher, 68 anos, 7 e 8 de julho de 1993. A narradora também alega que os alemães "obececiam ordens" (de quem?) e que "foram traídos".

são as leis da natureza. Se alguém põe o braço dentro da jaula, o leão morde; se alguém caça Moby Dick, a baleia abre um rombo na embarcação; se alguém ataca alemães, os alemães retaliam. O leão, a baleia e os alemães não são responsáveis. A responsabilidade só recai sobre aqueles que, sendo humanos, tentam interferir com a natureza e suas leis. Talvez seja por isso que ninguém indague por que, se a "lei" estipulava 10 italianos para cada alemão, o coeficiente de Civitella foi de 50 para um.

Mito e política

23 de agosto. O monumento está limpo, os nomes restaurados. Em agradecimento aos que fizeram o trabalho e não em homenagem aos mortos, algo envergonhado e esperando que ninguém me veja, compro flores e as coloco ao pé do monumento.

O momento mais comovente da conferência de Arezzo ocorreu na praça de Civitella, onde o massacre começou. Ida Balò, reconhecida porta-voz da comunidade e de sua memória, recontou a história, costurando numa dramática colcha de retalhos as narrativas de seus vizinhos e amigos, e apontando os locais onde cada cena ocorreu. Mais tarde, numa apresentação comovente na igreja (*Vozes da Memória*, de Paola Balò) conferiu às mesmas histórias a forma de uma peça sacra.

A narrativa na praça e a peça na igreja destacaram três episódios que eu ainda não conhecia e que tinham toda força e a distinção de um mito: o pároco Alcide Lazzeri implora aos alemães que o matem e salvem seu rebanho, e é morto com os demais; um soldado alemão se recusa a atirar contra as vítimas e é morto por seus companheiros; anos mais tarde, dois alemães, um deles veterano de Civitella, visitam o povoado e pedem perdão ao pároco, o que lhes é concedido.

A história da oferenda sacrificial do padre Lazzeri figura em uma narrativa de 1946 e é contradita por outras. Segundo Maria Assunta Menchetti, ele disse aos alemães, "levem-me e poupem meu povo"; Corinna Stopponi e Gino Bartolucci, que estavam mais perto do local (ele era um dos detidos e viu o padre ser morto) dizem apenas que ele "morreu como herói, depois de abençoar seu povo" (*RB*:268, 261 e 277). A narrativa atual, no entanto, somente dá crédito à primeira versão, que coloca o padre no papel sancionado pela martirologia cristã (*CR*:95, 285 e 211). É quase certo, porém, que o padre se negou a salvar-se e voluntariamente morreu com seu rebanho.[28]

Os outros dois episódios são confirmados cada um por uma única testemunha:

"De repente vi um sargento gesticular como se estivesse dando uma ordem. Cinco homens foram então empurrados para a escola maternal, entre eles o padre, acompanhado por um jovem seminarista (...) Parece que o sargento ordenou a um soldado armado que atirasse. Mas aconteceu o inesperado: o soldado que recebera a ordem fixou o olhar nos prisioneiros e não se mexeu. O oficial o repreendeu, podíamos perceber por seus gestos e tom de voz, e novamente ordenou que atirasse. Mas o soldado continuou indeciso. O sargento, então, empurrou-o para o lado, e com uma arma que parecia uma metralhadora, atirou contra os cinco homens.

[Então o sargento] empurrou o 'traidor' e, gritando com raiva palavras que não pude entender, virou-o e atirou em sua cabeça" (Luigi Bigiarini, *CR*:259-60).

"Numa bela manhã de julho de 1983, dois homens de idade bem avançada me visitaram na paróquia de Civitella della Chiana. Pediram para falar com o pároco. Disseram que eram alemães, e, um deles, que fizera parte do destacamento armado que, naquela manhã de 29 de junho de 1944, semeou a morte e a desgraça em Civitella.

[Ele me disse:] "Sou um dos alemães que aqui estiveram para a retaliação naquele dia. Diga ao povo deste povoado, padre, que sofri muito em minha vida, que éramos muito jovens e que Hitler envenenou nossa juventude. Peço perdão para todos" (Padre Enrico Biagini, *CR*:453).

Não há por que questionar a credibilidade desses episódios para identificar sua dimensão mítica: um mito não é necessariamente uma

---

[28] Ida Balò trata o episódio do padre se oferecer em sacrifício por seu rebanho como fato. A história é também confirmada por Luciano Giovannetti Vescovo, que estava ao lado como coroinha, e pela sobrinha do padre, Lina Rossi. Suas narrativas, porém, descrevem sequências temporais diferentes. A história não é mencionada no depoimento de Bartolucci durante o inquérito inglês de 1944, nem no depoimento recente de sua filha (*CR*:100, 123). Por outro lado, oferecer-se em troca dos demais faz pouco sentido, uma vez que a intenção dos alemães era visivelmente matar tanto ele quanto os outros. Lina Rossi e o padre Daniele Tiezzi testemunham que o padre poderia ter escapado, mas voltou por vontade própria para morrer. Suas versões, no entanto, diferem. Tiezzi diz que foi um soldado alemão que apontou o caminho para uma possível fuga, o que Rossi não confirma.

história falsa ou inventada; é, isso sim, uma história que se torna significativa na medida em que amplia o significado de um acontecimento individual (factual ou não), transformando-o na formalização simbólica e narrativa das autorrepresentações partilhadas por uma cultura. Nesse caso, através das narrativas de sacrifício, compaixão e perdão, a comunidade de Civitella formaliza sua relação com o evento mais dramático de sua história e sua própria identidade de comunidade cristã. Foi por isso que o padre teve a autoridade para perdoar em nome de todos, sem consultar ninguém.

O que ainda surpreende é que o visitante alemão tenha insistido em minimizar sua própria responsabilidade, lançando a culpa de tudo na juventude e em Hitler, e que o padre não tenha pensado em pedir aos visitantes nem mesmo seus nomes e endereços ou unidade militar (não identificada na época). A função mais especificamente mítica da história, no entanto, consiste na função clássica do mito: reconciliar os opostos; neste caso, a imagem de Civitella como uma comunidade cristã e indulgente com a implacabilidade em relação aos membros da Resistência:

V. L. — Mantivemos, mesmo passados 50 anos, essa atitude hostil, não é, para com os membros da Resistência; ainda sentimos assim, não é mesmo? (...) apesar de nosso credo religioso.

I. — Porque uma vez ou outra eles deveriam ter vindo, deveriam ter dito: estávamos errados![29]

V. L. — Ainda não está em nós perdoar...

I. — ...frequentamos a igreja...

V. L. — Mas devíamos. Temos que mudar...

M.C. — Acreditando em Deus como acreditamos, temos que perdoar...

V. L. — Perdoar porque eles, também, cometeram um erro, eram apenas meninos, viram as armas, fizeram o que foi mais fácil...

I. — Sem pensar nas consequências... eram jovens...

V. L. — Temos que ver as coisas de modo diferente depois de 50 anos...

I. — Devíamos pedir ao Senhor, nós não temos forças...

M.C. — Não é algo que possamos controlar. Está dentro de nós!

---

[29] Mulher; não foram fornecidos dados pelos entrevistadores.

O fator crucial está na frase de I.: pelo menos um alemão pediu perdão por todos, mas jamais um membro da Resistência o fez (V. L. volta mais adiante a esse ponto: "em todos esses anos, nem uma única vez, algum membro da Resistência disse algo como: nossa ação foi um erro"). Ao perdoar os alemães, Civitella atenua suas dúvidas quanto a não perdoar os *partisans*: os alemães se arrependeram, os membros da Resistência não. Dessa forma, Civitella pode manter tanto sua imagem de comunidade cristã, quanto seu ressentimento contra os membros da Resistência.[30]

A história do soldado relutante, por outro lado, faz parte de uma narrativa mítica encontrada em toda a Europa, inclusive no massacre das Fossas Ardeatinas, conhecida como a história do "bom alemão". Esse mito, frequentemente associado a episódios da II Guerra Mundial (inclusive o das Fossas Ardeatinas)[31] é, por sua vez, uma variante de uma narrativa mais ampla, encontrada também em outros contextos. Por exemplo, tanto nas fontes orais quanto nos anais do Congresso há uma versão da morte de Luigi Trastulli em Terni: "Luigi Trastulli estava escalando um muro e uma rajada de metralhadora matou-o instantaneamente. Vimos Luigi soltar a beira do muro enquanto outro policial, talvez mais humano, baixava sua arma".[32]

Na verdade, Luigi Trastulli foi morto no meio da rua. Transferir o ocorrido para o muro relaciona o evento à iconografia da Resistência (as imagens de *partisans* executados) e, o que é mais importante, à crucificação. De fato, as origens do mito podem ser provavelmente encon-

---

[30] Padre Daniele Tiezzi diz que perdoou os membros da Resistência "com grande dificuldade".

[31] O oficial em comando do destacamento alemão atacado pelos membros da Resistência foi dispensado por motivos religiosos de executar a retaliação. Um soldado desmaiou durante a execução em massa das 335 vítimas. Escreve Giorgio Bocca: "Foi dito a seu respeito que ele se recusou a atirar por motivos religiosos. É falso: nenhum alemão hesitou" (*Storia dell'Italia partigiana*. p. 285). Eric Priebke, um dos oficiais que comandou o massacre, afirma que o Vaticano ajudou-o a deixar a Itália, com segurança, no final da guerra (*La Repubblica*, 9 e 10 de maio de 1994).

[32] Ivano Sabatini, Terni, 25 de janeiro de 1976, entrevistado por Valentino Paparelli, citado em Portelli (*The death of Luigi Trastulli*, p. 9). Em um discurso perante o Parlamento (2 de abril de 1949), o socialista Tito Oro Nobili afirmou que um policial estava a ponto de disparar, de uma janela, sobre a multidão, e que um de seus companheiros o impedira (Bogliari, Francesco. *Tito Oro Nobili*. Perugia, Quaderni Regione dell'Umbria, 1977. p. 219-28).

tradas nos contos folclóricos inspirados nos evangelhos apócrifos, nos quais um centurião romano impede um companheiro de ferir Jesus com sua lança.

Como em todas as imagens míticas, esta não tem apenas um significado: um mito não é uma narrativa unívoca, mas uma matriz de significados, uma trama de oposições: depende, em última análise, de o individual ser ou não percebido como representativo do todo, ou como uma alternativa para o todo. O "bom alemão" e o centurião indulgente podem tanto confirmar a fé no resquício de humanidade que sobrevive até mesmo nos mais cruéis torturadores, quanto destacar, através da humanidade de um, a desumanidade de todos; isso pode querer dizer que os soldados se viram obrigados a atirar sob pena de perder as próprias vidas,[33] ou que era possível resistir e se mais de um tivesse resistido talvez a tragédia fosse evitada. Como afirma Primo Levi, referindo-se a um incidente em Auschwitz: "se os alemães anômalos, capazes desse pequeno gesto de coragem, fossem mais numerosos, a história do passado e a geografia do presente seriam diferentes".[34]

O ponto central do mito, em todos os casos, é que quando a violência coletiva gera vítimas inocentes (Cristo, Ardeatina, Trastulli, Civitella), sempre existe entre os assassinos algo ou alguém que resiste. Talvez seja verdade, ou talvez apenas tenhamos necessidade de acreditar nisso. Em seu intrigante *Il disperso di Marburg* (O soldado perdido de Marburg), o historiador e líder da Resistência Nuto Revelli, indaga acerca de um possível "bom alemão" que costumava cavalgar pelos campos de Cuneo durante a guerra, e sobre seu próprio e irresistível impulso de acreditar nessa imagem e de saber mais detalhes a seu respeito. Por fim, Revelli e seus colaboradores conseguem dar um nome e uma biografia àquela imagem, mas não confirmar a inocência do homen e seu não

---

[33] Gennara Magini Gualdani (*CR*:433-4), cujo pai foi ajudado por um soldado alemão a chegar à segurança durante o massacre de Cornia, declara também que o "bom alemão" foi morto por seus companheiros. Outras variantes locais do tema do "bom alemão" podem ser encontradas na narrativa de M.C. (ela foi poupada por um soldado alemão a quem seu pai pedira clemência de joelhos) e na versão do padre Daniele Tiezzi sobre a morte do padre Lazzeri. A ideia de uma pessoa honrada que redime uma comunidade de pecadores também tem raízes bíblicas: ver *Gênesis*, 18:23-33.

[34] Levi, Primo. Lettere di tedeschi. In: *I sommesi i salvati* (1986. Torino, Einaudi, 1991. p. 139).

envolvimento nos massacres nazistas ocorridos na região. Um dos jovens correspondentes alemães de Revelli escreve:

"A imagem do 'cavaleiro solitário' que afaga crianças e toca Bach nas horas vagas está se desfazendo. A meu ver, o mais provável é que estivesse patrulhando o território. É melhor encarar a realidade, ao invés das imagens criadas por nossas mentes. Mas o que seria de nós sem essas imagens?"[35]

A imagem do nazista amante da música, familiar à iconografia dos campos de concentração, e a imagem clássica do soldado invasor que distribui balas às crianças (repetida em tantos filmes americanos) são produtos da mente do correspondente de Revelli. Por outro lado, ambas têm uma base factual em Civitella: o padre Tiezzi se recorda dos quatro soldados austríacos católicos que, antes do massacre, vinham ajudar a cantar a missa na igreja; e os que distribuíam balas eram os mesmos soldados que percorreram as ruas de Civitella cercados de crianças a caminho de serem mortos pelos membros da Resistência (Alberto Rossi, CR:231). São os primeiros "bons alemães" na história. Nas narrativas de 1946, por outro lado, eles só são lembrados como "bêbados" e "embriagados", enquanto os únicos nazistas musicais citados são os que cantavam e tocavam seus instrumentos enquanto Civitella ardia em chamas (RB:272, 278 e 256).

O fato de essas imagens se embasarem em fatos não invalida sua condição mítica: na verdade, o principal processo de criação de mitos em curso na memória de Civitella parece ter mais a ver com a amplificação do significado de eventos isolados do que com pura e simples invencionices. O que realmente importa não é se os bons alemães realmente existiram e distribuíram balas, mas a necessidade ingente, mesmo em suas vítimas ou inimigos, de acreditar em sua existência. "O que seria de nós sem aquelas imagens?"

Fiquei tão impressionado com a narrativa pública de Ida Balò que no dia seguinte aproveitei a oportunidade do intervalo de almoço na conferência para pedir a ela que me contasse de novo as histórias do perdão e do bom alemão e me respondesse algumas perguntas. O fato mais surpreendente que ela me contou foi que, por muito tempo, a população de Civitella não acreditara na história do bom alemão porque a

---

[35] Revelli, Nuto. *Il disperso di Marburg*. Torino, Einaudi, 1994. p. 165.

única testemunha não era um nativo de Civitella: evidentemente, a narrativa do povoado não podia assumir sua história.[36] As pessoas ou não acreditavam nela ou não lhe davam importância. Só "há cerca de 10 anos", explicou Ida Balò, é que a história passara a fazer parte da memória coletiva do povoado, e de sua própria narrativa comunal.[37]

Balò também repetiu a história do alemão que pediu para ser perdoado de forma muito semelhante à do depoimento escrito do pároco, com apenas duas variantes: para ela a visita ocorrera à noite e o fato se dera "há cerca de 10 anos".[38] Nossa conversa se deu em 1994, à época do cinquentenário do massacre; evidentemente, "há cerca de 10 anos" Civitella se preparava para celebrar outro decênio de aniversário, e essas duas narrativas míticas passaram a fazer parte desse processo.

Civitella sempre se opôs às celebrações oficiais realizadas em nome da Resistência. Por muito tempo, manteve-se a oposição entre as celebrações civis na praça e as cerimônias religiosas na igreja e no cemitério: "Nesses 50 anos, nunca passamos o 29 de junho sem celebrá-lo (...) Estou falando da celebração religiosa, entende? Porque nunca participamos de nenhuma outra cerimônia" (V. L.). Aos poucos, no entanto, a oposição acabou se convertendo em celebrações públicas alternativas, articuladas com base na narrativa oficial, fundamentada nos próprios mitos e valores dos sobreviventes, e confiadas às suas próprias instituições. É significativo que V. L. descreva a celebração de 1984 como "a primeira", não porque tenha sido de fato, mas porque pela primeira vez se sentia publicamente representado.

---

[36] Não há qualquer menção ao "bom alemão" no depoimento prestado por Gino Bartolucci à comissão de inquérito britânica em 1944. Bartolucci foi fuzilado junto com outros homens, mas ficou apenas ferido e sobreviveu, fingindo-se de morto. Teve, portanto, condições de testemunhar toda a execução em massa. O depoimento de sua filha também não menciona a história (Ilva Bartolucci A. Saletti, *IB*:323).
[37] Foi uma conversa informal, por isso não pensei em gravá-la. Estou usando as anotações que fiz logo após o término da conversa. A discussão apresentada neste trabalho baseia-se nos comentários que fiz na conferência; a senhora Balò estava na plateia e eu, depois, lhe perguntei se havia distorcido o que me contara; ela afirmou que meu relato estava correto.
[38] Na verdade, o padre Biagini data o episódio de 1983, ou seja, 11 anos antes de minha conversa com Ida Balò. No entanto, o fato de um narrador autorizado como a senhora Balò utilizar a mesma fórmula para os dois eventos indica que ela os vê como mais ou menos contemporâneos.

P. C. — A primeira comemoração foi quando inauguraram a capela do cemitério e Fanfani veio.

V. L. — Em 84...[39]

Amintore Fanfani, um político católico conservador que ocupou todos os cargos do governo italiano por quase meio século (incluindo, várias vezes, o de primeiro-ministro), tinha sua base eleitoral na província de Arezzo. Seu nome é frequentemente citado nas narrativas de Civitella como o benfeitor "providencial" que ajudou a "ressurreição" do povoado no pós-guerra.[40] Isso, obviamente, não diminui a autenticidade e a força das histórias e sentimentos dos narradores: é bem possível que, desta vez, Fanfani estivesse realmente mais perto do que outros das necessidades materiais e emocionais da população. Sua presença, porém, sobretudo relacionada com a decisiva celebração de 1984, confirma que a memória é "dividida", não só entre uma memória "oficial" e outra "comunitária", mas também entre duas *memórias oficiais* e duas séries de cerimônias alternativas, geridas por campos políticos e institucionais opostos. A história da memória de Civitella ficaria incompleta sem a inclusão da história de suas manifestações públicas.

Essa memória pública, materializada em suas próprias narrativas e em seus narradores gabaritados, nos livros de depoimentos e nas peças sacras, não só é totalmente legítima, mas também está repleta de valores importantes, como inocência, humildade, obediência, compaixão, perdão, solidariedade familiar e grupal. Ela se fundamenta na experiência vivida e em emoções profundamente sentidas. Mas não deixa de ser

---

[39] Mulher, 55 anos, 7 de julho de 1993.

[40] "Uma ajuda providencial foi-nos dada pelo então jovem congressista Amintore Fanfani, que se interessou profundamente pela situação da cidade e se empenhou ativamente, entre outras coisas, na construção do aqueduto e de moradias populares, assim como na concessão de pensões para as viúvas": Ida Balò Valli (CR:167). Não tenho certeza se, no caso de uma testemunha tão sinceramente religiosa, a palavra "providencial" deva ser tomada como mero coloquialismo, isenta de implicações sacras. O parágrafo seguinte começa assim: "Civitella lentamente *ressuscita*" (grifo meu). M.C. recorda que "mais tarde, construíram as casas populares, as casas Fanfani (...) Na época, era ele quem mandava. Deve ter sido em 48, quando fizeram a comemoração da água de Fanfani". A.M. recorda que Fanfani foi "o único que veio [a Civitella], ele obteve os recursos para o monumento através de algumas organizações — ele é de Arezzo". Mais uma vez, os narradores se projetam num papel histórico passivo. As casas Fanfani e a água de Fanfani não são nem um direito seu, nem consequência de uma ação sua, mas uma dádiva de um poderoso intermediário.

uma construção bastante ideológica e institucional, distinta das memórias pessoais nas quais se baseia.

Pietro Clemente fala da "memória coletiva" de Civitella; Giovanni Contini da memória "do povoado"; Cappelletto e Calamandrei, da "memória grupal". Todos termos legítimos do discurso histórico, pelo menos desde o trabalho de Maurice Halbwachs. Mas não se deve esquecer que a elaboração da memória e o ato de lembrar são sempre individuais: pessoas, e não grupos, se lembram. Mesmo quando Maurice Halbwachs afirma que a memória individual não existe, sempre escreve "*eu me lembro*". Por outro lado, Halbwachs descreve como um processo individual, até solitário, uma atividade essencial da memória: o esquecimento.[41]

Se toda memória fosse coletiva, bastaria uma testemunha para uma cultura inteira; sabemos que não é assim. Cada indivíduo, particularmente nos tempos e sociedades modernos, extrai memórias de uma variedade de grupos e as organiza de forma idiossincrática. Como todas as atividades humanas, a memória é *social* e pode ser *compartilhada* (razão pela qual cada indivíduo tem algo a contribuir para a história "social"); mas do mesmo modo que *langue* se opõe a *parole*, ela só se materializa nas reminiscências e nos discursos individuais. Ela só se torna memória *coletiva* quando é abstraída e separada da individual: no mito e no folclore (uma história para muitas pessoas: o "bom alemão"), na delegação (uma pessoa para muitas histórias: Ida Balò), nas instituições (sujeitos abstratos — escola, Igreja, Estado, partido — que organizam memórias e rituais num todo diferente da soma de suas partes). Todos esses três tipos de memória são encontrados em Civitella; a pressão para *não esquecer* e para extrair memórias de *um único grupo* (o círculo fechado dos sobreviventes) materializa o "controle social" descrito por Cappelletto e Calamandrei como a pressão da memória "coletiva" sobre a "individual".

Quando compreendemos que "memória coletiva" nada tem a ver com memórias de indivíduos, não mais podemos descrevê-la como a expressão direta e espontânea de dor, luto, escândalo, mas como uma formalização igualmente legítima e significativa, mediada por ideologias, linguagens, senso comum e instituições. Não podemos continuar procu-

---

[41] Halbwachs, Maurice. *La mémoire collective*. Paris, Presses Universitaires de France, 1968. Sobre o esquecimento como um mecanismo da memória, ver: Lotman, Jurij M. & Uspenskij, Boris A. Sul meccanismo semiotico della cultura. In: *Tipologia della cultura*. (trad. de Remo Faccani. Milano, Bompiani, 1973. p. 46-7.

rando oposições somente *entre* campos de memória, e sim também *dentro* deles. A brilhante definição, "memória dividida", precisa ser ampliada e radicalizada para definir não só a dicotomia (e hierarquia implícita) entre a memória institucional da Resistência e a memória coletiva da comunidade, mas também a pluralidade fragmentada de diferentes memórias.

A própria "memória do povoado" não é um todo sólido. As memórias inexprimíveis, sonegadas até mesmo do círculo familiar, coexistem com as memórias igualmente autênticas e comoventes, expostas publicamente na praça e na igreja. A memória então, dividida por gerações; e o que é mais dramático, até mesmo as individuais dividem-se internamente entre o desejo de silenciar e esquecer e a necessidade de se expressar: "*Não queria* escrever nada, porque é uma tarefa dolorosa para mim e porque prometi a meu irmão que não o faria, e é por isso que lamento. Mas *tinha que escrever* porque minha mãe teria gostado" (Giuliana Sabatini Migliorini, CR:322; grifo nosso).

A memória *do povoado* está também socialmente dividida — pelo menos se "povoado" quiser dizer Civitella como ela é hoje e as pessoas que lá vivem, e não uma imagem congelada de 1944. Muitos dos atuais habitantes mudaram-se para lá depois da guerra; entre eles estão os descendentes dos "camponeses" e "dos que não valiam nada", mantidos então fora dos muros e hoje fora da narrativa: "com as outras pessoas que não moravam em Civitella, com eles, não falamos sobre isso. Eram todos camponeses" (S.M.). Essas novas pessoas, porém, também têm suas próprias memórias, que talvez devessem ser reconhecidas como parte da memória daquilo que hoje é seu povoado.

A memória das instituições e a memória da Resistência também são divididas. Um paradoxo na conferência de Arezzo foi, às vezes, parecer que a única "memória oficial" era a da Resistência e a única "ideologia" a da esquerda. É verdade que vivemos numa época em que os formadores de opinião e os políticos podem afirmar que nestes últimos 50 anos a Itália foi governada por uma "hegemonia marxista" e até um "governo comunista", transformando essa mentira ridícula em senso comum, sem praticamente qualquer oposição por parte daqueles que deveriam ser mais bem-informados. É também verdade que a província de Arezzo é desde a guerra administrada pela esquerda. Mas quem quer que tenha trabalhado em Arezzo reconhece, mesmo na controvérsia sobre as celebrações em Civitella, a tensão histórica entre as instituições locais mantidas pela esquerda e a presença das instituições centrais do Estado, controladas por uma figura poderosa como Amintore Fanfani. Até mesmo na Toscana "vermelha", afinal, os prefeitos são indicados pelo Ministério do Interior, os bancos são controlados pelo capital, as ondas sonoras são dominadas por redes nacionais e o jornal mais importante é o conservador *La Nazione*.

A memória da Resistência, de fato, nunca coincidiu com o discurso do Estado. Se a Resistência se tornou memória "oficial", isso ocorreu muito mais tarde, e à custa de convertê-la num ritual de monumentos e coroas de flores, uma cerimônia acomodada e inócua da esfera política, da qual a gente do povo se sente cada vez mais afastada. Mesmo assim, a memória oficial da Resistência seria uma coisa se celebrada por um presidente como o ex-membro da Resistência Sandro Pertini, e outra se por um reacionário e corrupto como Giovanni Leone. De fato, V. C. acha que o atual presidente, o católico Oscar Luigi Scalfaro, deveria comparecer às celebrações de Civitella, mas afirma que se Pertini ousasse aparecer sairia vaiado do povoado.

Por fim, até mesmo as memórias da Resistência local são múltiplas e divididas: as versões contraditórias dadas pelos *partisans* acerca da ação de 18 de junho são também resultado da percepção e da avaliação fragmentadas daquele acontecimento vital. Uma memória dividida é a do líder da Resistência Edoardo Succhielli, que, apesar de defender sua versão em público, com registros e processos judiciais, provavelmente sempre teve conhecimento do que acabou admitindo — talvez tarde demais — ao historiador Giovanni Contini: a ação foi um erro e causou o mal que se abateu sobre o povoado e sua população. Outra é a do dr. Gambassini, o médico do povoado, que ajudou a Resistência e deixou Civitella depois da guerra: diz-se que, durante toda a vida carregou dentro de si um forte sentimento de culpa, mas aparentemente o reprimiu em sua autobiografia publicada.[42]

A conferência de Arezzo foi importante porque deu atenção a algumas dessas outras memórias, respeitou e entabulou diálogo com seus portadores (espero que também nos tenham dado atenção), e situou os eventos de Civitella no contexto de uma história que envolve todo um continente. Seria um erro, porém, considerar as memórias de Civitella um núcleo sólido, impenetrável ao pensamento, imune à história e à po-

---

[42] Contini, La memoria divisa (ver nota 2).

lítica, inacessível à análise crítica. Confrontar as memórias de outros e ser modificado nesse encontro é diálogo; desistir das nossas, sem pensar, é capitulação.

24 de agosto. Chove, mas minhas flores permanecem lá. O jornal de hoje diz que "por pelo menos dois meses, suásticas maculam o monumento aos mártires da Resistência em Ostia, enquanto o distrito nada faz a respeito". O distrito de Ostia (subúrbio de Roma à beira-mar) é governado por (ex?) fascistas da Alleanza Nazionale. O noticiário nacional do mesmo jornal informa que um juiz na Argentina negou a extradição de Eric Priebke, torturador nazista e oficial no massacre das Fossas Ardeatinas. Ele nunca teve de pedir perdão a ninguém.

Capítulo 9

A geração*

Jean-François Sirinelli**

É uma tarefa singularmente complexa tentar responder à questão colocada pelos organizadores do seminário: a geração é uma peça da "engrenagem do tempo"? Ou, para formular a pergunta de outra forma, a geração é um padrão — no sentido do metro padrão — que permite dividir o tempo? Em outras palavras, para utilizar uma outra metáfora, será ela uma espécie de metrônomo que marca com regularidade o tempo que passa?

De fato, tal questão certamente merece ser colocada, pelo menos por duas razões. Por um lado, entre a década e o século, a geração, ou melhor, a sucessão das gerações acaso não constitui uma respiração intermediária? Por outro lado, essa respiração teria ainda, como elemento de "periodização", uma vantagem aparente sobre o século ou a década. Estes são *produto de uma cultura* — como, em uma civilização dada, se divide o tempo — e, logo, dados relativos, enquanto a geração, reflexo da inserção do homem na profundidade histórica, pode parecer — pelo menos à primeira vista — que é *produto da natureza*, constituindo

---
* Sirinelli, Jean-François. La génération. In: *Périodes*; la construction du temps historique. Paris, EHESS et Histoire au Présent, 1991. p. 129-34.
** Professor da UFR de ciências históricas, artísticas e políticas da Universidade Charles-De-Gaulle (Lille III).

assim um parâmetro invariável, de uma época ou de uma sociedade a outra, para a padronização da duração.

Sendo assim, surgem várias dificuldades que tornam delicado o uso de tal padrão. Portanto, convém primeiramente fazer o seu inventário. Nem por isso essas dificuldades impedem, como veremos depois, que se defenda a pertinência do fator geração na análise da divisão do tempo.

Restrições e obstáculos

A primeira dificuldade é historiográfica. Por muito tempo, a própria noção de geração foi considerada suspeita por numerosos historiadores, fazendo-se não raro restrições ao seu uso. A suspeita se devia ao fato de que todo pesquisador que se interroga sobre os fenômenos de geração se sente, *a priori*, ameaçado por pelo menos dois perigos: a banalidade e a generalidade do propósito. Banalidade porque a sucessão das faixas etárias é a própria essência das sociedades humanas; generalidade porque, por essa mesma razão, o uso da noção de geração fica às vezes na superfície das coisas, sendo antes elemento de descrição do que fator de análise.

Já as restrições provinham do fato de que, por definição, a noção de geração associava as de tempo "curto" e de acontecimento. Ora, pelos cânones dominantes da historiografia, esse tempo curto, simples arquejo, se mostrava singularmente desprovido de interesse em um momento em que apenas as respirações de longa ou média duração pareciam dignas de interesse. Da mesma forma, o importante papel do fato ou acontecimento — inaugurador ou assinalador — na identidade de uma geração bastava para desqualificar o estudo desta última, em um tempo em que "factual" rimava com arcaico.

Mas seria exagero dizer que a geração constituiu-se em tabu no domínio do historiador nas últimas décadas. Seria mais correto dizer que sua condição é incerta. Prova disso são as afirmações contrastantes dos dois fundadores dos *Annales*, Lucien Febvre e Marc Bloch. Se o primeiro aconselhava, em 1929, que "é melhor abandoná-la", o segundo viria a absolvê-la em 1941: "Cada vez mais, ela parece destinada a servir de marco inicial para uma análise fundamental das vicissitudes humanas".[1]

---

[1] Febvre, Lucien. Générations. *Bulletin du Centre International de Synthèse. Section de Synthèse Historique*, 7, juin 1929, suplemento da *Revue de Synthèse Historique*, 21(139-41):37-43 (citação à p. 42); Bloch, Marc. *Apologie pour l'histoire*. Paris, Armand Colin, 1974. p. 151.

A essa incerteza quanto à condição acrescenta-se uma segunda dificuldade. O objeto, quase por essência, se esquiva quando ganha consistência. De fato, se considerarmos que um estrato demográfico só se torna uma geração quando adquire uma existência autônoma e uma identidade — ambas geralmente determinadas por um acontecimento inaugurador —, às vezes esse processo só se verifica em um setor bem determinado. Aliás, Raoul Girardet notou que, por isso mesmo, a noção de geração era empregada sobretudo "em relação a um grupo particular da comunidade nacional".[2] Ao mesmo tempo, medimos os limites da geração como elemento de "periodização". Se, em certos casos, esta perde sua consistência, fundindo-se aos demais aspectos de uma sociedade, como então utilizá-la como marco da inserção dessa sociedade na duração?

Consequentemente, como dificuldade suplementar, a noção de "periodização" remete à de regularidade. Ora, os fatos inauguradores se sucedem de maneira forçosamente irregular e por isso existem gerações "curtas" e gerações "longas".[3] E assim como o econômico, o social, o político e o cultural não avançam no mesmo passo, e as gerações, em relação a esses diferentes registros, são de geometria variável, tal plasticidade também existe verticalmente em relação ao tempo.

Acrescentemos uma última objeção possível e haveremos de convir que o uso da geração como padrão exige vigilância e precauções. Essa objeção provém precisamente de tudo o que precede. Certamente a geração, no sentido "biológico", é aparentemente um fato natural, mas também um fato cultural, por um lado modelado pelo acontecimento e por outro derivado, às vezes, da autorrepresentação e da autoproclamação: o sentimento de pertencer — ou ter pertencido — a uma faixa etária com forte identidade diferencial. Além disso, e a constatação vai no mesmo sentido, a geração é também uma reconstrução do historiador que classifica e rotula.

---

[2] Girardet, Raoul. Du concept de génération à la notion de contemporanéité. *Revue d'Histoire Moderne et Contemporaine*, 30:257-70, avr./juin 1983 (citação à p. 261).
[3] Tomo emprestada a expressão de Marc Bloch. Sobre esse ponto e, de modo mais geral, sobre o uso da noção de geração, ver notadamente o meu artigo Génération et histoire politique. *Vingtième Siècle. Revue d'Histoire* (22), avr. 1989.

Virtudes "periodizantes"

Caberia então negar à geração qualquer virtude "periodizante"? Isso seria um equívoco, pois a geração é de fato uma peça importante da "engrenagem do tempo" e como tal deve ser tratada, com a condição, todavia, de estabelecer desde logo dois limites desse padrão.

Primeiramente, ele é *elástico*, devendo-se banir qualquer visão pitagórica das gerações. De fato, estamos longe dessas construções aritméticas que satisfazem à vista, mas sem grande significação histórica. Aliás, Heródoto já observara que um século corresponde à sucessão de três gerações.[4] Mas, em geral, a observação constitui um artifício de apresentação: assim, Jacques Bainville propôs em 1918 fazer a crônica dos "netos", dos "pais" e dos "avós", de Waterloo à I Guerra Mundial, em uma *História de três gerações*.[5]

Mesmo supondo que essa visão tivesse fundamento no século XIX — o que é pouco provável, levando-se em conta a densidade que tinha então a história nacional francesa —, esse ritmo ternário[6] parece bem pouco adaptado às gerações "curtas" e irregulares do século XX.[7] Aliás, Henri Massis, que levou à pia batismal, pouco antes de 1914, a "geração de Agatão", escreveu um quarto de século mais tarde: "Esses retratos genéricos (que sem dúvida têm o defeito de não se assemelharem a ninguém por quererem se assemelhar a todos) devem ser refeitos a cada 15 anos".[8]

Vimos portanto que, a história ritmada pelas gerações é uma "história em sanfona", dilatando-se ou encolhendo-se ao sabor da frequência dos fatos inauguradores. E a relativização do papel de padrão se im-

---

[4] Heródoto. *Histoires*, livro II, 142, texto estabelecido e traduzido por Ph. E. Legrand (Paris, Les Belles Lettres, 1936. p. 166).

[5] Bainville, Jacques. *Histoire de trois générations; 1815-1918*. Paris, Nouvelle Librairie Nationale, 1918. 287p.

[6] Uma abordagem ternária não deve, contudo, ser descartada em um outro registro, muito mais "horizontal": de fato, Krzysztof Pomian assinalou, com razão, que "a substituição das gerações, umas pelas outras, e a comunicação entre as precedentes e as seguintes fazem com que, a cada momento e em toda sociedade, estejam presentes pelo menos três tipos de discursos sobre os acontecimentos" (*L'ordre du temps*. Paris, Gallimard, Bibliothèque des Histoires, 1984. p. 18. 365p).

[7] Ver Sirinelli, Jean-François. Génération et histoire politique (1989).

[8] Massis, Henri. *L'honneur de servir*. Paris, Plon, 1937. p. 323.

põe tanto mais que a geração, como já assinalamos, também é de geometria variável, segundo os setores estudados — econômico, social, político ou cultural. Não só pode existir defasagens entre eles — o que não induz forçosamente a ritmos diferentes — como há também arritmia. Sendo assim, de qual desses setores a geração marca o compasso?

Portanto, e preciso defender, no final das contas, a geração concebida como uma *escala móvel do tempo*. O que limita, certamente, suas virtudes de "periodização". Mas, uma vez admitidos tais limites, a noção de geração, em vez de se dissolver como não objeto de história, permanece fecunda para a análise histórica e, notadamente, para as respirações do tempo.

Em história econômica, por exemplo, entre as durações longa e média, caras a Fernand Braudel, e a crise, em geral breve, existem provavelmente ritmos intermediários, que não se reduzem todos a simples "ciclos" e "tendências". Assim, no que se refere ao estudo das mentalidades econômicas, a abordagem por meio das gerações provavelmente seria preciosa. Mas aqui já estamos em um outro terreno, o cultural. Há muito que Albert Thibaudet propôs uma divisão da história literária francesa em gerações: assim, as de 1789, 1820, 1850, 1885 e 1914 marcaram sua *História da literatura francesa de 1789 a nossos dias*, publicada postumamente em 1936. E o tema das "gerações literárias" foi ainda mais explicitado por Henri Peyre em 1948.[9] E embora tal abordagem provenha de uma generalização que apresenta falhas, sua repercussão e seus resultados mostram que aí existe mesmo uma pista a ser explorada.

Assim, é válido passar da história propriamente literária para a história das "ideias". Essa passagem é também visível na obra de Claude Digeon, refletindo-se notadamente nos "divisores comuns", "temas fundamentais e novos" em torno dos quais se articulam gerações sucessivas.[10] Tanto nesse campo da história das "ideias" como naquele, correlato mas distinto, da história das "culturas políticas",[11] a noção de geração constitui uma escala estratigráfica operatória. Falta espaço aqui para multiplicar os estudos de casos. Mas é evidente, por exemplo, que a atitude dos

---

[9] Peyre, Henri. *Les générations littéraires*. Paris, Boivin, 1948. 266p.

[10] Digeon, Claude. *La crise allemande de la pensée française (1870-1914)*. Paris, PUF, 1959. p. 7. 568p.

[11] Sobre a distinção entre os dois níveis, ver Sirinelli. Génération et histoire politique (1989). Nesse artigo, mencionei alguns dos pontos brevemente desenvolvidos aqui.

intelectuais franceses durante a guerra da Argélia não pode ser esclarecida unicamente à luz da clivagem direita-esquerda. No seio da esquerda, o fosso das gerações desempenhou um papel essencial e acarretou um verdadeiro choque de culturas políticas.[12]

Pelo viés das culturas políticas, é portanto o domínio político que também é afetado pela geração. No seio de um partido, por exemplo, coabitam várias gerações que despertaram para o debate político em contextos diferentes. A cultura política dos dirigentes, sobretudo, geralmente foi forjada no tempo de sua juventude, mais de um quarto de século antes de sua chegada ao primeiro plano. De modo endógeno — para as relações numa determinada época entre os diferentes estratos demográficos do partido —, assim como para o estudo da evolução global desse partido ao longo das décadas, a geração é pois às vezes uma "unidade de medida".[13]

Existe, de resto, uma outra área em que essa "unidade de medida" é ainda mais operatória: a história social — tanto para a demografia, evidentemente, quanto para o estudo da mobilidade social. A história social da Terceira República francesa, aliás, dificilmente pode dispensar essa unidade de medida; e o papel então desempenhado pela Escola nos mecanismos de capilaridade social, notadamente, deve ser analisado pelo prisma da geração.[14]

De modo geral, aliás, é o conjunto desses mecanismos que deve ser analisado especialmente por esse prisma. Em sua tese, Jean-Luc Pinol, entre outras abordagens, acompanhou a trajetória de 750 lioneses nascidos entre 1872 e 1875 e de outros 750 lioneses nascidos entre 1899 e 1900, e a pista se revelou preciosa.[15] Para o estudo da imigração, igualmente uma pista como essa é importante. Ela é até mesmo determinante

---

[12] Rioux, Jean-Pierre & Sirinelli, Jean-François. La guerre d'Algérie et les intellectuels français. *Les cahiers de l'IHTP*, 10, nov. 1988; reed. Bruxelles, Complexe, 1991.

[13] Berstein, Serge. Les partis. In: Remond, René (dir.). *Pour une histoire politique*. Paris, Seuil, 1988. p. 49-85.

[14] Ver, por exemplo, Sirinelli, Jean-François. Des boursiers conquérants? École et "promotion républicaine" sous la IIIe République. In: Berstein, Serge. & Rudelle, Odile (dirs.). Le modèle républicain. Paris, PUF, 1991.

[15] Pinol, Jean-Luc. *Mobilités et immobilismes d'une grande ville française: Lyon de la fin de XIXe siècle à la Seconde Guerre Mondiale*. Lyon II, 1989.

quando analisamos os processos de integração, e a linguagem corrente, além disso, ratificou expressões tais como "imigrado de segunda geração".

As breves observações precedentes conduzem a uma conclusão matizada. Obviamente, existem várias hipóteses sobre a geração. Devemos por isso confiná-la em uma espécie de prisão historiográfica, considerando mais o peso das acusações? Certamente que não, e a soltura, como vimos, já aconteceu. Ninguém contesta hoje a fecundidade do uso da geração em história. Ela é incontestavelmente uma *estrutura* que a análise histórica deve levar em consideração, o que, diga-se de passagem, contribui — se é que isso é preciso — para reabilitar o acontecimento. Em vez de ser apenas a espuma de uma vaga formada pelas estruturas socioeconômicas, este também pode ser gerador de estruturas: por exemplo, as gerações criadas ou modeladas por um acontecimento inaugurador.

A geração existe, portanto, no território do historiador, ao mesmo tempo como objeto de história e como instrumento de análise. Pode ela então ser um instrumento de medida do tempo, para voltar à questão central do seminário? Do que foi dito antes, destacaremos dois pontos. Por um lado, seguramente a geração padrão não existe: em nenhum caso podemos distinguir nela uma estrutura cronologicamente invariável, que transcende as épocas e os países. Por outro, e sem que haja contradição com a primeira observação, a geração é seguramente uma peça essencial, da "engrenagem do tempo", mas cuja importância pode variar conforme os setores estudados e os períodos abordados.

Capítulo 10

A palavra escrita e a não escrita*

Ítalo Calvino

Quando me convidam para uma palestra, não sobre um assunto específico, mas sobre um que me deixaria livre para escolher sobre o que falar, fico meio perdido.

Em geral, quando escrevo, sinto-me protegido atrás desse objeto palpável que é a palavra escrita: caberá ao público ler meu texto ou, se não ficar satisfeito, deixá-lo de lado quando lhe aprouver. No caso de uma palestra, ao contrário, tenho não só de encarar a plateia, mas também de perguntar-me: "O que este público está esperando de minhas palavras?" Quando devo falar num idioma que não é o meu, surge uma outra questão: "As palavras que penso são as mesmas que digo e as mesmas que o ouvinte recebe?"

Para superar essas dificuldades, começo me cercando de dicionários, como se deles pudesse brotar uma solução. Posso, por exemplo, procurar a palavra *lecture* e ver o que ela provoca em mim.

Lecture, segundo o dicionário Webster, significa: "a) uma palestra informativa proferida ante uma audiência e em geral preparada de antemão; b) o texto de tal palestra". Portanto, aqui estou eu, tendo cuidadosamente preparado minha fala, e as páginas que tenho nas mãos são

---

* Reproduzido de *The New York Review of Books*, 12 de maio de 1983, com esta introdução: "O que se segue foi apresentado como James Lecture", no New York Institute for the Humanities, em 30 de março.

o texto que escrevi. Não podendo improvisar, sou obrigado a ler, confortado pela etimologia latina da palavra *lecture*, também dada pelo Webster. Seja como for, não há como fugir de meu destino: na vida pública e na vida privada, mantenho sempre uma folha escrita a poucos palmos do nariz. Durante minha viagem para encontrá-los, no avião que cruzava o oceano, e depois no táxi que cruzava Manhattan, relia meu texto, também para treinar minha pronúncia; e de vez em quando levantava os olhos do papel, olhava ao redor e descobria um mundo bem diferente daquele da página escrita: a cada vez que voltava a ler, ficava mais perplexo, e todas as vezes o texto parecia diferente do texto anterior. Essa descontinuidade entre a página escrita, fixa e estabelecida, e o mundo móvel e multiforme além da página, nunca deixou de me surpreender: mesmo agora, neste salão, todas as vezes que levanto os olhos e vejo minha plateia, experimento um sentimento familiar de desconcerto, e pergunto a mim mesmo: "Por que escrevi o que escrevi?"

Este será o assunto de minha palestra: o que acontece no momento em que tiro o nariz da página escrita e olho ao redor, um momento que se repete vezes sem conta ao longo do dia, possivelmente o momento crucial, a hora da verdade.

Pertenço àquela parcela da humanidade — uma minoria em escala planetária, mas, creio, uma maioria neste salão — que passa a maior parte de suas horas úteis num mundo muito especial, um mundo feito de linhas horizontais, onde palavras seguem palavras, uma de cada vez, e cada frase e cada parágrafo ocupa seu lugar estipulado, um mundo talvez muito rico, ainda mais rico do que o não escrito, mas que, de qualquer forma, requer um ajuste especial, a fim de que possamos nos enquadrar nele. Quando passo do mundo escrito a este outro — este que chamamos atualmente de mundo, fundamentado em três dimensões e cinco sentidos, povoado por 4 bilhões de nossos semelhantes —, isso significa para mim repetir a cada vez o momento de meu nascimento, passar de novo por seu trauma, para criar uma realidade inteligível a partir de um conjunto de sensações confusas, para novamente escolher uma estratégia para enfrentar o inesperado sem ser destruído por ele.

Este renascimento, para mim, é marcado todas as vezes por ritos especiais que significam minha entrada numa vida diferente: o rito, por exemplo, de colocar os óculos porque sou míope e não preciso deles para ler, enquanto, para a maioria de vocês, hipermetropes, o rito seria o oposto, tirar os óculos que usam para ler.

Todo rito de passagem significa uma mudança de atitude em nossas mentes: ao ler, preciso entender rapidamente cada frase, pelo menos seu sentido literal, e só depois de entendê-la sinto-me pronto para pronunciar um julgamento: o que li é verdadeiro ou falso, certo ou errado, agradável ou desagradável. Na minha vida cotidiana, ao contrário, são inúmeras as circunstâncias que escapam à minha compreensão, desde as mais gerais às mais simples e triviais: vejo-me frequentemente diante de situações sobre as quais não posso dar opinião, e prefiro não emitir julgamento.

Enquanto espero que o mundo não escrito se torne mais claro, sempre há uma página escrita aberta diante de mim, onde posso voltar a mergulhar: faço-o sem demora e com a maior satisfação, porque ali, pelo menos, mesmo que só compreenda uma pequena parte do todo, posso alimentar a ilusão de que mantenho tudo sob controle.

Acho que também me sentia assim na juventude, mas àquela época minha ilusão era de que os mundos escrito e não escrito se esclareceriam mutuamente; as experiências de vida e as experiências literárias seriam complementares, e se progredisse num campo, progrediria no outro. Hoje, posso afirmar que sei muito mais sobre mundo escrito do que antes: nos livros, a experiência ainda é possível, mas seu domínio termina na margem branca da página. Em contraposição, o que ocorre ao meu redor me supreende a cada vez, me assusta, me deixa perplexo. Já presenciei muitas mudanças em minha vida, no mundo exterior, na sociedade que me rodeia, muitas mudanças até mesmo em meu interior, e ainda assim nada posso prever: para mim, para as pessoas que conheço, e muito menos para o futuro da humanidade. Não posso prever as relações futuras entre os sexos, entre as gerações; os desenvolvimentos futuros da sociedade, das cidades, dos países; que tipo de paz haverá, ou que tipo de guerra; que importância terá o dinheiro; que objetos do dia a dia desaparecerão, e os novos que surgirão; que tipo de veículos e motores existirão; qual será o futuro do mar, dos rios, dos animais, das plantas. Sei que compartilho minha ignorância com aqueles que, ao contrário, fingem saber: economistas, sociólogos e políticos; mas o fato de não estar sozinho não me anima.

Poderia me animar pensando que a literatura sempre compreendeu algo mais que as outras disciplinas, mas isso me faz lembrar que os antigos viam nas ciências humanas uma escola de saber, e percebo o quanto hoje a própria ideia do saber é inalcançável.

A essa altura vocês me perguntarão: se você diz que a página escrita é seu verdadeiro mundo, o único em que você se sente à vontade, por que quer deixá-lo, e por que se aventura nesse imenso mundo que não consegue controlar? A resposta é muito simples: para escrever. Porque sou escritor. Esperam que eu lance olhares curiosos ao meu redor, capte imagens do que se passa, e então me curve sobre a escrivaninha e continue minha tarefa, temporariamente interrompida. É para fazer funcionar de novo minha fábrica de palavras que devo extrair novo combustível dos poços do não escrito.

Mas examinemos mais a fundo a situação. As coisas são realmente assim? As principais filosofias da atualidade afirmam: "não, você está errado". Duas conclusões contrastantes para duas correntes filosóficas atormentam a mente do escritor. Uma afirma: "o mundo não existe, só a linguagem existe". A outra diz: "a linguagem comum não tem sentido, o mundo é literalmente inexprimível".

Para a primeira, a linguagem palpável paira sobre um mundo de sombras; para a última, é o mundo que paira, como uma silenciosa esfinge de pedra sobre um deserto de palavras que mudam de lugar com o vento.

A primeira corrente tem sua origem na Paris de hoje; a segunda emana da Viena da virada do século, mas passou por várias renovações e hoje também é amplamente difundida em meu país. As duas filosofias têm bons motivos para estarem certas. Ambas impõem um desafio ao escritor: a primeira, usar uma linguagem responsável apenas por si mesma; a outra, usar uma linguagem para atingir o silêncio do mundo. Sou fascinado e influenciado por ambas. Isso significa que não sigo nenhuma das duas, que não acredito em nenhuma das duas. Então, em que acredito?

Deixe-me ver, por um momento, se consigo extrair alguma satisfação dessa difícil situação. Primeiro, se sentimos tão intensamente a incompatibilidade entre o escrito e o não escrito, é porque estamos hoje muito mais cientes do que é o mundo escrito; nunca podemos nos esquecer de que é feito de palavras, de que a linguagem é empregada de acordo com suas próprias técnicas e estratégias, de que os significados e as relações entre os significados se organizam segundo sistemas especiais; estamos cientes de que, quando uma história nos é contada (e quase todo texto escrito conta uma história, ou muitas histórias, até mesmo um livro de filosofia, até mesmo o orçamento de uma empresa, até mesmo uma

A Palavra Escrita e a Não Escrita

receita culinária), essa história é acionada por um mecanismo, semelhante a outros mecanismos de outras histórias.

Essa compreensão já é um grande passo: podemos agora evitar qualquer confusão entre o que é linguístico e o que não é, podemos portanto perceber com mais precisão qualquer relação possível entre os dois mundos.

Agora só me resta fazer a contraprova, para verificar se o mundo exterior ainda está lá e não depende de palavras, sendo, até certo ponto, irredutível a palavras, e nenhum discurso, nenhum escrito poderia exauri-lo. Só preciso dar as costas às palavras depositadas nos livros, mergulhar no mundo exterior e me unirei ao âmago do silêncio, o próprio silêncio pleno de sentido... Como atingi-lo?

Para entrar em contato com o mundo exterior, certas pessoas apenas compram um jornal todas as manhãs. Não sou tão ingênuo. Sei que nos jornais só encontrarei uma leitura do mundo feita por terceiros, ou então por uma máquina anônima especializada em selecionar, entre a poeira infinita de eventos, aqueles que podem cair na malha da "notícia".

Outros, para fugir da palavra escrita, ligam a televisão. Mas sei que todas as imagens, mesmo as das reportagens ao vivo, pertencem ao discurso construído, à semelhança daquele dos jornais. Por isso, não compre o jornal, não ligue a televisão, apenas saia e dê uma volta.

Mas tudo que vejo nas ruas da cidade já ocupa um lugar no modelo da informação homogeneizada. Este mundo que vejo, este que costumamos reconhecer como o mundo, se apresenta a meus olhos — pelo menos em grande parte — já definido, rotulado, catalogado. É um mundo já conquistado, colonizado por palavras, um mundo com uma pesada crosta de discurso. Os fatos de nossas vidas já estão classificados, julgados, comentados, antes mesmo de ocorrer. Vivemos num mundo onde tudo já foi lido, antes mesmo de existir.

Noto que minha argumentação me levou a um beco sem saída. Se o mundo não escrito é, na verdade, totalmente escrito, nunca poderei romper o casulo escrito que me envolve, quer levante meu olhar da página ou o volte para ela; não posso esperar qualquer mudança.

Não só o que vemos, mas também nossos próprios olhos estão saturados da linguagem escrita. Ao longo dos séculos, o hábito da leitura transformou o *Homo sapiens* no *Homo legens*. Mas esse *Homo legens* não é mais *sapiens* que seus antepassados. O homem que não dominava a leitura podia ver e escutar muitas coisas que hoje não somos capazes de perceber: a trilha dos animais selvagens que caçava, os sinais da aproximação de vento ou chuva. Ele podia saber as horas do dia pelas sombras das árvores ou as da noite pela posição das estrelas no horizonte. E no que respeita à audição, ao olfato, ao paladar e ao tato, sua superioridade em relação a nós é inquestionável. Mas não vim aqui propor um retorno ao analfabetismo, para recuperar o conhecimento das tribos paleolíticas. Lastimo tudo o que perdemos, mas não esqueço que os ganhos superam as perdas. O que estou tentando descobrir é o que de fato podemos fazer hoje.

Devo citar as dificuldades específicas que tenho, como italiano, de me relacionar com o mundo e com a linguagem. O homem que lhes fala é um escritor de um país que causa muitas frustrações aos que o tentam compreender. A Itália é um lugar onde acontecem muitas histórias misteriosas, que são bastante discutidas e comentadas todos os dias, mas nunca solucionadas: onde cada evento esconde uma trama secreta cuja natureza permanece obscura, enquanto o fato de ser secreta não é nenhum segredo; onde nenhuma história chega ao fim porque seu início permanece obscuro, mas entre o início e o fim podemos desfrutar um número infinito de detalhes. A Itália é um lugar onde as mudanças na sociedade, nos hábitos e no comportamento são hoje muito rápidas, talvez rápidas demais para que compreendamos para onde estamos indo, e mesmo assim tudo que acontece é acompanhado de premonições de ruína ou catástrofe, ou de declarações acerca de nosso persistente triunfo em nossa tradicional arte de sobreviver, encontrar nosso caminho e fazer com que aconteça.

Assim sendo, as histórias que nós, escritores italianos, podemos contar, são marcadas, por um lado, pelo senso do desconhecido e, por outro, pela necessidade de construir: linhas perfeitamente demarcadas de harmonia e geometria — assim reagimos à areia movediça sobre a qual pisamos.

Quanto à linguagem, um tipo de praga a atingiu. O italiano torna-se mais e mais abstrato, artificial, ambíguo: as coisas mais simples nunca são ditas diretamente e os substantivos concretos não são mais usados. Os primeiros a padecer dessa doença foram os políticos, as autoridades, os intelectuais; depois, ela se converteu em epidemia generalizada, à medida que uma consciência política e intelectual se espraiou às grandes massas. A tarefa do escritor é combater essa praga, fazer com que sobreviva uma linguagem direta, concreta; mas a linguagem do dia a dia, que costumava ser a fonte viva na qual os escritores iam beber, não escapou da contaminação. Portanto, creio que nós, italianos, estamos na situação ideal para conectar nossas dificuldades atuais de escrever romances às reflexões gerais sobre a linguagem e o mundo.

Uma importante tendência internacional na cultura deste século, que poderíamos chamar de abordagem fenomenológica na filosofia, de efeito de alienação na literatura, nos impele a romper a cortina de palavras e conceitos e ver o mundo como se este aparecesse pela primeira vez diante de nós. Bem, deixem-me tentar criar o vazio em minha mente e contemplar a paisagem, livre de qualquer vínculo cultural. O que acontece? Nossa visão está programada para ler e percebo que estou tentando ler a paisagem, os campos, o mar revolto.

Tal programa não significa que nossos olhos devam seguir um movimento horizontal instintivo da esquerda para a direita, e depois de novo da esquerda, repetindo o mesmo movimento um pouco mais abaixo e assim por diante. (É claro que os olhos de que estou falando estão programados para as páginas ocidentais; no caso dos olhos japoneses, devemos pensar num programa vertical.) Ler não é tanto um exercício óptico, e sim um processo que envolve mente e olhos, um processo de abstração, ou melhor, é extrair o concreto de operações abstratas, como identificar sinais característicos, reduzir tudo que vemos a elementos mínimos, reuni-los em segmentos significativos, descobrir ao nosso redor regularidades, diferenças, repetições, exceções, substituições, redundâncias.

A comparação entre o mundo e um livro tem uma longa história, remonta à Idade Média e à Renascença. Em que língua o livro do mundo está escrito? Na opinião de Galileu, na língua da matemática e da geometria, a língua da racionalidade e da exatidão absolutas. É assim que se deve ler o mundo atual? Quem sabe, talvez sim, mas somente no caso do muito distante: galáxias, quasares, supernovas. Quanto ao nosso mundo cotidiano, parece estar escrito mais num mosaico de línguas, como uma parede coberta de grafites, cheia de rabiscos sobrepostos, como um palimpsesto cujo pergaminho foi raspado e reescrito várias vezes, como uma colagem de Schwitter, uma combinação de alfabetos, citações heterogêneas, gírias e impressos de computador. Devemos tentar a mimese da língua do mundo em nossa escrita? Foi o que fizeram alguns dos escritores mais importantes do século: encontramos exemplos em Ezra Pound, ou em Joyce, ou ainda em alguma página vertiginosa de

Carlo Emilio Gadda, sempre movidos pela obsessão de relacionar cada detalhe ao todo do universo.

Mas será a mimese o caminho certo? Meu ponto de partida foi o constraste irreconciliável entre o mundo escrito e o não escrito; se suas duas línguas se fundirem, minha argumentação vai por água abaixo. O verdadeiro desafio para um escritor é falar sobre a confusão de nosso século usando uma linguagem transparente ao ponto de atingir um nível alucinatório, como fez Kafka.

Na França, quando Francis Ponge escreveu poemas em prosa sobre coisas comuns como um pedaço de sabão ou um punhado de carvão, a questão filosófica da "coisa em si mesma" começou a caracterizar a pesquisa literária.

Para renovar a relação entre linguagem e mundo, talvez a primeira operação seja a mais simples: fixar nossa atenção num objeto, qualquer objeto, o mais trivial e familiar, e descrevê-lo minuciosamente, como se fosse a coisa mais nova e mais interessante do mundo.

Uma das lições que podemos tirar da poesia de nosso século é concentrar toda a nossa atenção, todo o nosso amor por detalhes, em algo muito diferente de qualquer imagem humana — um objeto, uma planta, um animal — e então identificar nele nossa percepção da realidade, nossa moral, nosso eu, como fez William Carlos Williams com um ciclame, Marianne Moore com um náutilo, Eugenio Montale com uma enguia.

Meu interesse atual em descrições deve-se ao fato, confesso, de estar escrevendo um livro repleto de descrições. Tento converter a descrição em história, apesar de continuar sendo apenas uma descrição. Em cada história desse livro há um personagem que só pensa na medida em que vê, e desconfia de qualquer pensamento que provenha de outros meios.

Meu problema em escrever esse livro é que não sou o que se convencionou chamar de observador. Sou muito distraído, por isso, a primeira coisa que tenho a fazer é concentrar minha atenção visual em algo e descrevê-lo, ou melhor, fazer as duas coisas ao mesmo tempo porque, não sendo observador, se vejo, por exemplo, um iguana no zoológico e não escrevo imediatamente sobre ele, me esqueço.

Devo dizer que a maioria dos livros que escrevi e os que pretendo escrever nascem da ideia de que será impossível para mim escrever um livro daquela natureza: quando me convenço de que tal livro está totalmente além de minhas capacidades de temperamento ou técnica, sento e começo a escrevê-lo.

Foi o que aconteceu com meu último romance, *Se una notte d'inverno un viaggiatore* (Se um viajante numa noite de inverno). Comecei imaginando todos os tipos de romance que jamais escreveria porque não podia; depois tentei escrevê-los e por algum tempo senti em mim a energia de 10 diferentes romancistas imaginários.

Outro livro que estou escrevendo é sobre os cinco sentidos, para demonstrar que o homem contemporâneo perdeu o uso deles. Escrevê-lo é um problema, já que meu olfato não é muito bom, me falta uma audição aguçada, não sou um *gourmet*, meu sentido do tato não é refinado e sou míope. Para cada um dos cinco sentidos, tenho de me esforçar para dominar uma gama de sensações e nuanças. Não sei se conseguirei, mas meus esforços, neste caso e nos outros, não objetivam apenas a feitura de um livro, mas também mudar a mim mesmo, a meta de todo esforço humano.

Vocês podem dizer que preferem livros que transmitam uma experiência real e garantida. Eu também. Mas, em minha experiência, o anseio de escrever está sempre relacionado ao desejo de algo que se gostaria de possuir e dominar, algo que nos escapa. Ora, como conheço muito bem esse tipo de anseio, tenho a impressão de reconhecê-lo também nos grandes escritores, cujas vozes parecem chegar até mim do ápice de uma experiência absoluta. O que eles conseguiram nos transmitir foi uma abordagem da experiência, não sua concretização; isso manteve intactas todas as seduções do desejo. Talvez seja esse o meio encontrado pelos grandes autores para nos passar aquela sensação exata de conhecimento que não encontramos em nenhum outro lugar.

De certo modo, acho que sempre escrevemos sobre algo que não conhecemos, escrevemos para dar ao mundo não escrito uma oportunidade de expressar-se através de nós. Mas, no momento em que minha atenção vagueia da ordem estabelecida das linhas escritas para a complexidade mutável que nenhuma frase consegue apreender totalmente, chego quase a entender que além das palavras há algo que as palavras poderiam significar.

Os poetas e escritores que admiramos criaram em suas obras um mundo que para nós parece o mais significativo, contrapondo-o a um mundo que também para eles carece de significado e perspectiva. Acreditando que seu gesto não era muito diferente do nosso, levantamos nossos olhos da página para sondar a escuridão.

Capítulo 11

Tradição oral e história oral: revendo algumas questões*

Julie Cruikshank

Estão sendo levantadas questões prementes — nos meios de comunicação de massa, em exposições de museus e na literatura popular e acadêmica — sobre como as descrições históricas de encontros interculturais são construídas e adquirem autoridade. Um ponto em pauta nesses debates tem a ver com o *status* das tradições orais indígenas, particularmente na forma pela qual as tradições orais podem contribuir para documentar a grande variedade de abordagens históricas em áreas do mundo onde documentos escritos ou são relativamente recentes ou nem sequer existem.

Historiadores e antropólogos vêm convergindo de muitas formas em suas abordagens da reconstrução histórica, salientando a necessidade de aliar o interesse antropológico em categorias culturais, cosmologias e símbolos ao controle disciplinado dos registros escritos por parte dos his-

---

* Cruikshank, Julie. Oral tradition and oral history: reviewing some issues. *Canadian Historical Review*, 75(3):403-18, Sept. 1994.

toriadores.[1] Uma questão correlata, porém, refere-se a quem cabe formular e contar a história: — que vozes se destacam nessas discussões e quais as marginalizadas. Os povos indígenas vêm cada vez mais exigindo que suas tradições orais sejam levadas a sério como visões legítimas da história. Para eles, o ponto central da questão é quem controla as imagens e as representações de suas vidas que são passadas ao resto do mundo. Apesar da crescente conscientização no Canadá quanto à necessidade de reavaliar a história das relações entre nativos e brancos, está claro que os pontos de vista dos povos aborígines acerca de sua própria história raramente figuram na literatura acadêmica.

Esse debate é tanto sobre epistemologia quanto sobre autoria. Os povos indígenas que crescem imersos na tradição oral frequentemente levam a crer que suas narrativas serão mais bem-entendidas pela absorção das sucessivas mensagens pessoais reveladas aos ouvintes em relatos repetidos, do que por tentativas de analisar e explicar publicamente seus significados. Isso se contrapõe à abordagem acadêmica, que incentiva o escrutínio atento de textos e que sustenta que, se tratarmos abertamente de interpretações conflitantes, poderemos elucidar significados sutis e enriquecer nosso conhecimento.[2] O desafio, portanto, é admitir esse dilema sem descartá-lo como insolúvel, respeitar as reivindicações legítimas das nações primitivas de relatar suas próprias histórias e também o dever moral e acadêmico de escrever histórias culturalmente fundamentadas, que possam nos ajudar a aprender com o passado.

Este breve artigo tem um triplo objetivo. Primeiro, sintetizar como antropólogos e folcloristas modificaram suas avaliações sobre os tipos

---

[1] Entre os estudos que salientam a necessidade de investigar os elementos simbólicos e metafóricos *tanto em documentos escritos quanto em relatos orais*, estão, por exemplo: Rosalvo, Renato. *Ilongot headhunting, 1883-1974*. Stanford, Stanford University Press, 1980; Price, Richard. *First time: the historical vision of an Afro-American people*. Baltimore, Johns Hopkins University, 1983; Salmond, Anne. *Two worlds: first meetings between Maori and Europeans, 1642-1772*. Aukland, Viking, 1991; Obeyesekere, Gananath. *The apotheosis of captain Cook: European mythmaking in the Pacific*. Princeton, Princeton University Press, 1992; Pagden, Anthony. *European encounters with the New World: from Renaissance to Romanticism*. New Haven; London, Yale University Press, 1993.

[2] Há uma boa discussão desse assunto com relação à narrativa yup'ik no Alasca num documento de trabalho de Phyllis Morrow, *On shaky ground: folklore, collaboration, and problematic outcomes* (Fairbanks, Department of Anthropology, University of Alaska).

de evidência histórica contidos na tradição oral. Segundo, propiciar uma visão intercultural de como os povos contemporâneos estão *fazendo* uso das tradições orais para falar publicamente de seu passado. Por último, questionar se essa visão propicia alguma orientação etnográfica. Que diretrizes — se é que existe alguma — os historiadores devem seguir para reexaminar a história dos encontros coloniais no Canadá?

Abordagens históricas à análise da tradição oral

As expressões "tradição oral" e "história oral" continuam ambíguas, porque suas definições mudam no uso popular. Às vezes, a expressão "tradição oral" identifica um conjunto de *bens materiais* preservados do passado. Outras vezes, a usamos para falar do processo pelo qual a informação é transmitida de uma geração à seguinte. "História oral" é uma expressão mais especializada, que em geral se refere a um *método* de pesquisa, no qual se faz uma gravação sonora de uma entrevista sobre experiências diretas ocorridas durante a vida de uma testemunha ocular.[3]

Como todas as culturas passaram verbalmente noções essenciais de uma geração a outra, o estudo sério da tradição oral cobre mais de um século.[4] Um breve exame dessa literatura mostra que, apesar de as questões serem antigas, elas ressurgem de tempos em tempos, e os mesmos tipos de respostas continuam sendo reinventados como se fossem, de alguma forma, originais.

No século XIX, por exemplo, os folcloristas europeus consideravam os relatos orais "coisas" isoladas a serem colecionadas, da mesma forma que os colecionadores de museus encaravam os objetos da cultura material. Os folcloristas tratavam as narrativas orais como artefatos culturais que tinham sobrevivido de períodos anteriores — como um tipo de história congelada — e esperavam que essas tradições pudessem con-

---

[3] Para uma discussão das muitas definições de tradição oral e história oral, ver: Vansina, Jan. *Oral tradition as history*. Madison, University of Wisconsin Press, 1985. p. 12-3; Lummis, Trevor. Oral history. In: Bauman, Richard (ed.). *Folklore, cultural performances and popular entertainments*. New York; Oxford, Oxford University Press, 1992. p. 92-7.

[4] Um apanhado geral histórico de abordagens teóricas que combinam as perspectivas da antropologia social britânica e os estudos folclóricos norte-americanos pode ser encontrado em Finnegan, Ruth. *Oral traditions and the verbal arts: a guide to research practices* (London; New York, Routledge, 1992. p. 25-52).

tribuir para desvendar o passado. Baseada numa ideologia de evolução social, essa visão tinha graves falhas. Na melhor das hipóteses, E. B. Tylor e sir James Frazer reconheciam o caráter intelectual da narrativa oral, embora a tratassem como um tipo de prociência ou protorreligião. Na pior, suas abordagens compreendiam uma análise criptorracista do chamado pensamento primitivo.

Ironicamente, tanto as formulações "intelectualistas" quanto as "espiritualistas" estão reaparecendo nos debates atuais, onde o Estado se envolve na avaliação da tradição oral. Uma variação da primeira alternativa surgiu numa sentença de 1991, da Suprema Corte da Colúmbia Britânica, que avaliou as tradições orais em termos de quão bem respondiam às perguntas apresentadas pelas cortes, em linguagem acessível às próprias cortes, julgando-as então inadequadas por esses critérios.[5] A segunda fórmula surge com mais frequência quando grupos de interesse de amplo espectro, alegando ter as melhores e mais politicamente corretas intenções, se apropriam de tradições indígenas, dizendo encontrar nelas evidências de espiritualidade inata ou um conhecimento "natural" da ecologia.[6] Nas duas abordagens, espera-se que as tradições indígenas apresentem respostas para problemas *criados pelos* Estados modernos em termos que sejam *convenientes para* os Estados modernos.

Muitas análises do século XIX ignoravam o caráter social da narrativa, mas uma geração subsequente de acadêmicos mostrou-se muito mais preocupada com o contexto social em que a tradição oral ocorre. Contudo, esses acadêmicos se interessavam mais pelo que a narrativa oral dizia do *presente* do que pelo que dizia do passado. Emile Durkheim, escrevendo em 1915, via a narrativa como uma cola que (com o ritual) ajudava a unir as comunidades.[7] Bronislaw Malinowski, imerso na sociedade trobriandense uma década mais tarde, afirmou que só se podia especular sobre o que a tradição oral realmente significa para os participantes, e que a questão mais importante era observar

---

[5] McEachern, Allen. *Reasons for judgment: Delgamuukv v. B.C.* (Smithers, Supreme Court of British Columbia, 1991. p. 4). Para uma discussão desse julgamento, ver Miller, Bruce G. (ed.). Anthropology and history in the courts. *BC Studies*, 95, Autumn 1992.

[6] Para uma discussão de como essas imagens, uma vez estabelecidas, podem vir a ser usadas contra os povos indígenas, ver: Riordan, Ann Fienup. Original ecologists? The relationship between Yup'ik eskimos and animals. In: Riordan, Ann Fienup (ed.). *Eskimo essays*. New Brunswick; London, Rutgers University Press, 1990. p. 167-91.

[7] Durkheim, Emile. *The elementary forms of religious life*. New York, Free Press, 1915.

como é *utilizada*.[8] Para legitimar instituições sociais, argumentava, há necessidade de um estatuto legal. As regras que governam a vida cotidiana são sempre questionadas. O dia a dia está repleto de inconsistências, diferenças de opinião e reivindicações conflitantes. A tradição oral é um meio de resolver esses conflitos. As pessoas refletem sobre suas tradições orais para dar sentido à ordem social vigente.

Em meados do século XX, os estruturalistas apresentaram uma visão mais complexa. Acadêmicos influenciados por Claude Lévi-Strauss levantaram a tese de que as narrativas orais não têm a ver nem com o passado nem com o presente, são essencialmente expressões da mente humana. E foram adiante: longe de serem explicações diretas, as tradições orais revelam a capacidade dos seres humanos de pensar simbolicamente seus problemas complexos. A vida real é cheia de contradições, e os mitos nos dão meios de lidar com um mundo crivado de tais contradições. Qualquer interpretação de mitos que se valha de significados superficiais ou óbvios é incorreta, porque a realidade está em um nível mais profundo do conhecimento. Em vez de atuarem como reflexos de fato da sociedade, as narrativas orais podem inverter o comportamento social, porque o propósito de tais narrativas é resolver simbolicamente as questões que não podem necessariamente ser resolvidas na esfera da atividade humana.[9]

Outra estrutura que se presta a análise é a que vincula a tradição oral aos movimentos políticos, ampliando a comparação das sociedades em pequena escala para os Estados modernos. Ao longo dos séculos XVIII e XIX, folcloristas, inspirados em von Herder, coletaram e publicaram textos que permitiram às classes letradas identificar raízes no passado e considerar os idiomas propriedade pessoal de grupos específicos. A reificação da tradição oral ilustra dois princípios básicos por meio dos quais o saber local pode ser apropriado e integrado à esfera política. Por um lado, o interesse na tradição oral nasceu das esperanças nacionalistas de que se pudesse reconstituir uma herança cultural perdida ou em processo de desaparecimento para unir uma população. Por outro, esse interesse pode servir de instrumento ao Estado para ampliar

---

[8] Malinowski, Bronislaw. *Argonauts of the Western Pacific*. London, Routledge, 1922; *Myth in primitive psychology*. New York, Norton, 1926.
[9] Ver Lévi-Strauss, Claude. *Structural anthropology*. Garden City, Anchor, 1967 (em especial p. 203-4).

os controles político e administrativo.[10] Na Alemanha do século XIX, por exemplo, um tipo de nacionalismo romântico floresceu como força revolucionária, visando a união de Estados dispersos. Supostas relíquias da tradição antiga foram identificadas e estabelecidas como repositório comum, perdido e poético da herança cultural. Mas, uma vez instalada a rede administrativa para unir esses Estados, as metas da pesquisa do folclore passaram a enfatizar a importância de incorporar o saber local para fins de governança. Aos poucos, a atenção dada à tradição oral converteu-se numa técnica de controle político e da população, introduzida pelo Estado prussiano e que culminou com o advento do fascismo alemão.[11]

Na China, os estudos folclóricos também experimentaram uma relação dúbia com a ideologia do Estado. O folclore surgiu como um campo de estudo na Universidade Nacional de Beijing em 1918. Introduzido num período de instabilidade política e de mudanças, tornou-se uma ferramenta ideológica para legitimar rebeliões populares e destruir o Estado imperial.[12] As tendências românticas e pragmáticas entraram em choque, porém, com os idealistas românticos recuperando seletivamente as tradições que consideravam passíveis de emulação, enquanto os pragmáticos políticos examinavam as tradições que queriam eliminar.[13] Por fim, ambas as formas de discurso político foram suprimidas pelo Estado: os folcloristas mais românticos foram vistos como incentivadores de "crenças irracionais do passado" e os folcloristas pragmáticos como os que acentuavam as diferenças locais da cultura chinesa. Ambos foram vistos como uma ameaça à unidade nacional. Ironicamente, as apresen-

---

[10] Linke, Uli. Anthropology, folklore and the government of modern life. *Comparative Studies in Society and History*, 32:117-48, 1990; Tuohy, Sue. Cultural metaphors and reasoning: folklore scholarship and ideology in contemporary China. *Asian Folklore Studies*, 50:189-220, 1991.

[11] Linke, Uli. 1990:119-35. Ver também: Stein, Mary Beth. Coming to terms with the past: the depiction of Volkskunde in the Third Reich since 1945. *Journal of Folklore Research*, 24 (2):157-85, May/Aug. 1987; Dow, James & Luxfield, Hannjost. National socialist folklore and overcoming the past in the Federal Republic of Germany. *Asian Folklore Studies*, 50:117-53, 1991. Processos parecidos foram documentados na Finlândia, onde a tradição kalevala despertou e intensificou sentimentos nacionalistas desde meados do século XIX até o fim da II Guerra Mundial; ver Wilson, William. *Folklore and nationalism in modern Finland*. Bloomington, Indiana University Press, 1976.

[12] Chang-tai, Hung. *Going to the people: Chinese intellectuals and folk literature, 1918-1937*. Cambridge, Harvard Asian Studies Series, 1985. p. 10-2.

[13] Linke, 1990:139-42.

tações públicas de música étnica e cultura material voltaram a receber incentivo oficial, desta vez como meio de demonstrar a capacidade do Estado de valer-se da diversidade para promover a unificação do sentimento nacionalista.[14]

Este breve apanhado da situação indica, portanto, que a narrativa oral tem sido analisada tanto como evidência sobre o passado quanto como evidência sobre a construção social do presente. Exemplos extraídos da história recente apontam ligações entre a tradição oral e a criação de nações, salientando a distinção imprecisa entre as metas da autonomia cultural e as do pragmatismo burocrático. O poder cumulativo desses pontos de vista é o reconhecimento crescente de que a tradição oral vincula o presente ao passado. Isso continua sendo de especial importância nas sociedades indígenas, nas quais o conhecimento genealógico tem papel significativo na explicação das regras que governam a organização social.

Abordagens atuais à análise da tradição oral

Os estudos recentes estão mais propensos a avaliar a tradição oral por si mesma do que como uma ilustração de algum outro processo. Focalizam não só a formação das narrativas como também o posicionamento dessas formas narrativas nas hierarquias de outras narrativas. Levar a sério os relatos orais não significa considerar que eles falam por si mesmos de uma forma simples ou que seus significados são autoevidentes. Uma das observações mais incisivas da antropologia contemporânea é que o significado não é fixo: ele precisa ser estudado na prática.

Em termos gerais, a tradição oral (como a história ou a antropologia) pode ser vista como um sistema coerente e aberto para construir e transmitir conhecimentos. A tradição oral e a pesquisa acadêmica podem ter ideias diferentes acerca do que seja uma evidência legítima, e suas explicações certamente são estruturadas de forma diferente. Não se pode compará-las facilmente ou avaliar sua precisão ou veracidade necessariamente em termos positivistas. Assim sendo, os trabalhos acadêmicos podem ser entendidos como outra forma de narrativa, estruturada pela linguagem do discurso acadêmico.[15]

---

[14] Tuohy, 1991:189-220.
[15] Ver, por exemplo, Cronon, William. A place for stories: nature, history, and narrative. *Journal of American History*, 78(4):1.347-76, Mar. 1992.

Os relatos orais sobre o passado englobam explicitamente a experiência subjetiva. Isso já foi considerado uma limitação, mas hoje é reconhecido como uma das principais virtudes da história oral: fatos pinçados aqui e ali nas histórias de vida dão ensejo a percepções de como um modo de entender o passado é construído, processado e integrado à vida de uma pessoa.[16] Os antropólogos e historiadores que incorporam essa subjetividade a suas análises tendem a adotar duas abordagens diferentes. Uma focaliza o que os depoimentos revelam sobre a história social: as complexidades da vida cotidiana e as contradições inerentes às relações de poder. A outra abordagem se interessa mais pela formação das narrativas e pelos meios que estas formas narrativas empregam para influenciar e firmar a memória.

Pode-se fundamentar essa discussão relacionando-a às observações extraídas de quatro contextos culturais diferentes: as observações de um antropólogo que trabalha nas Filipinas, de um historiador que trabalha na Nova Zelândia, de um etno-historiador da África oriental e de uma aliança de comunidades indígenas do noroeste da Colúmbia Britânica que faz sua própria representação pública da tradição oral num tribunal de justiça. É interessante considerar esses casos por causa dos diferentes pontos de vista de seus autores e porque cada um deles levanta questões sobre o vínculo da memória ao lugar e à família, assim como sobre as consequências da reificação, quando se comparam as tradições orais aos documentos escritos.

Quando Renato Rosaldo começou seu trabalho com o povo ilongot nas Filipinas nos anos 70, seu objetivo era reconstruir a história desse povo desde meados do século XIX até o presente, usando fontes orais. Uma das principais contribuições de seu trabalho foi demonstrar que nossas expectativas e definições do que venha a ser história oral podem, na verdade, prejudicar nossa capacidade de escutar o que está sendo dito. Ele explica, por exemplo, que, quando indagou sobre a invasão japonesa na II Guerra Mundial, esperava ouvir uma variedade de narrativas pessoais. As pessoas, ao contrário, responderam com longas listas de nomes de lugares e, à medida que falavam, choravam. Transcrevendo esses nomes com um misto de constrangimento e perplexidade, ele não conseguia

---

[16] Para uma discussão sobre o assunto, ver Leydesdorff, Selma. A shattered silence: the life stories of survivors of the Jewish proletariat of Amsterdam. In: Passerini, Luisa (ed.). *Memory and totalitarianism*. Oxford, Oxford University Press, 1992. p. 145-63.

entender por que nomes de lugares causavam tanta emoção; só mais tarde veio a entender *como* esses nomes vinculavam mensagens pessoais importantes a lugares.

É um erro equiparar os depoimentos orais aos documentos escritos, diz ele. Assim que o fazemos, passamos inevitavelmente a conceber a tradição oral como "uma narrativa não distorcida, transmitida através de um conduto" e a avaliar o que ouvimos em termos positivistas.[17] Isso leva ao mesmo erro cometido pelos primeiros folcloristas: à busca dos assim chamados relatos originais, autênticos ou acurados. Quando agimos desse modo, pode nos escapar por completo o que a tradição oral realmente *faz* e como *é usada*.

Os depoimentos orais, segundo Rosaldo, devem ser ouvidos no contexto específico em que são feitos. Não são documentos a serem estocados para uma recuperação posterior. São formas culturais que organizam a percepção, não "recipientes de fatos em estado bruto", porque *todos* os fatos são culturalmente mediados. Em seu próprio trabalho com o povo ilongot, Rosaldo descobriu que a tradição oral está mapeada na paisagem, de modo muito semelhante ao empregado pelos ocidentais com o calendário. Os acontecimentos estão vinculados a lugares e as pessoas usam localizações no espaço para falar de eventos ocorridos ao longo do tempo.

A advertência etnográfica de Rosaldo é clara: estude o texto. Não olhe através dele, em torno dele ou por trás dele. O que as pessoas dizem está intimamente ligado ao como dizem. Quando se vasculha as narrativas de outras pessoas em busca de "fatos" corre-se o sério risco de não entender seus significados.[18] As tradições orais não podem ser guardadas com a ideia de determinar seus significados retrospectivamente; seus significados emergem do modo pelo qual são usados na prática.

Na Nova Zelândia, onde uma população maori oral e articulada constitui um quarto dos habitantes do país, a historiadora Judith Binney resolveu comparar as características das histórias orais dos maoris com os textos escritos dos pakehas. Rosaldo focaliza as diferenças entre as narrativas orais e escritas, mas Binney assinala que elas têm certas características em comum. *Todas* são estruturadas, interpretativas, combativas

---

[17] Rosaldo, Renato. Doing oral history. *Social Analysis*, 4:89-99, 1980.
[18] Rosaldo, 1980:92.

e tanto subjetivas como objetivas. "A história", afirma, "é a configuração do passado por aqueles que vivem no presente. Todas as histórias derivam de um tempo específico, de um lugar específico e de uma herança cultural específica."[19] Frequentemente, os historiadores questionam a confiabilidade das histórias orais, alegando que, pelo fato de poderem mudar com o tempo, criam problemas para avaliar seu conteúdo factual. Binney inverte essa fórmula: uma boa euro-história ocidental, afirma, tem um período de vida de cerca de 10 a 15 anos antes de ser reinterpretada: em contraposição, a vida de uma história oral é bem mais longa. Embora os detalhes, os participantes e os símbolos num relato oral possam mudar, seu propósito, como o da história escrita, é permitir que as pessoas deem novas interpretações ao passado e ao presente.

As histórias orais dos maoris e os textos escritos dos pakehas são passados adiante de diferentes maneiras e têm diferentes propósitos. A história maori é transmitida a ouvintes por meio de narrativas, canções e provérbios. Seus interesses são a família e a genealogia. Seu objetivo é dar significado aos eventos e validar os direitos da família ao poder e ao saber. A história pakeha é transmitida por escrito a leitores. É definida como uma narrativa política, com o propósito de apagar todas as outras interpretações. Suas noções de causalidade e consequência são tão culturais quanto os interesses maoris; apenas são diferentes. O desafio para o historiador ocidental é entender que a história oral maori representa mais do que fontes alternativas, ou mesmo perspectivas alternativas. Ela tem seus próprios objetivos, e a principal obrigação do historiador é apurá-los e ser responsável com relação a eles. A autora conclui que não há como acabar com as contradições naquilo que constitui a história — oral e escrita. As narrativas podem ser justapostas, diz ela, mas não necessariamente conciliadas num todo íntegro.[20]

Trabalhando na África oriental, David Cohen trata dos problemas criados por uma definição reificada de tradição oral. Como Binney, trabalha numa região onde existe uma quantidade significativa de registros de história oral, mas como Rosaldo não gosta de pensar na história oral como produto, e sim como parte do processo social.

---

[19] Binney, Judith. Maori oral narratives, Pakeha written texts: two forms of telling history. *New Zealand Journal of History*, *21*(1):16-28, 1987.
[20] Binney, 1987:27-8.

Desde os primórdios da descolonização nos anos 20, Cohen assinala, tem havido uma ativa produção de histórias orais escritas em Busoga, Uganda. O processo de registrar de fato essas histórias ocorreu num momento crucial, que coincidiu com um período de mudanças de poder e de efervescência política, no qual os poderes coloniais deixavam Uganda e certos clãs ansiavam por ascender de posição perante os demais clãs. Os clãs que dispunham de recursos para registrar suas genealogias e relatar suas histórias assim o fizeram, e as oportunidades criadas para que os mais jovens trabalhassem com os mais velhos geraram um enorme interesse pelo tema da história dos clãs. Com o tempo, os depoimentos que haviam sido escritos passaram a gozar de certo prestígio e aos poucos assumiram o caráter de história oficial. Esses relatos inevitavelmente marginalizaram outros clãs menos poderosos.[21]

Mais interessantes que essas histórias oficiais — diz Cohen —, são as reações daqueles cujas histórias foram omitidas no processo. Nunca aceitaram que os relatos registrados representassem *seus* interesses, nem, a seus olhos, as versões escritas se revestiam de qualquer autoridade especial. Para os clãs menos poderosos, a tradição oral continua a ser viável, ativa, debatida, discutida e revista nas atividades, nos gestos e falas do dia a dia, "não simplesmente dada ou passada adiante, mas (...) contínua e ativamente reunida e dissecada".[22] Precisamos ter cuidado para não reificar a tradição oral, diz Cohen, porque isso inevitavelmente privilegia determinadas classes ou clãs, cujas tradições mais se aproximam de nossas próprias definições.

Se verificarmos como a tradição oral é utilizada na prática, veremos que, para a maioria das pessoas, ela não é um conjunto de textos formais: é uma parte viva, vital da vida. "O conhecimento do passado não são aqueles remanescentes mortos e quase mortos de uma cultura oral passada, transmitidos por estreitos canais de geração a geração,[23] mas está relacionado com a inteligência crítica e a utilização ativa do conhecimento. E ainda, é mais includente que excludente. As pessoas sempre reconhecerão que alguns anciãos sabem ou lembram mais do que outros, do mesmo modo que reconhecerão o valor das versões escritas

---

[21] Cohen, David William. The undefining of oral tradition. *Ethnohistory*, 36(1):9-18, Winter 1989; Vansina, 1985:107-8.
[22] Cohen, 1989:9-18.
[23] Ibid.:12.

de relatos orais. Mas, nem os anciãos respeitados nem os textos escritos põem um ponto final na discussão e na circulação do conhecimento histórico nas comunidades.

As observações anteriores sobre a importância do lugar e da família e sobre a natureza polêmica da tradição oral convergem no quarto exemplo, do Noroeste canadense. Esse caso difere dos demais, porém, porque trata dos problemas com que se defrontam as comunidades de nações primitivas quando se empenham na autorrepresentação, formal e pública, perante a justiça. Também aponta alguns dos problemas que surgem quando o Estado se propõe a codificar a tradição oral.

No fim dos anos 80, os chefes hereditários dos gitksans e wet'suwet'ens decidiram defender seus direitos de propriedade da terra perante a Suprema Corte da Colúmbia Britânica. Assumiram o enorme risco de tentar estabelecer sua relação com a terra em seus próprios termos, a partir de suas próprias perspectivas, usando tradições orais há muito estabelecidas como meio de defender sua causa perante a corte. Apresentaram em público narrativas, canções e danças que só costumavam ser realizadas no contexto da comunidade, apresentando-as como declarações simbólicas complexas sobre os vínculos do povo com o lugar. Reconhecendo que defendiam sua causa num tribunal de justiça, que tem procedimentos institucionalizados para dirimir conflitos, sua argumentação legal foi estruturada de modo a atender aos requisitos da corte. Alegavam o seguinte: primeiro, que eles, os gitksans e wet'suwet'ens, viviam em sociedades organizadas nessa região antes dos primeiros contatos com os europeus; segundo, que continuavam a viver em sociedades organizadas, com referências específicas à casa e ao clã; e terceiro, que o vínculo entre a organização social passada e presente podia ser demonstrado através de tradições orais. Sustentaram ainda que a tradição oral era uma declaração de direito à terra e passaram a especificar *como* suas tradições orais demonstram esse direito.[24]

Estruturaram sua causa referindo-se a dois tipos específicos de tradição oral — o *adaawk* dos gitksans (reminiscências sagradas sobre antepassados, histórias e territórios essenciais à organização social das casas gitksans) e o *kungax* dos wet'suwet'ens (canções sobre trilhas entre territórios fundamentais para as casas wet'suwet'ens). Sua declaração de direitos afirma que *as expressões de propriedade* da terra advêm dos *ada-*

---

[24] McEachern, 1991:45.

awk, kungax, canções e emblemas cerimoniais; que a *confirmação de propriedade* advém dos tótens, erguidos para dar àquelas expressões uma base material; e que a *declaração de propriedade* dos territórios específicos é apresentada à corte através de reivindicações específicas. Em outras palavras, argumentavam que existe uma relação complexa unindo a história, as apresentações dos *adaawk* e *kungax*, e a terra.

Também tentaram fazer ver à corte seu modo de entender a importância simbólica da tradição oral. No mínimo, afirmaram, as tradições orais servem de evidência para acadêmicos como arqueólogos, antropólogos, linguistas e historiadores que estudam o passado. Mas, continuaram, as tradições orais são muito mais que uma história literal e a causa exposta à Suprema Corte *não* dependia da precisão literal dessas histórias para estabelecer ligações entre organização social e posse da terra.[25]

Por diversas razões, já discutidas em outros trabalhos,[26] o juiz McEachern não acatou seus pontos de vista sobre os conceitos contidos na tradição oral. Apesar das advertências dos apelantes, para que as tradições orais não fossem avaliadas em função de uma definição positivista da "verdade", o juiz negou seu valor como evidência precisamente por essa razão.[27] Sua exposição de motivos para a sentença publicada e distribuída em um volume encadernado é um bom exemplo do peso desigual atribuído a narrativas diferentes. A lição patente disso tudo parece ser que tirar a tradição oral de um contexto onde dispensa explicações e apresentá-la em um contexto onde está sujeita à avaliação do Estado cria enormes problemas para a boa compreensão de seu valor histórico.

O ponto em comum desses quatro exemplos de partes tão diferentes do mundo são as perguntas similares que suscitam: Como as formas narrativas que permitem que as pessoas processem, lembrem e transmitam conhecimentos sobre o passado variam de uma sociedade para outra? Tais narrativas referem-se basicamente ao passado ou estão estruturadas tendo em vista preocupações atuais prementes? O que nos informam acerca dos processos sociais que envolvem a transmissão de narra-

---

[25] McEachern, 1991.
[26] Ver *BC Studies*, 95, Autumn 1992.
[27] Ver McEachern, *Judgement*: 75. O juiz McEachern observou: Não posso aceitar *adaawk*, *kungax* e tradições orais como fundamentos confiáveis para a história circunstanciada, mas estes podem confirmar conclusões baseadas em outras evidências admissíveis.

tivas orais em sociedades em que o conhecimento essencial é transmitido verbalmente?

No mínimo, os casos discutidos contestam nossas definições de lugar e de evento. A tradição oral vincula a história ao *lugar*, mas também põe em xeque nossa noção do que *seja* realmente lugar. Em geral, consideramos o lugar simplesmente como uma localização — um cenário ou palco onde as pessoas fazem coisas. As tradições indígenas tornam o lugar fundamental para a compreensão do passado, e mapeiam os eventos ao longo de montanhas, trilhas e rios que ligam territórios.[28] A tradição oral também complica nossas definições do que seja um *evento*. Costumamos considerar o evento um incidente isolado, aparentemente circunscrito, e vemos as histórias como ilustrações que podem complementar nossa compreensão de tais eventos. Mas nossas definições refletem nossas próprias histórias e os eventos definidos por um historiador podem parecer epifenomenais nos relatos indígenas que invocam um tipo ou sequência de causalidade muito diferente.[29]

Os exemplos também dizem respeito à ampla questão de como as tradições orais indígenas se incorporam aos processos sociais, sobretudo quando são utilizadas para debater questões polêmicas. As tradições orais não podem ser tratadas simplesmente como evidências que são vasculhadas para se chegar a "fatos"; elas são contadas por pessoas cujos pontos de vista diferem inevitavelmente, dependendo do contexto, da posição social e do grau de envolvimento.[30] Muito frequentemente, a noção de história comunitária pressupõe uma homogeneidade de opiniões e interesses que não existe hoje e não se pode presumir que tenha existido em outras épocas e lugares. Mas mesmo quando os detalhes dos relatos individuais e familiares variam, todos indicam a importância da terra e da família como pon-

---

[28] Rodman, Margaret. Empowering place: multilocality and multivocality. *American Anthropologist*, 94(3):640-56, Sept. 1992. Ver também: Harwood, Frances. Myth, memory and oral tradition: Cicero in the Trobriands. *American Anthropologist*, 78(4):783-96, Dec. 1976; Cruikshank, Julie. Getting the words right: perspectives on naming and places in Atrapaskan oral history. *Arctic Anthropology*, 27(1):52-65, 1990.

[29] Fogelson. Events. Por exemplo, a corrida do ouro de Klondike pode ser rastreada até uma "descoberta" comprovada, numa data específica e por indivíduos identificados, e está registrada em muitos livros. Os relatos indígenas sobre a descoberta de ouro definem o "evento" de forma bastante diferente. Ver: Cruikshank, Julie. Images of society in Klondike gold rush narratives: Shookum Jim and the discovery of gold. *Ethnohystory*, 39(1):20-41, Winter 1992.

[30] Obeyesekere, 1992:139.

tos de apoio da memória. Isso é particularmente importante, tendo em vista as constantes pressões que o capitalismo industrial e a administração burocrática exercem tanto sobre a terra quanto sobre as antigas instituições associadas com o parentesco. A genealogia e o lugar tornam-se pontos focais pelos quais a memória pode resistir à burocracia impessoal.

Por fim, esses exemplos sugerem que definições reificadas da tradição oral têm consequências metodológicas. Tratar relatos orais gravados como se fossem documentos escritos, que podem ser estocados agora e analisados mais tarde, é problemático, caso a prática se difunda. O uso retrospectivo de tais documentos apresenta dificuldades, porque a compreensão dos contextos em que foram apresentados, das ocasiões que destacam e dos assuntos controversos que abordam terá provavelmente se perdido. É inevitável que sejamos cautelosos acerca de tentativas de codificar a tradição oral — de articular numa estrutura ocidental conceitos fundamentados em estruturas de significados indígenas.

Instrução etnográfica: para onde nos conduz?

Os exemplos tirados das Filipinas, da Nova Zelândia, de Uganda e da Colúmbia Britânica mostram que uma das contribuições mais diretas que a tradição oral pode prestar ao discurso acadêmico é complicar nossas perguntas. Historiadores e antropólogos, imersos no projeto de reexaminar o passado, indagam sobre o que realmente aconteceu, como incorporar os pontos de vista dos diversos participantes e como avaliar diferentes tipos de evidências, mas essas questões são em geral levantadas tomando por base conceitos e categorias ocidentais. As questões levantadas pelos povos indígenas muito provavelmente procurarão saber de quem é a história que faz a história legítima. Quem identifica os "eventos" reunidos no texto histórico? Como se constitui o significado de "lugar"? Quais os problemas que surgem quando se tenta codificar tradições orais como "fontes" históricas?[31]

Questões sobre a reconstrução histórica da história indígena estão inseridas em debates mais amplos sobre o privilégio concedido à teoria e a questão da autoexpressão. Uma corrente sustenta que o estudo de sociedades autônomas de pequena escala é irrelevante, se não um erro, porque ignora o sistema mundial no qual todas as economias estão

---

[31] Por exemplo, num *workshop* sobre a história da história aborígine do Canadá, promovido por Parks Canada, em Ottawa, em 21 e 22 de janeiro de 1993, os aborígines passaram dois dias praticamente reformulando as *perguntas* apresentadas pelos historiadores.

inseridas. Os tentáculos do capitalismo mercantil, do capitalismo industrial e do socialismo estatal penetraram tão profundamente nos pontos mais remotos do mundo e por tanto tempo, que é fútil falar de povos indígenas como se tivessem, hoje ou no passado, sistemas sociais autônomos autorreguladores.[32] Uma postura cultural construcionista oposta sugere que a cultura está sempre em processo de ser redesenhada em decorrência de condições externas. A cultura, por este ponto de vista, não é um conjunto empírico de características passadas intactas de uma geração a outra; e sim, criativamente reconstruída a cada geração para solucionar problemas sociais e políticos do presente. E mais, este é um processo humano normal e provavelmente sempre o foi.[33]

Richard Lee, um antropólogo cujo trabalho vem-se baseando nessa controvérsia há mais de duas décadas, assinala que, apesar desses dois paradigmas serem em geral apresentados como concorrentes, quando se atenta para suas conclusões lógicas, têm o efeito comum de marginalizar as histórias das sociedades de pequena escala.[34] Um faz isso negando a existência de sociedades autônomas de pequena escala; o outro, inferindo que suas histórias são de alguma forma "inventadas". Também compartilham a tendência de *presumir* compreender o processo histórico e de projetar no passado formulações teóricas contemporâneas sem necessariamente demonstrar compreender o ofício do historiador. Como diz Lee, esse apagamento da memória afeta a todos nós. Se descartamos ou omitimos as contribuições históricas das sociedades de pequena escala, arriscamo-nos a perder evidências da diversidade humana e de soluções alternativas para problemas humanos complexos.

---

[32] Para uma definição clássica dessa tese, ver Wolf, Eric R. *Europe and the people without history*. Berkeley, University of California Press, 1982. Este é precisamente o argumento apresentado pelos defensores do inquérito sobre o oleoduto do vale Mackenzie e do projeto hidrelétrico da baía de James, no norte do Canadá. Para uma crítica, ver Usher, Peter. Northern development, impact assessment and social change. In: Dyck, Noel & Waldram, James B. (eds.). *Anthropology, public policy and native peoples in Canada*. Montreal; Kingston, McGill-Queen's University Press, 1993. p. 98-130.

[33] Há um sumário das questões levantadas por essa postura em Linnekin, Jocelyn. On the theory and politics of cultural construction in the Pacific. *Oceania*, 5(62):250-1, 1992. Ela observa que a literatura é controversa porque o termo "invenção" implica criatividade em alguns contextos e dissimulação em outros.

[34] Lee, Richard. Art, science or politics. *American Anthropologist*, 94(1):31-54, Mar. 1992.

3

Trajetória

Capítulo 12

Usos da biografia*

Giovanni Levi

Raymond Queneau diz que "houve épocas em que se podia narrar a vida de um homem abstraindo-se de qualquer fato histórico".[1] Também poder-se-ia dizer que houve épocas — talvez mais próximas — em que era possível relatar um fato histórico abstraindo-se de qualquer destino individual. Vivemos hoje uma fase intermediária: mais do que nunca a biografia está no centro das preocupações dos historiadores, mas denuncia claramente suas ambiguidades. Em certos casos, recorre-se a ela para sublinhar a irredutibilidade dos indivíduos e de seus comportamentos a sistemas normativos gerais, levando em consideração a experiência vivida; já em outros, ela é vista como o terreno ideal para provar a validade de hipóteses científicas concernentes às práticas e ao funcionamento efetivo das leis e das regras sociais. Arnaldo Momigliano assinalou ao mesmo tempo a ambiguidade e a fecundidade da biografia: por um lado, "não admira que a biografia esteja se instalando no centro da pesquisa histórica. Enquanto os primórdios do historicismo tornam mais complexas quase todas as formas de história política e social, a biografia permanece algo relativamente simples. Um indivíduo tem limites claros, um número restrito de relações significativas... A biografia se abre a todo

---

* Levi, Giovanni. Les usages de la biographie. *Annales*. Paris (6):1.325-36, nov./déc. 1989.
[1] Queneau, Raymond. L'histoire dans le roman. *Front National*, 4(8), 1945.

tipo de problemas dentro de fronteiras bem-definidas".[2] Por outro lado, no entanto, "os historiadores serão um dia capazes de enumerar os incontáveis aspectos da vida? Doravante a biografia assume um papel ambíguo em história: pode ser um instrumento da pesquisa social ou, ao contrário, propor uma forma de evitá-la".[3]

Não pretendo retomar um debate que sempre foi inerente às ciências sociais e à historiografia e que Pierre Bourdieu qualificou, com sua salutar ferocidade, de absurdo científico.[4] Mas creio que, num período de crise dos paradigmas e de questionamento construtivo dos modelos interpretativos aplicados ao mundo social, o recente entusiasmo dos historiadores pela biografia e a autobiografia merece algumas observações que podem contribuir para a reflexão reclamada pelo editorial dos *Annales* (n. 2, 1988).

A meu ver, a maioria das questões metodológicas da historiografia contemporânea diz respeito à biografia, sobretudo as relações com as ciências sociais, os problemas das escalas de análise e das relações entre regras e práticas, bem como aqueles, mais complexos, referentes aos limites da liberdade e da racionalidade humanas.

* * *

Um primeiro aspecto significativo refere-se às relações entre história e narrativa. A biografia constitui na verdade o canal privilegiado através do qual os questionamentos e as técnicas peculiares da literatura se transmitem à historiografia. Muito já se debateu esse tema, que concerne sobretudo às técnicas argumentativas utilizadas pelos historiadores. Livre dos entraves documentais, a literatura comporta uma infinidade de modelos e esquemas biográficos que influenciaram amplamente os historiadores. Essa influência, em geral mais indireta do que direta, suscitou problemas, questões e esquemas psicológicos e comportamentais que puseram o historiador diante de obstáculos documentais muitas vezes in-

---

[2] Momigliano, Arnaldo. Storicismo rivisitato. In: *Fondamenti della storia antica*. Torino, 1984. p. 464.
[3] Momigliano, Arnaldo. *Lo sviluppo della biografia greca*. Torino, 1974. p. 8.
[4] ("A oposição cientificamente absurda entre indivíduo e sociedade.") Bourdieu, Pierre. Fieldwork in philosophy. In: *Choses dites*. Paris, 1987. p. 43.

transponíveis: a propósito, por exemplo, dos atos e dos pensamentos da vida cotidiana, das dúvidas e das incertezas, do caráter fragmentário e dinâmico da identidade e dos momentos contraditórios de sua constituição.

Obviamente as exigências de historiadores e romancistas não são as mesmas, embora estejam aos poucos se tornando mais parecidas. Nosso fascínio de arquivistas pelas descrições impossíveis de corroborar por falta de documentos alimenta não só a renovação da história narrativa, como também o interesse por novos tipos de fontes, nas quais se poderiam descobrir indícios esparsos dos atos e das palavras do cotidiano. Além disso, reacendeu o debate sobre as técnicas argumentativas e sobre o modo pelo qual a pesquisa se transforma em ato de comunicação por intermédio de um texto escrito.

Pode-se escrever a vida de um indivíduo? Essa questão, que levanta pontos importantes para a historiografia, geralmente se esvazia em meio a certas simplificações que tomam como pretexto a falta de fontes. Meu intento é mostrar que essa não é a única e nem mesmo a principal dificuldade. Em muitos casos, as distorções mais gritantes se devem ao fato de que nós, como historiadores, imaginamos que os atores históricos obedecem a um modelo de racionalidade anacrônico e limitado. Seguindo uma tradição biográfica estabelecida e a própria retórica de nossa disciplina, contentamo-nos com modelos que associam uma cronologia ordenada, uma personalidade coerente e estável, ações sem inércia e decisões sem incertezas.

* * *

Nesse sentido, Pierre Bourdieu falou acertadamente de "ilusão biográfica", considerando que era indispensável reconstruir o contexto, a "superfície social" em que age o indivíduo, numa pluralidade de campos, a cada instante.[5] Porém a dúvida com relação à própria possibilidade da biografia é um fator recorrente. A biografia pública, exemplar, moral, não foi objeto de um questionamento progressivo; foram antes oscilações, sempre em relação estreita com os momentos de crise na definição da racionalidade e também com os momentos em que o confronto entre

---
[5] Bourdieu, Pierre. L'illusion biographique. *Actes de la Recherche en Sciences Sociales* (62-63): 69-72, juin 1986.

indivíduo e instituições se tornou mais agudo. Isso foi evidentemente o que sucedeu durante boa parte do século XVIII com o debate que se estabeleceu acerca da possibilidade de escrever a vida de um indivíduo. Partindo do romance (Sterne, Diderot), porquanto este tentava construir a imagem de um homem complexo, contraditório, cujo caráter, opiniões e atitudes estavam em perpétua formação, essa crise chega à autobiografia (Rousseau) e finalmente à biografia propriamente dita. Tal período apresenta muitas analogias com o nosso: a consciência de uma dissociação entre o personagem social e a percepção de si adquire aí particular intensidade. Os limites da biografia foram então claramente percebidos, ao mesmo tempo que se assistia ao triunfo do gênero biográfico.

Marcel Mauss assim descreve a diferença entre personagem social e percepção de si: "É evidente, sobretudo para nós, que nenhum ser humano deixou jamais de ter a percepção não apenas de seu corpo, mas também de sua identidade espiritual e corporal ao mesmo tempo". Todavia essa percepção do eu não corresponde ao modo pelo qual "ao longo dos séculos, em inúmeras sociedades, se elaborou lentamente não a percepção do 'eu', mas a noção, o conceito".[6] De fato, parece evidente que em certas épocas a noção de si socialmente construída foi particularmente restrita: em outras palavras, o que era tido como socialmente determinante e comunicável apenas encobria de maneira bastante inadequada o que a própria pessoa considerava essencial. Esse problema, hoje colocado às claras, é o mesmo que o século XVIII havia explicitamente formulado.

* * *

Podemos então partir de alguns exemplos do século XVIII. *Tristram Shandy*, de Sterne, pode ser considerado o primeiro romance moderno precisamente por ressaltar a extrema fragmentação de uma biografia individual. Tal fragmentação se traduz pela constante variação dos tempos, pelo recurso a incessantes retornos e pelo caráter contraditório, paradoxal, dos pensamentos e da linguagem dos protagonistas. Pode-se acrescentar que o diálogo entre Tristram, o autor e o leitor é um dos traços característicos do livro. Trata-se de um meio eficaz de construir

---

[6] Mauss, Marcel. *Sociologie et anthropologie*. 8 ed. Paris, PUF, 1983. p. 335.

uma narrativa que dê conta dos elementos contraditórios que constituem a identidade de um indivíduo e das diferentes representações que dele se possa ter conforme os pontos de vista e as épocas.

Diderot era um grande admirador de Sterne e concordava com a sua opinião de que a biografia era incapaz de captar a essência de um indivíduo. Não que rejeitasse o gênero biográfico; entendia, mais precisamente, que a biografia, embora incapaz de ser realista, tinha uma função pedagógica na medida em que apresentava personagens célebres e revelava-lhes as virtudes públicas e os vícios privados. Aliás, muitas vezes Diderot acalentou o projeto de escrever uma autobiografia, antes de concluir pela sua impossibilidade.[7] Mesmo assim sua obra está repleta de alusões autobiográficas, cujos exemplos mais característicos se encontram em estado fragmentário em *Jacques o fatalista*. Aqui o problema da individualidade é resolvido pelo recurso ao diálogo: o jovem Jacques e seu velho mestre têm cada qual sua própria vida e trocam seus pontos de vista e não raro seus papéis. Dessa colaboração dialógica e concertada nasce um personagem (em boa parte autobiográfico) que parece ao mesmo tempo jovem e velho. Verdade e ilusão literária, autobiografia e multiplicação dos personagens têm lugar nessa oscilação; cada momento particular, tomado isoladamente, só pode ser uma deformação em relação à construção de personagens que não obedecem a um desenvolvimento linear e que não seguem um itinerário coerente e determinado.

Passemos agora a um exemplo clássico de autobiografia: as *Confissões* de Rousseau. À primeira vista, esse exemplo parece contradizer a impressão de que na segunda metade do século XVIII chegou-se a duvidar da possibilidade de fazer uma autobiografia. Rousseau não só acreditava ser possível (talvez somente para ele) narrar a vida de um homem, como também entendia que essa narrativa podia ser totalmente verídica: "Eis o único retrato de homem, pintado exatamente ao natural e em toda a sua verdade, que existe e que provavelmente jamais existirá". Logo de saída, mal começa a escrever, o autor se vê diante de um projeto que talvez seja possível, mas que em todo caso será único: "Tenho em mente um projeto do qual jamais houve exemplo e cuja execução não terá nenhum imitador". De certo modo, o futuro mostraria que ele estava errado. É bem conhecida a acolhida que tiveram as *Con-*

---

[7] Quanto às opiniões de Diderot e de Rousseau sobre a biografia e a autobiografia, ver Bonnet, Jean-Claude. Le fantasme de l'écrivain. *Poétique*, 63:259-78, sept. 1985.

fissões: quando Rousseau submeteu seu manuscrito à leitura, ele foi, segundo suas palavras, malcompreendido e mal-interpretado. A autobiografia era possível, mas não se podia comunicar sua verdade. Ante essa impossibilidade, não de evocar sua própria vida, mas de contá-la sem que fosse deformada ou alterada, Rousseau preferiu desistir. Também ele pensava que só existia uma solução narrativa, a do diálogo, e nos anos que se seguiram à redação das *Confissões* ele retomou seu teor sob a forma dialogal em *Jean-Jacques julga Rousseau,* procedendo assim a um desdobramento de seu personagem. Para Rousseau, assim como para Diderot ou Sterne (e anteriormente Shaftesbury, que foi talvez o inspirador dessa solução), o diálogo não era apenas o meio de criar uma comunicação menos equívoca; era também uma forma de restituir ao sujeito sua individualidade complexa, livrando-o das distorções da biografia tradicional que pretendia, como numa pesquisa entomológica, observá-lo e dissecá-lo objetivamente.

Essa crise, que merecia ser analisada mais detidamente, começou no romance e estendeu-se à autobiografia. Mas só teve repercussão limitada na biografia histórica (ainda que fosse conveniente deter-se mais na vida de Johnson escrita por Boswell e em particular no papel da imaginação na reconstrução dos diálogos pelo autor. Mas também aqui o problema da relação entre autor e personagem remete às observações anteriores sobre o desdobramento dos pontos de vista).[8] Chegou-se a um meio-termo na biografia moral, que na verdade renunciava à exaustividade e à veracidade individuais para buscar um tom mais didático, acrescentando às vezes paixões e emoções ao conteúdo tradicional das biografias exemplares, a saber, os feitos e as atitudes do protagonista. A bem dizer, essa simplificação supõe uma certa confiança na capacidade da biografia para descrever o que é significativo em uma vida. Tal confiança culminaria aliás no positivismo e no funcionalismo, com os quais a seleção de fatos significativos iria acentuar o caráter exemplar e tipológico das biografias, privilegiando a dimensão pública em vez da dimensão privada e considerando insignificantes os desvios dos modelos propostos.

Todavia a crise ressurgiu no século XX, ligada ao advento de novos paradigmas em todos os campos científicos: crise da concepção

---

[8] Ver Dowling, William C. Boswell and the problem of biography. In: Aaron, Daniel (ed.). *Studies in biography*. Cambridge, Mass., Cambridge University Press, 1978. p. 73-93.

mecanicista na física, surgimento da psicanálise, novas tendências na literatura (basta citar os nomes de Proust, Joyce e Musil). Já não são mais as propriedades e sim as probabilidades que constituem o objeto da descrição. A ciência mecanicista repousava na estrita delimitação do que podia e devia se produzir nos fenômenos naturais. Veio substituí-la uma lei de proibição que, ao contrário, definia o que não podia se produzir: assim, tudo o que pode suceder sem contradizê-la faz parte dos fatos. Nesse contexto, é essencial conhecer o ponto de vista do observador; a existência de uma outra pessoa em nós mesmos, sob a forma do inconsciente, levanta o problema da relação entre a descrição tradicional, linear, e a ilusão de uma identidade específica, coerente, sem contradição, que não é senão o biombo ou a máscara, ou ainda o papel oficial, de uma miríade de fragmentos e estilhaços.

A nova dimensão que a pessoa assume com sua individualidade não foi portanto a única responsável pelas perspectivas recentes quanto à possibilidade ou impossibilidade da biografia. De modo sintomático, a própria complexidade da identidade, sua formação progressiva e não linear e suas contradições se tornaram os protagonistas dos problemas biográficos com que se deparam os historiadores. A biografia continuou a desenvolver-se, mas de forma cada vez mais controversa e problemática, relegando ao segundo plano aspectos ambíguos e irresolutos que me parecem constituir hoje um dos principais focos de confronto na paisagem historiográfica. Como pano de fundo, temos uma nova abordagem das estruturas sociais: em particular, a reconsideração das análises e dos conceitos relativos à estratificação e à solidariedade sociais nos induz a apresentar de modo menos esquemático os mecanismos pelos quais se constituem redes de relações, estratos e grupos sociais. A medida de sua solidariedade e a análise da maneira pela qual se fazem e desfazem as configurações sociais levantam uma questão essencial: como os indivíduos se definem (conscientemente ou não) em relação ao grupo ou se reconhecem numa classe?

* * *

De uns anos para cá, os historiadores têm pois se mostrado cada vez mais conscientes desses problemas. Todavia as fontes de que dispomos não nos informam acerca dos processos de tomada de decisões, mas somente acerca dos resultados destas, ou seja, acerca dos atos. Essa falta de neutralidade da documentação leva muitas vezes a explicações monocausais e lineares. Fascinados com a riqueza das trajetórias individuais e ao mesmo tempo incapazes de dominar a singularidade irredutível da vida de um indivíduo, os historiadores passaram recentemente a abordar o problema biográfico de maneiras bastante diversas. Proponho-me formular uma tipologia dessas abordagens, certamente parcial, mas que visa a lançar luz sobre a complexidade irresoluta da perspectiva biográfica.

Prosopografia e biografia modal. Nessa ótica, as biografias individuais só despertam interesse quando ilustram os comportamentos ou as aparências ligadas às condições sociais estatisticamente mais frequentes. Portanto não se trata de biografias verídicas, porém mais precisamente de uma utilização de dados biográficos para fins prosopográficos. Os elementos biográficos que constam das prosopografias só são considerados historicamente reveladores quando têm alcance geral. Não é por acaso que os historiadores das mentalidades praticaram a prosopografia mostrando pouco interesse pela biografia individual. Michel Vovelle escreveu a esse respeito: "Adotando as abordagens da história social quantitativa, quisemos introduzir, no próprio campo da história das mentalidades, a história das massas, dos anônimos, em suma, dos que jamais puderam dar-se ao luxo de uma confissão, por menos que seja literária: os excluídos, por definição, de toda biografia".[9]

No fundo, a relação entre *habitus* de grupo e *habitus* individual estabelecida por Pierre Bourdieu remete à seleção entre o que é comum e mensurável, "o estilo próprio de uma época ou de uma classe", e o que diz respeito à "singularidade das trajetórias sociais": "na verdade, é uma relação de homologia, isto é, de diversidade na homogeneidade, que reflete a diversidade na homogeneidade característica de suas condições sociais de produção e que une os *habitus* singulares dos diferentes membros de uma mesma classe. Cada sistema de disposições individuais é uma variante estrutural dos demais (...), o estilo pessoal não é senão um desvio em relação ao estilo próprio de uma época ou de uma classe". A infinidade de combinações possíveis a partir de experiências estatisticamente comuns às pessoas de um mesmo grupo determina assim "a infinidade de diferenças singulares" e também "a conformidade e estilo" do grupo.[10] Também aqui os afastamentos e os desvios, uma vez assinalados,

---

[9] Vovelle, Michel. De la biographie à l'étude de cas. In: *Problèmes et méthodes de la biographie.* Paris, 1985. p. 191. (Atas do colóquio, maio 1985.)

[10] Bourdieu, Pierre. *Esquisse d'une théorie de la pratique.* Genève-Paris, 1972. p. 186-9.

parecem remeter-se ao que é estrutural e estatisticamente próprio do grupo estudado. Tal abordagem comporta certos elementos funcionalistas na identificação das normas e dos estilos comuns aos membros do grupo e na rejeição dos afastamentos e dos desvios tidos como não significativos. Pierre Bourdieu levanta tanto a questão do determinismo quanto a da escolha consciente, mas a escolha consciente é antes constatada do que definida, e a ênfase parece recair mais nos aspectos deterministas e inconscientes, nas "estratégias" que não são fruto "de uma verdadeira intenção estratégica".

Esse tipo de biografia, que poderíamos chamar de modal porquanto as biografias individuais só servem para ilustrar formas típicas de comportamento ou *status*, apresenta muitas analogias com a prosopografia: na verdade, a biografia não é, nesse caso, a de uma pessoa singular e sim a de um indivíduo que concentra todas as características de um grupo. Aliás, é prática corrente enunciar primeiro as normas e as regras estruturais (estruturas familiais, mecanismos de transmissão de bens e de autoridade, formas de estratificação ou de mobilidade sociais etc.) antes de apresentar os exemplos modais que intervêm na demonstração a título de provas empíricas.

Biografia e contexto. Nesse segundo tipo de utilização, a biografia conserva sua especificidade. Todavia a época, o meio e a ambiência também são muito valorizados como fatores capazes de caracterizar uma atmosfera que explicaria a singularidade das trajetórias. Mas o contexto remete, na verdade, a duas perspectivas diferentes. Por um lado, a reconstituição do contexto histórico e social em que se desenrolam os acontecimentos permite compreender o que à primeira vista parece inexplicável e desconcertante. É o que Natalie Zemon Davis define, aludindo a seu trabalho sobre Martin Guerre, como "reintroduzir uma prática cultural ou uma forma de comportamento no quadro das práticas culturais da vida no século XVI".[11] Do mesmo modo, a interpretação proposta por Daniel Roche para compreender seu herói, o oficial de vidraria Ménétra, tende a normalizar comportamentos que perdem seu caráter de destino individual na medida em que são típicos de um meio social (no caso, o do *compagnonnage* e dos artesãos franceses do final do século XVIII) e que afinal contribuem para o retrato de uma

---

[11] Davis, Natalie Zemon. AHR Forum: the return of Martin Guerre. On the lame. *American Historical Review*, 93:590, 1988.

época ou de um grupo.[12] Portanto não se trata de reduzir as condutas a comportamentos-tipos, mas de interpretar as vicissitudes biográficas à luz de um contexto que as torne possíveis e, logo, normais.

Por outro lado, o contexto serve para preencher as lacunas documentais por meio de comparações com outras pessoas cuja vida apresenta alguma analogia, por esse ou aquele motivo, com a do personagem estudado. Vale lembrar que Franco Venturi, em sua *Juventude de Diderot*, reconstituiu os primeiros anos da vida de seu personagem praticamente sem documentação direta. "De modo geral, porém, os poucos fragmentos que nos restam sobre a primeira parte de sua vida ou têm um valor puramente anedótico ou pouco se distinguem das características gerais da época da juventude de Diderot. Para tornar interessante uma tentativa de reconstituição da biografia de seus primeiros anos, é indispensável ampliar tanto quanto possível em torno dele o número de pessoas e de movimentos com os quais ele entrou então em contato, reconstituir em torno dele o seu meio, multiplicar os exemplos de outras vidas que tenham algum paralelo com a sua, fazer reviver em torno dele outras pessoas jovens."[13]

Essa utilização da biografia repousa sobre uma hipótese implícita que pode ser assim formulada: qualquer que seja a sua originalidade aparente, uma vida não pode ser compreendida unicamente através de seus desvios ou singularidades, mas, ao contrário, mostrando-se que cada desvio aparente em relação às normas ocorre em um contexto histórico que o justifica. Essa perspectiva deu ótimos resultados, tendo-se em geral conseguido manter o equilíbrio entre a especificidade da trajetória individual e o sistema social como um todo. Pode-se alegar, no entanto, que o contexto é frequentemente apresentado como algo rígido, coerente, e que ele serve de pano de fundo imóvel para explicar a biografia. As trajetórias individuais estão arraigadas em um contexto, mas não agem sobre ele, não o modificam.

A biografia e os casos extremos. Às vezes, porém, as biografias são usadas especificamente para esclarecer o contexto. Nesse caso, o contexto não é percebido em sua integridade e exaustividade estáticas, mas por meio de suas margens. Descrevendo os casos extremos, lança-se luz precisamente sobre as margens do campo social dentro do qual são pos-

---

[12] Roche, Daniel (éd.). *Journal de ma vie. Jacques-Louis Ménétra, compagnon vitrier au 18e siècle*. Paris, 1982. p. 9-26 e 287-429.
[13] Venturi, Franco. *Jeunesse de Diderot (de 1713 à 1753)*. Paris, 1939. p. 16.

síveis esses casos. Podemos citar aqui novamente o artigo de Michel Vovelle sobre a biografia: "O estudo de caso representa o retorno necessário à experiência individual, no que ela tem de significativo, mesmo que possa parecer atípica (...). O retorno ao qualitativo por meio do estudo de caso responde a um movimento dialético no campo da história das mentalidades. A meu ver, em vez de negar as abordagens seriais quantificadas, ele as complementa, permitindo uma análise em profundidade que prefere aos heróis de primeiro plano da história tradicional os depoimentos da normalidade (...) ou os aportes mais ambíguos, porém talvez ainda mais ricos, do depoimento extremo de um personagem em situação de ruptura" (Vovelle alude aqui a seus estudos sobre Joseph Sec e Théodore Desorgues).[14] De modo ainda mais claro, em sua biografia de Menocchio, Carlo Ginzburg analisa a cultura popular através de um caso extremo, e não de um caso modal: "Em suma, mesmo um caso extremo (...) pode revelar-se representativo. Seja negativamente — pois ajuda a precisar o que se deve entender, numa dada situação, por 'estatisticamente mais frequente', seja positivamente — pois permite identificar as possibilidades latentes de algo (a cultura popular) que só conhecemos através de uma documentação fragmentária e deformada".[15]

Também aqui o paralelo com a literatura é surpreendente. O personagem naturalista tradicional é gradativamente relegado ao segundo plano, enquanto a narrativa do absurdo — como em Beckett, por exemplo — garante a solução dos casos extremos. "O maior trunfo do personagem tradicional do romance era sua possibilidade ou sua liberdade de travar um combate, vitorioso ou não, contra a ameaça das situações extremas. Nisso residia sua força dramática. Hoje, é como se os partidários do "personagem-homem" não tivessem outro recurso senão substituir as situações extremas por situações dramáticas. Seus destinos de aventureiros, vagabundos, excêntricos e coléricos parecem sair de um moinho mecânico que procura gerar movimento na fixidez atípica e situações extremas sem saída".[16] Mas também nessa ótica o contexto social é retratado de modo demasiado rígido:

---

[14] Vovelle, Michel. 1985:197. Referências a *L'irrésistible ascension de Joseph Sec, bourgeois d'Aix, suivi de quelques clés pour la lecture de naïfs*. Aix-en-Provence, 1957, e *Théodore Desorgues ou la désorganisation*. Paris, 1985.

[15] Ginzburg, Carlo. *Le fromage et le vers: l'univers d'un meunier du XVIe siècle*. Paris, Flammarion, 1988. p. 220.

[16] Debenedetti, Giacomo. *Il personagio uomo*. Milano, 1970. p. 30.

traçando-lhe as margens, os casos extremos aumentam a liberdade de movimento de que podem dispor os atores, mas estes perdem quase toda ligação com a sociedade normal (nesse sentido, o caso de Pierre Rivière é exemplar).

Biografia e hermenêutica. A antropologia interpretativa certamente salientou o ato dialógico, essa troca e essa alternância contínuas de perguntas e respostas no seio de uma comunidade de comunicação. Nessa perspectiva, o material biográfico torna-se intrinsecamente discursivo, mas não se consegue traduzir-lhe a natureza real, a totalidade de significados que pode assumir: somente pode ser interpretado, de um modo ou de outro. O que se torna significativo é o próprio ato interpretativo, isto é, o processo de transformação do texto, de atribuição de um significado a um ato biográfico que pode adquirir uma infinidade de outros significados. Assim, o debate sobre o papel da biografia na antropologia tomou um rumo promissor porém perigosamente relativista.[17] Mas a história que se baseia em arquivos orais ou que procura introduzir a psicanálise na pesquisa histórico-biográfica só se deixou influenciar de modo intermitente e frágil. Aqui, como no século XVIII, o diálogo está na base do processo cognitivo: o conhecimento não é resultado de uma simples descrição objetiva, mas de um processo de comunicação entre dois personagens ou duas culturas.

No fundo, essa abordagem hermenêutica parece redundar na impossibilidade de escrever uma biografia. Mesmo assim, ao sugerir que é preciso abordar o material biográfico de maneira mais problemática, rejeitando a interpretação unívoca das trajetórias individuais, ela estimulou a reflexão entre os historiadores, levando-os a utilizar as formas narrativas de modo mais disciplinado e a buscar técnicas de comunicação mais sensíveis ao caráter aberto e dinâmico das escolhas e das ações.

* * *

Essa tipologia das utilizações e das indagações que se fazem hoje a respeito da biografia não pretende esgotar todas as possibilidades ou práticas: poderíamos mencionar outros tipos, como por exemplo a

---

[17] Ver, por exemplo, Rabinow, Paul. *Reflections on fieldwork in Morocco.* Berkeley-Los Angeles, 1977, ou ainda Crapanzano, Vincent. *Tuhami. Portrait of a Moroccan.* Chicago-London, 1980.

psicobiografia, mas esta comporta tantos elementos equívocos ou contestáveis que não me parece ter hoje grande importância. Os principais tipos de orientação aqui enumerados sucintamente representam pois os novos caminhos trilhados pelos que procuram utilizar a biografia como instrumento de conhecimento histórico e substituir a tradicional biografia linear e factual, que mesmo assim continua a existir e vai muito bem.

Trata-se porém de soluções parciais, que ainda apresentam aspectos bastante problemáticos. A biografia é pois um tema que precisamos debater, afastando-nos talvez da tradição dos *Annales*, mas atendo-nos aos problemas que nos parecem hoje particularmente importantes: a relação entre normas e práticas, entre indivíduo e grupo, entre determinismo e liberdade, ou ainda entre racionalidade absoluta e racionalidade limitada. Minha intenção é tão somente colocar em debate alguns temas e ressaltar que as quatro orientações mencionadas têm em comum o fato de passar em silêncio por questões fundamentais. Estas dizem respeito sobretudo ao papel das incoerências entre as próprias normas (e não mais apenas as contradições entre a norma e seu efetivo funcionamento) no seio de cada sistema social; em segundo lugar, ao tipo de racionalidade atribuído aos atores quando se escreve uma biografia; e, por fim, à relação entre um grupo e os indivíduos que o compõem.

* * *

Trata-se principalmente de um problema de escala e de ponto de vista: se a ênfase recai sobre o destino de um personagem — e não sobre a totalidade de uma situação social —, a fim de interpretar a rede de relações e obrigações externas na qual ele se insere, é perfeitamente possível conceber de outro modo a questão do funcionamento efetivo das normas sociais. De modo geral, os historiadores consideram pacífico que todo sistema normativo sofre transformações ao longo do tempo, mas que num dado momento ele se torna totalmente coerente, transparente e estável. Parece-me, ao contrário, que deveríamos indagar mais sobre a verdadeira amplitude da liberdade de escolha. Decerto essa liberdade não é absoluta: culturalmente e socialmente determinada, limitada, pacientemente conquistada, ela continua sendo no entanto uma liberdade consciente, que os interstícios inerentes aos sistemas gerais de normas deixam aos atores. Na verdade nenhum sistema normativo é suficientemente estruturado para eliminar qualquer possibilidade de escolha consciente, de manipulação ou de interpretação das regras, de negociação. A meu ver a biografia é por isso mesmo o campo ideal para verificar o caráter insterticial — e todavia importante — da liberdade de que dispõem os agentes e para observar como funcionam concretamente os sistemas normativos, que jamais estão isentos de contradições. Obtém-se assim uma perspectiva diferente — mas não contraditória — daquela adotada pelos que preferem salientar mais os elementos de determinação, necessários e inconscientes, como faz, por exemplo, Pierre Bourdieu. Há uma relação permanente e recíproca entre biografia e contexto: a mudança é precisamente a soma infinita dessas inter-relações. A importância da biografia é permitir uma descrição das normas e de seu funcionamento efetivo, sendo este considerado não mais o resultado exclusivo de um desacordo entre regras e práticas, mas também de incoerências estruturais e inevitáveis entre as próprias normas, incoerências que autorizam a multiplicação e a diversificação das práticas. Parece-me que assim evitamos abordar a realidade histórica a partir de um esquema único de ações e reações, mostrando, ao contrário, que a repartição desigual do poder, por maior e mais coercitiva que seja, sempre deixa alguma margem de manobra para os dominados; estes podem então impor aos dominantes mudanças nada desprezíveis. Talvez seja apenas uma nuança, mas me parece que não se pode analisar a mudança social sem que se reconheça previamente a existência irredutível de uma certa liberdade *vis-à-vis* as formas rígidas e as origens da reprodução das estruturas de dominação.

* * *

Tais considerações convidam a uma reflexão acerca do tipo de racionalidade que é preciso idealizar quando se tenta descrever os atos históricos. Na verdade raramente nos afastamos dos esquemas funcionalistas ou da economia neoclássica; e estes supõem atores perfeitamente informados e consideram, por convenção, que todos os indivíduos têm as mesmas disposições cognitivas, obedecem aos mesmos mecanismos de decisão e agem em função de um cálculo, socialmente normal e uniforme, de lucros e perdas. Tais esquemas levam pois à construção de um homem inteiramente racional, sem dúvidas, sem incertezas, sem inércia. A maioria das biografias assumiria porém outra feição se imaginássemos uma forma de racionalidade seletiva que não busca exclusivamente a maximização do lucro, uma forma de ação na qual seria possível abster-se de reduzir as individualidades a coerências de grupo, sem renunciar à explicação dinâmica das condutas coletivas como sistemas de relação.

* * *

Afora a característica intersticial da liberdade individual e a questão da racionalidade limitada, creio que resta destacar um último ponto. Roger Chartier afirmou recentemente que a oposição entre "análise micro-histórica ou *case studies*" e história socioeconômica, entre estudo da subjetividade das representações e estudo da objetividade das estruturas, pode ser superada contanto que consideremos "os esquemas geradores de sistemas de classificação e de percepção como verdadeiras 'instituições sociais', que incorporam sob a forma de representações coletivas as divisões da organização social".[18] Tal observação me parece plenamente justificada (exceto, talvez, pela identificação da micro-história aos *case studies* e ao estudo das representações subjetivas), porém insuficiente: se a ênfase recai sobre o grupo, a relativa estabilidade das coerências e das coesões de grupo é tida como pacífica, assim como o fato de que elas constituem o nível mínimo no qual se pode ainda estudar com proveito as representações do mundo social e os conflitos que elas provocam. A meu ver, privilegiando a importância do grupo, subestima-se o problema de sua constituição, assim como a apreciação de sua solidez, de sua durabilidade, de sua amplitude, e consequentemente esvazia-se a questão da relação entre indivíduo e grupo. Chartier identifica deliberada e explicitamente as representações individuais às representações coletivas, como se sua gênese fosse formalmente semelhante.

É certo que se descarta assim a observação de grupos sociais e conceituais indeterminados (cultura popular, mentalidades, classes) para construir uma sociedade fragmentada e conflitante, na qual as representações do mundo se tornam motivo de luta. Mas subsiste uma boa medida de indeterminação: os agregados de grupo são dados como certos e definidos; estudam-se as lutas pelo poder e os conflitos sociais como se estes ocorressem entre grupos cuja coesão é pressuposta, como se a análise das diferenças individuais — em última instância tão numerosas

---

[18] Chartier, Roger. La storia culturale fra rappresentazioni e pratiche. In: *La rappresentazione del sociale. Saggi di storia culturale*. Torino, 1989. p. 14.

que se tornam impossíveis de interpretar — nada tivesse a acrescentar. Também aqui, trata-se talvez de mera questão de ponto de vista: insistindo na "gênese social das estruturas cognitivas" e no aspecto "de incorporação, sob forma de disposições, de uma posição diferencial no espaço social", deixa-se vaga a atividade dos atores, concebida unicamente como o resultado de "incontáveis operações de ordenação pelas quais se reproduz e se transforma continuamente a ordem social".[19] A noção de apropriação sob forma de "uma história social dos hábitos e das interpretações, ligados a suas determinações fundamentais (que são sociais, institucionais, culturais) e inseridos nas práticas específicas que os produzem",[20] por mais importante e útil que seja, também deixa em aberto o problema da relação entre indivíduo e grupo. Não se pode negar que há um estilo próprio a uma época, um *habitus* resultante de experiências comuns e reiteradas, assim como há em cada época um estilo próprio de um grupo. Mas para todo indivíduo existe também uma considerável margem de liberdade que se origina precisamente das incoerências dos confins sociais e que suscita a mudança social. Portanto não podemos aplicar os mesmos procedimentos cognitivos aos grupos e aos indivíduos; e a especificidade das ações de cada indivíduo não pode ser considerada irrelevante ou não pertinente. Pois o risco, não banal, é subtrair à curiosidade histórica temas que julgamos dominar plenamente, mas que ainda continuam largamente inexplorados: por exemplo, a consciência de classe, ou a solidariedade de grupo, ou ainda os limites da dominação e do poder. Os conflitos de classificações, de distinções, de representações interessam também à influência que o grupo socialmente solidário exerce sobre cada um dos membros que o compõem, além de revelar as margens de liberdade e de coação dentro das quais se constituem e funcionam as formas de solidariedade. Creio que, nessa perspectiva, a biografia poderia permitir um exame mais aprofundado desses problemas.

---

[19] Bourdieu, Pierre. *La noblesse d'État. Grandes écoles et esprit de corps.* Paris, Minuit, Le sens commum, 1989. p. 9.
[20] Chartier, 1989:21.

Capítulo 13

A ilusão biográfica*

Pierre Bourdieu

A história de vida é uma dessas noções do senso comum que entraram como contrabando no universo científico; inicialmente, sem muito alarde, entre os etnólogos, depois, mais recentemente, com estardalhaço, entre os sociólogos. Falar de história de vida é pelo menos pressupor — e isso não é pouco — que a vida é uma história e que, como no título de Maupassant, *Uma vida*, uma vida é inseparavelmente o conjunto dos acontecimentos de uma existência individual concebida como uma história e o relato dessa história. É exatamente o que diz o senso comum, isto é, a linguagem simples, que descreve a vida como um caminho, uma estrada, uma carreira, com suas encruzilhadas (Hércules entre o vício e a virtude), seus ardis, até mesmo suas emboscadas (Jules Romains fala das "sucessivas emboscadas dos concursos e dos exames"), ou como um encaminhamento, isto é, um caminho que percorremos e que deve ser percorrido, um trajeto, uma corrida, um *cursus*, uma passagem, uma viagem, um percurso orientado, um deslocamento linear, unidirecional (a "mobilidade"), que tem um começo ("uma estreia na vida"), etapas e um fim, no duplo sentido, de término e de finalidade ("ele fará seu caminho" significa ele terá êxito, fará uma bela carreira), um fim da história. Isto é aceitar tacitamente a filosofia da história no

---

* Bourdieu, Pierre. L'illusion biographique. *Actes de la Recherche en Sciences Sociales* (62/63):69-72, juin 1986.

sentido de sucessão de acontecimentos históricos, *Geschichte*, que está implícita numa filosofia da história no sentido de relato histórico, *Historie*, em suma, numa teoria do relato, relato de historiador ou romancista, indiscerníveis sob esse aspecto, notadamente biografia ou autobiografia.

     Sem pretender ser exaustivo, pode-se tentar extrair alguns pressupostos dessa teoria. Primeiramente, o fato de que a vida constitui um todo, um conjunto coerente e orientado, que pode e deve ser apreendido como expressão unitária de uma "intenção" subjetiva e objetiva, de um projeto: a noção sartriana de "projeto original" somente coloca de modo explícito o que está implícito nos "já", "desde então", "desde pequeno" etc. das biografias comuns ou nos "sempre" ("sempre gostei de música") das "histórias de vida". Essa vida organizada como uma história transcorre, segundo uma ordem cronológica que também é uma ordem lógica, desde um começo, uma origem, no duplo sentido de ponto de partida, de início, mas também de princípio, de razão de ser, de causa primeira, até seu término, que também é um objetivo. O relato, seja ele biográfico ou autobiográfico, como o do investigado que "se entrega" a um investigador, propõe acontecimentos que, sem terem se desenrolado sempre em sua estrita sucessão cronológica (quem já coligiu histórias de vida sabe que os investigados perdem constantemente o fio da estrita sucessão do calendário), tendem ou pretendem organizar-se em sequências ordenadas segundo relações inteligíveis. O sujeito e o objeto da biografia (o investigador e o investigado) têm de certa forma o mesmo interesse em aceitar o *postulado do sentido da existência* narrada (e, implicitamente, de qualquer existência). Sem dúvida, cabe supor que o relato autobiográfico se baseia sempre, ou pelo menos em parte, na preocupação de dar sentido, de tornar razoável, de extrair uma lógica ao mesmo tempo retrospectiva e prospectiva, uma consistência e uma constância, estabelecendo relações inteligíveis, como a do efeito à causa eficiente ou final, entre os estados sucessivos, assim constituídos em etapas de um desenvolvimento necessário. (E é provável que esse ganho de coerência e de necessidade esteja na origem do interesse, variável segundo a posição e a trajetória, que os investigados têm pelo empreendimento biográfico.[1] Essa propensão a tornar-se o ideólogo de sua própria vida, selecionando, em função de uma intenção global, certos acontecimentos *significativos* e estabelecendo entre eles

---

[1] Ver Muel-Dreyfus, F. *Le métier d'éducateur*. Paris, Minuit, 1983.

conexões para lhes dar coerência, como as que implica a sua instituição como causas ou, com mais frequência, como fins, conta com a cumplicidade natural do biógrafo, que, a começar por suas disposições de profissional da interpretação, só pode ser levado a aceitar essa criação artificial de sentido.

É significativo que o abandono da estrutura do romance como relato linear tenha coincidido com o questionamento da visão da vida como existência dotada de sentido, no duplo sentido de significação e de direção. Essa dupla ruptura, simbolizada pelo romance de Faulkner *O som e a fúria*, exprime-se com toda a clareza na definição da vida como anti-história proposta por Shakespeare no fim de *Macbeth*: "É uma história contada por um idiota, uma história cheia de som e de fúria, mas desprovida de significação". Produzir uma história de vida, tratar a vida como uma história, isto é, como o relato coerente de uma sequência de acontecimentos com significado e direção, talvez seja conformar-se com uma ilusão retórica, uma representação comum da existência que toda uma tradição literária não deixou e não deixa de reforçar. Eis por que é lógico pedir auxílio àqueles que tiveram que romper com essa tradição no próprio terreno de sua realização exemplar. Como diz Allain Robbe-Grillet, "o advento do romance moderno está ligado precisamente a esta descoberta: o real é descontínuo, formado de elementos justapostos sem razão, todos eles únicos e tanto mais difíceis de serem apreendidos porque surgem de modo incessantemente imprevisto, fora de propósito, aleatório".[2]

A invenção de um novo modo de expressão literária faz surgir *a contrario* o arbitrário da representação tradicional do discurso romanesco como história coerente e totalizante, e também da filosofia da existência que essa convenção retórica implica. Nada nos obriga a adotar a filosofia da existência que, para alguns dos seus iniciadores, é indissociável dessa revolução retórica;[3] mas, em todo caso, não podemos nos furtar à questão dos mecanismos sociais que favorecem ou autorizam a experiência comum da vida como unidade e como totalidade. De fato, como responder, sem sair dos limites da sociologia, à velha indagação empirista sobre a existência de um eu irredutível à rapsódia das sensa-

---

[2] Robbe-Grillet, A. *Le miroir qui revient*. Paris, Minuit, 1984. p. 208.

[3] "Tudo isto é o real, isto é, o fragmentário, o fugaz, o inútil, tão acidental mesmo e tão particular que todo acontecimento ali aparece, a todo instante, como gratuito, e toda existência, afinal, como privada da menor significação unificadora" (Robbe-Grillet, 1984.).

ções singulares? Sem dúvida, podemos encontrar no *habitus* o princípio ativo, irredutível às percepções passivas, da unificação das práticas e das representações (isto é, o equivalente, historicamente constituído e portanto historicamente situado, desse eu cuja existência, segundo Kant, devemos postular para justificar a síntese do diverso sensível operada na intuição e a ligação das representações numa consciência). Mas essa identidade prática somente se entrega à intuição na inesgotável série de suas manifestações sucessivas, de modo que a única maneira de apreendê-la como tal consiste talvez em tentar recuperá-la na unidade de um relato totalizante (como autorizam a fazê-lo as diferentes formas, mais ou menos institucionalizadas, do "falar de si", confidência etc.).

O mundo social, que tende a identificar a normalidade com a identidade entendida como constância em si mesmo de um ser responsável, isto é, previsível ou, no mínimo, inteligível, à maneira de uma história bem-construída (por oposição à história contada por um idiota), dispõe de todo tipo de instituições de totalização e de unificação do eu. A mais evidente é, obviamente, o nome próprio, que, como "designador rígido", segundo a expressão de Kripke, "designa o mesmo objeto em qualquer universo possível", isto é, concretamente, seja em estados diferentes do mesmo campo social (constância diacrônica), seja em campos diferentes no mesmo momento (unidade sincrônica além da multiplicidade das posições ocupadas).[4] E Ziff, que define o nome próprio como "um ponto fixo num mundo que se move" tem razão em ver nos "ritos batismais" a maneira necessária de determinar uma identidade.[5] Por essa forma inteiramente singular de *nominação* que é o nome próprio, institui-se uma identidade social constante e durável, que garante a identidade do indivíduo biológico em todos os campos possíveis onde ele intervém como *agente*, isto é, em todas as suas histórias de vida possíveis. É o nome próprio "Marcel Dassault", com a individualidade biológica da qual ele representa a forma socialmente instituída, que assegura a constância através do tempo e a unidade através dos espaços sociais dos diferentes *agentes* sociais que são a manifestação dessa individualidade nos diferentes campos, o dono de empresa, o dono de jornal, o deputado, o produtor de filmes etc.; e não é por acaso que a assinatura, *signum au-*

---

[4] Ver Kripke, S. *La logique des noms propres*. Paris, Minuit, 1982; e também Engel, P. *Identité et référence*. Paris, Pens, 1985.

[5] Ver Ziff, P. *Semantic analysis*. Ithaca, Cornell University Press, 1960. p. 102-4.

thenticum que autentica essa identidade, é a condição jurídica das transferências de um campo a outro, isto é, de um agente a outro, das propriedades ligadas ao mesmo indivíduo instituído. Como instituição, o nome próprio é arrancado do tempo e do espaço e das variações segundo os lugares e os momentos: assim ele assegura aos indivíduos designados, para além de todas as mudanças e todas as flutuações biológicas e sociais, a *constância nominal*, a identidade no sentido de identidade consigo mesmo, de *constantia sibi*, que a ordem social demanda. E é compreensível que, em numerosos universos sociais, os deveres mais sagrados para consigo mesmo tomem a forma de deveres para com o nome próprio (que também, por um lado, é sempre um nome comum, enquanto *nome de família*, especificado por um prenome). O nome próprio é o atestado visível da identidade do seu portador através dos tempos e dos espaços sociais, o fundamento da unidade de suas sucessivas manifestações e da possibilidade socialmente reconhecida de totalizar essas manifestações em registros oficiais, *curriculum vitae, cursus honorum*, ficha judicial, necrologia ou biografia, que constituem a vida na totalidade finita, pelo veredicto dado sobre um balanço provisório ou definitivo. "Designador rígido", o nome próprio é a forma por excelência da imposição arbitrária que operam os ritos de instituição: a nominação e a classificação introduzem divisões nítidas, absolutas, indiferentes às particularidades circunstanciais e aos acidentes individuais, no fluxo das realidades biológicas e sociais. Eis por que o nome próprio não pode descrever propriedades nem veicular nenhuma informação sobre aquilo que nomeia: como o que ele designa não é senão uma rapsódia heterogênea e disparatada de propriedades biológicas e sociais em constante mutação, todas as descrições seriam válidas somente nos limites de um estágio ou de um espaço. Em outras palavras, ele só pode atestar a identidade da *personalidade*, como individualidade socialmente constituída, à custa de uma formidável abstração. Eis o que evoca o uso inabitual que Proust faz do nome próprio precedido do artigo definido ("o Swann de Buckingham Palace", "a Albertina de então", "a Albertina encapotada dos dias de chuva"), rodeio complexo pelo qual se enunciam ao mesmo tempo a "súbita revelação de um sujeito fracionado, múltiplo" e a permanência para além da pluralidade dos mundos da identidade socialmente determinada pelo nome próprio.[6]

---

[6] Nicole, E. Personnage et réthorique du nom. *Poétique*, 46:200-16, 1981.

Assim o nome próprio é o suporte (somos tentados a dizer a substância) daquilo que chamamos de *estado civil*, isto é, desse conjunto de propriedades (nacionalidade, sexo, idade etc.) ligadas a pessoas às quais a lei civil associa efeitos jurídicos e que *instituem*, sob a aparência de constatá-las, as certidões de estado civil. Produto do rito de instituição inaugural que marca o acesso à existência social, ele é o verdadeiro objeto de todos os sucessivos ritos de instituição ou de nominação através dos quais é construída a identidade social: essas certidões (em geral públicas e solenes) de *atribuição*, produzidas sob o controle e com a garantia do Estado, também são designações rígidas, isto é, válidas para todos os mundos possíveis, que desenvolvem uma verdadeira *descrição oficial* dessa espécie de essência social, transcendente às flutuações históricas, que a ordem social institui através do nome próprio; de fato, todas repousam sobre o postulado da constância do nominal que pressupõem todos os atestados de nominação, bem como, mais genericamente, todos os atestados jurídicos que envolvem um futuro a longo prazo, quer se trate de *certificados* que garantem de forma irreversível uma capacidade (ou uma incapacidade), de contratos que envolvem um futuro longínquo, como os contratos de crédito ou de seguro, quer de sanções penais, toda condenação pressupondo a afirmação da identidade para além do tempo daquele que cometeu o crime e daquele que sofre o castigo.[7]

Tudo leva a crer que o relato de vida tende a aproximar-se do modelo oficial da apresentação oficial de si, carteira de identidade, ficha de estado civil, *curriculum vitae*, biografia oficial, bem como da filosofia da identidade que o sustenta, quanto mais nos aproximamos dos interrogatórios oficiais das investigações oficiais — cujo limite é a investigação judiciária ou policial —, afastando-se ao mesmo tempo das trocas íntimas entre familiares e da lógica da *confidência* que prevalece nesses mercados protegidos. As leis que regem a produção dos discursos na relação entre

---

[7] A dimensão propriamente biológica da individualidade — que o estado civil apreende sob a forma de descrição e fotografia de identidade — está sujeita a variações segundo o tempo e o lugar, isto é, os espaços sociais que lhe dão uma base muito menos segura do que a mera definição nominal. (Sobre as variações da *hexis* corporal segundo os espaços sociais, ver Maresca, S. La représentation de la paysannerie; remarques ethnographiques sur le travail de représentation des dirigeants agricoles. *Actes de la Recherche en Sciences Sociales*, 38:3-18, mai 1981.)

um *habitus* e um mercado se aplicam a essa forma particular de expressão que é o discurso sobre si; e o relato de vida varia, tanto em sua forma quanto em seu conteúdo, segundo a qualidade social do mercado no qual é oferecido — a própria situação da investigação contribui inevitavelmente para determinar o discurso coligido. Mas o objeto desse discurso, isto é, a apresentação *pública* e, logo, a oficialização de uma representação *privada* de sua própria vida, pública ou privada, implica um aumento de coações e de censuras específicas (das quais as sanções jurídicas contra as usurpações de identidade ou o porte ilegal de condecorações representam o limite). E tudo leva a crer que as leis da biografia oficial tenderão a se impor muito além das situações oficiais, através dos pressupostos inconscientes da interrogação (como a preocupação com a cronologia e tudo o que é inerente à representação da vida como história) e também através da situação de investigação, que, segundo a distância objetiva entre o interrogador e o interrogado e segundo a capacidade do primeiro para "manipular" essa relação, poderá variar desde essa forma doce de interrogatório oficial que é, geralmente sem que o saiba o sociólogo, a investigação sociológica até a confidência — através, enfim, da representação mais ou menos consciente que o investigado fará da situação de investigação, em função de sua experiência direta ou mediata de situações equivalentes (entrevista de escritor célebre ou de político, situação de exame etc.), e que orientará todo o seu esforço de apresentação de si, ou melhor, de produção de si.

    A análise crítica dos processos sociais mal analisados e mal dominados que atuam, sem o conhecimento do pesquisador e com sua cumplicidade, na construção dessa espécie de artefato socialmente irrepreensível que é a "história de vida" e, em particular, no privilégio concedido à sucessão longitudinal dos acontecimentos constitutivos da vida considerada como história em relação ao espaço social no qual eles se realizam não é em si mesma um fim. Ela conduz à construção da noção de *trajetória* como série de *posições* sucessivamente ocupadas por um mesmo agente (ou um mesmo grupo) num espaço que é ele próprio um devir, estando sujeito a incessantes transformações. Tentar compreender uma vida como uma série única e por si suficiente de acontecimentos sucessivos, sem outro vínculo que não a associação a um "sujeito" cuja constância certamente não é senão aquela de um nome próprio, é quase tão absurdo quanto tentar explicar a razão de um trajeto no metrô sem levar em conta a estrutura da rede, isto é, a matriz das relações objetivas entre as diferentes estações. Os acontecimentos biográficos se definem como *colocações* e *deslocamentos* no espaço social, isto é, mais precisamente nos diferentes estados sucessivos da estrutura da distribuição das diferentes espécies de capital que estão em jogo no campo considerado. O sentido dos movimentos que conduzem de uma posição a outra (de um posto profissional a outro, de uma editora a outra, de uma diocese a outra etc.) evidentemente se define na relação objetiva entre o sentido e o valor, no momento considerado, dessas posições num espaço orientado. O que equivale a dizer que não podemos compreender uma trajetória (isto é, o *envelhecimento social* que, embora o acompanhe de forma inevitável, é independente do envelhecimento biológico) sem que tenhamos previamente construído os estados sucessivos do campo no qual ela se desenrolou e, logo, o conjunto das relações objetivas que uniram o agente considerado — pelo menos em certo número de estados pertinentes — ao conjunto dos outros agentes envolvidos no mesmo campo e confrontados com o mesmo espaço dos possíveis. Essa construção prévia também é a condição de qualquer avaliação rigorosa do que podemos chamar de *superfície social*, como descrição rigorosa da *personalidade* designada pelo nome próprio, isto é, o conjunto das posições simultaneamente ocupadas num dado momento por uma individualidade biológica socialmente instituída e que age como suporte de um conjunto de atributos e atribuições que lhe permitem intervir como agente eficiente em diferentes campos.[8]

A necessidade desse *desvio* pela construção do espaço parece tão evidente quando é enunciada — quem pensaria em evocar uma viagem sem ter uma ideia da paisagem na qual ela se realiza? — que seria difí-

---

[8] A distinção entre o indivíduo concreto e o indivíduo construído, o agente eficiente, é duplicada pela distinção entre o agente, eficiente num campo, e a *personalidade*, como individualidade biológica socialmente instituída pela nominação e dotada de propriedades e de poderes que lhe asseguram (em certos casos) uma *superfície social*, isto é, a capacidade de existir como agente em diferentes campos. Isso suscita numerosos problemas normalmente ignorados, notadamente no tratamento estatístico; assim, por exemplo, as investigações sobre as "elites" escamoteiam a questão da superfície social ao caracterizar os indivíduos em posições múltiplas por uma de suas propriedades considerada dominante ou determinante, incluindo o dono de indústria que é também dono de jornal na categoria dos donos etc. (o que implica, entre outras coisas, eliminar dos campos de produção cultural todos os produtores cuja atividade principal se situa em outros campos, deixando escapar assim certas propriedades do campo).

cil compreender que não se tenha imposto de imediato a todos os pesquisadores, se não soubéssemos que o indivíduo, a pessoa, o eu, "o mais insubstituível dos seres", como dizia Gide, para o qual nos conduz irresistivelmente uma pulsão narcísica socialmente reforçada, é também a mais real, em aparência, das realidades, o *ens realissimum*, imediatamente entregue à nossa intuição fascinada, *intuitus personae*.

Capítulo 14

A estrutura e a *gestalt* das autobiografias
e suas consequências metodológicas*

Gabriele Rosenthal

Com que tipo de textos nos defrontamos quando usamos, como fonte de dados de nossa pesquisa, autobiografias escritas ou transcrições obtidas a partir de relatos de histórias de vida? Será que consideramos esse material fonte que oferece uma visão deficiente daquilo que aconteceu? Será que começamos com a suspeita de que esse material apresenta uma distorção do que foram fatos objetivos, tratando então de "tapar" buracos para encontrar o mundo real por trás das palavras? O fato de nos indagarmos a respeito da boa ou má memória do autobiógrafo e de quão sinceros e confiáveis são seus enunciados é consequência dessa posição objetivista (Fischer, 1986). Ou, de modo mais geral: a consequência metodológica dessa atitude é comprovar a credibilidade e a exatidão de textos autobiográficos seguindo critérios externos ao texto, por exemplo, comparando-o com fontes históricas ou usando informação obtida a partir de outras entrevistas etc.

Essa disputa de prioridades entre "texto" e "vida" já existe desde os primórdios das pesquisas biográficas. Isso resultou de uma noção por demais simples e enganosa da realidade social como se ela fosse independente da experiência e da estruturação simbólica, implicando a

---

* Rosenthal, Gabriele. La estructura y la "gestalt" de las autobiografías y sus consecuencias metodológicas. *Historia y Fuente Oral*. Barcelona, Universitat de Barcelona (5):105-10, 1991.

busca unilateral de uma realidade "por trás" do texto, uma realidade à qual supostamente o texto se refere; a função auxiliar do texto desvaloriza a realidade deste como textura social primordial. Deixamos de aproveitar o texto ou a história de vida como realidade em si mesma, quando essa é a única coisa em que deveríamos estar interessados como cientistas sociais.

Seja-me permitido expressá-lo de forma provocativa: em vez de percebermos as vantagens de analisar a história de vida como entidade em si mesma, o que fazemos frequentemente é destruir sua *gestalt*. Assim, comportamo-nos como uma criança querendo encontrar a realidade da "pessoa real" atrás do espelho; o resultado é decepcionante, como se sabe. Só chega a ser interessante quando aprendemos que a realidade que procuramos *lá* está *aqui*. O mesmo vale para nossa realidade social: não está *por trás* do texto mas *deste* lado, isto é, *no* texto que reflete as experiências.

Nossa atitude geral como pesquisadores sociais é frequentemente destrutiva desde o começo mesmo da coleta de dados, quando sabemos ao certo o que o biografado deve narrar e o que é importante para nosso assunto, e quando fazemos as perguntas adequadas a nossos propósitos. Por meio dessas perguntas, estabelecemos a estrutura ou *gestalt* de sua apresentação, afastando assim a possibilidade de obter a história de vida segundo sua própria *gestalt*. Além disso, ao fazermos uma análise, desarticulamos, em sua maior parte, a coesão de sua apresentação, cortando o texto inteiro em pedaços e segmentos e registrando-os sob códigos e categorias pré-formulados.

Pode-se perguntar o que tem isso de errado. Nossa tarefa não consiste simplesmente em contar histórias, mas em obter, a longo prazo, categorias e conhecimento científico — oposto ao conhecimento cotidiano. Além do mais, que vêm a ser *gestalt*, "qualidade de *gestalt*" ou histórias de vida?

Talvez se ache que, quando pedimos a alguém para contar sua vida em geral, ou partes dela limitadas tematicamente, ou certas etapas, estamos colocando essa pessoa diante de uma tarefa difícil. Há alguns anos eu pensava que tudo isso era o mínimo que exigia a entrevista biográfica. Estava certa de que um preâmbulo muito geral — algo assim como: "por favor, conte-me sua história de vida" — não funcionaria. O pobre homem não saberia por onde começar, nem o que me interessaria concretamente, nem o que escolher de sua rica e intensa vida. Acaso não existe aí um caos, uma multiplicidade de experiências e acontecimentos dissociados, um monte de coisas desordenadas que só podem ser integradas em alguma classe de estrutura mediante associações? E não teríamos então que fazer muitas outras perguntas para desencadear as associações que permitam essa estruturação? E não equivaleria tudo isso a fornecer ao entrevistado algum tipo de ordem estruturada, pois de que outra forma poderia ele seguir por si mesmo uma ordem desse tipo?

Contudo, como acontece com frequência, a realidade é mais rica do que podemos apreender em termos puramente científicos. Segundo minha própria experiência ou, dito de forma menos pessoal, tomando por base a práxis empírica e os fatos, pode-se afirmar o seguinte:

Em primeiro lugar, os biografados são capazes de narrar suas vidas durante muito tempo — horas —, frequentemente sem vacilações, apesar de lhes ser pedido que o façam de um modo muito geral.

Em segundo lugar, todo o conjunto "se encaixa", dá a impressão de "ordem" e não de "caos". Não que os relatos livremente associados pareçam constituir uma narração completa; parecem, isto sim, estar encadeados segundo um plano oculto. Nossas análises procuravam desvendar e reconstruir esses planos, mas procedendo-se sequencial e holisticamente, descobre-se como é extremamente bem-construído o conjunto, isto é, a narração biográfica geral.

Por exemplo, uma mulher nos narra sua vida, descrevendo situações em que ela era sempre vítima de um perseguidor, sendo o principal deles seu pai (Rosenthal & Bar-On, no prelo). Em outras palavras, cada relato individual tem uma significação funcional para o quadro completo. Poderíamos supor que a biografada criava essa ordem intencionalmente, transmitindo de propósito certa imagem de si mesma. Isso suporia uma enorme concentração para poder cumprir tal propósito; mas, em vez de estarem cansados, nossos entrevistados, depois de várias horas, estão alertas e animados, enquanto nós, entrevistadores, sentados em nossas cadeiras, ficamos cansados de ouvir.

Portanto, nosso ponto de partida é que uma narração de acontecimentos vivenciados individualmente não é apenas acidental, nem pode ser provocada simplesmente por um humor circunstancial ou por fatores de interação. A história de vida não é uma cadeia atomística de experiências, cujo significado se cria no momento de sua articulação, mas sim um processo que ocorre simultaneamente contra o pano de fundo de uma estrutura de significação biográfica. Essa textura de significado se afirma e se transforma constantemente no "fluxo de vida"; é formada pela inter-relação entre os modelos de planificação e interpretação da vida "normal" existentes e pré-fabricados socialmente e os acontecimentos e as experiências de maior relevância biográfica e suas sucessivas reinterpretações. Essas reinterpretações, a que o biografado normalmente não tem acesso consciente, mostram seus efeitos por trás dos indivíduos; são constituídas por sua estrutura biográfica geral — que às vezes se manifesta na narrativa como avaliação global —, modelando o passado, o presente e a vida futura que se antecipa (Fischer, 1982 e 1986).

A ordem que se pode descobrir numa história de vida não é uma construção subjetiva do indivíduo, nem um simples produto de modelos sociais prefigurados objetivos, nem decorre de ideias ou fatos, mas é ocasionada pela "vida de experiência do mundo" (*welterfahrendes Leben*), para empregar a expressão de Husserl. É a ordem da inter-relação primordial do "mundo" e do "eu".

Sustento neste artigo a tese de que essa ordem tem a qualidade de *gestalt* no sentido da teoria da *Gestalt* (Ehrenfels, 1890) e sua interpretação fenomenológica por Aron Gurwitsch.

O significado do conjunto e o de suas partes se constituem mutuamente em *gestalten*; há uma contínua modificação mútua de componentes. Cada parte individual tem uma significação funcional para a *gestalt*, e esse significado se relaciona com as outras partes.

Isso implica:

• primeiro, independentemente do conjunto, as partes não têm qualidades nem atributos; fora de sua integração numa *gestalt*, não se pode considerar que esses elementos possuam nada parecido com "qualidades essenciais"; as partes de uma *gestalt* só existem através de sua significação funcional para a *gestalt*;

• segundo, o conjunto não é somente a soma das partes;

• terceiro, conhecendo-se a significação funcional de uma parte, pode-se conhecer também o conjunto.

Essas premissas têm amplas consequências para a pesquisa prática. Para começar, é rigorosamente proibido separar de seu contexto partes de histórias de vida ou — o que é pior — fazer certas perguntas durante a entrevista, impedindo assim a produção de uma *gestalt* biográfica por parte do narrador. Se, apesar de tudo, assim o fizermos, manteremos a ilusão de partes com núcleos estáveis; mas, como elas só podem ser compreendidas e analisadas como partes de algum todo, somos forçados a relacioná-las com um novo todo. Antes mesmo de percebermos o significado que elas possuem no contexto de sua manifestação natural e os efeitos que exercem no mundo cotidiano, subordinamo-las a nossos conceitos científicos ou de nosso próprio mundo cotidiano.

Inclusive, se analisarmos — com as melhores intenções hermenêuticas — muitas das partes de uma entrevista, tendo alguns conhecimentos básicos do texto completo, e depois as juntarmos novamente, perderemos a *gestalt* original. O conjunto não é somente a soma das partes, pois sua ordenação e sua significação funcional são decisivas para o conjunto. Portanto, a reconstrução da história de vida exige um procedimento analítico, que se segue à *acumulação sequencial* do texto (Rosenthal, 1987 e no prelo). Além do mais, requer-se uma atitude analítica que considere cada parte segundo sua significação funcional para a história de vida completa.

Darei um breve exemplo para esclarecer meu ponto de vista.

Durante uma entrevista com o sr. Green, um judeu alemão que vive hoje em Israel e a quem eu pedira que me contasse sua história de vida completa, depois de uma hora ele disse, de modo decidido e bastante agressivo:

— Bem, por ora chega, agora desligue o gravador... — e tive que ir embora. Até algumas semanas depois, ele não havia tornado a estabelecer contato comigo para conversar de novo.

Bastante aborrecida e surpresa, pus-me a refletir sobre as possíveis razões que o levaram a dispensar-me daquela maneira. Sem levar em conta o contexto da entrevista, poderíamos aventar diversas hipóteses, tais como: o sr. Green é uma dessas pessoas que não falam durante muitas horas seguidas; ou então, dadas as circunstâncias, poderíamos supor que esse homem não confiava num entrevistador alemão e não judeu.

Mas se repararmos bem no que ele disse, surge outra hipótese. Em sua narração, até então linear, ele chegara ao ponto em que já havia emigrado para a Palestina e recebido notícias do assassínio de seus pais pelos nacional-socialistas. A hipótese, então, é: nesse ponto surgiu sua aflição, relacionada com sua agressividade para com os alemães; essa agressividade incluía também o entrevistador alemão presente naquele momento.

Essa hipótese me pareceu a mais plausível, antes que eu começasse a analisar o texto. Do ponto de vista metodológico, era como se já houvéssemos cumprido as condições da análise hermenêutica.

Reexaminamos essa parte da entrevista e sua interrupção, no contexto de sua ocorrência; consideramos também dados do contexto externo à entrevista, mas não interpretamos a interrupção em relação ao conjunto da história de vida tal como fora apresentada em ambas as entrevistas, nem consideramos seu significado funcional para o conjunto. Assim, interpretando-a à luz da teoria da *gestalt*, chegamos a um nível de compreensão mais profundo, que transcende a situação concreta da entrevista.

Eis, aproximadamente, o esboço da *gestalt* dessa narração: temos uma história de vida com um desenvolvimento linear até a última experiência ligada diretamente ao Holocausto — uma interrupção de várias semanas —, depois do que ela retoma uma sequência linear.

Agora podemos estabelecer a seguinte hipótese: o sr. Green tem que fazer um esforço para dividir sua vida em duas partes e não o consegue por meio da argumentação, tal como vemos em outras histórias de vida, especialmente no caso de conversões religiosas. Mas ele procura esboçar duas imagens completamente independentes. Um espaço de várias semanas entre os dois encontros com o entrevistador lhe permite manter ambas as imagens bem afastadas. Ele não quer que o Holocausto ofusque sua vida em Israel. Um indício que torna mais plausível essa suposição é o que o sr. Green disse justo antes de gravar a primeira entrevista: "Posso contar-lhe coisas diferentes: minha vida na Alemanha e minha vida em Israel, pode escolher". Pedi que me contasse toda a sua vida e ele replicou: "Ah, isso não é possível".

Inserindo essa "ruptura" no conjunto da história de vida não só obtivemos uma interpretação para o fato de ele ter interrompido a entrevista naquele ponto, retomando a narração apenas algumas semanas depois, mas também ficamos sabendo algo sobre a *gestalt* total de sua história de vida, com o que podemos averiguar o significado de outras partes, como a pequena observação no início da conversa. A análise completa da entrevista mostrou que toda a apresentação de sua história de vida visa a separar o passado do nacional-socialismo, que é também seu próprio passado na Alemanha, de seu passado e presente em Israel. Não se trata apenas de uma divisão de sua narrativa, mas também o resultado das experiências que ele vivenciara. Fiquei sabendo, por exemplo, que ele, que conversou comigo fluentemente em sua língua alemã materna, negara-se a falar alemão até poucos anos antes da entrevista.

O que eu queria dizer é que, além do quase trivial enfoque hermenêutico, é preciso interpretar os elementos de um texto em relação com seu contexto, mas meu propósito é mais que uma simples consideração do contexto do significado. Para entender partes individuais da história de vida, como, por exemplo, relatos isolados acerca de acontecimentos ou experiências de vida, temos que:

- primeiro, dar a nossos entrevistados/autobiografados espaço suficiente para criarem sua narrativa, sem impor uma *gestalt* alheia através de nossas perguntas e interferências;

- segundo, ao analisarmos a história de vida, devemos considerar sua acumulação sequencial, respeitando a sequência narrativa em nosso processo de reconstrução;

- terceiro, devemos analisar as partes isoladas como elementos que têm sua função no conjunto.

Referências bibliográficas

Ehrenfels, C. von. Über Gestaltqualitäten. *Vierteljahreszeitschrift für wissenschaftliche Philosophie, 14*:249-92, 1890.

Fischer, W. *Time and chronic illness. A study on social constitution of temporality*. Berkeley, 1982.

―――. Soziale Konstitution von Zeit in biographischen Texten und Kontexten. In: Heinemann, G. (hrsg.). *Zeitbegriffe*. Freiburg, Alber, 1986. p. 355-77.

―――. Affirmative und transformative Erfahrungsverarbeitung. In: Friedrichs, J. (hrsg.). *Technik und sozialer Wandel*. Verhandlungen des 23. Deutschen Soziolentages. Hamburg, 1986. Opladen, Westdeutscher Verlag, 1987. p. 465-71.

Gurwitsch, A. *The field of consciousness*. Pittsburg, Duquesne University Press, 1964; *Das Bewußtseinsfeld*. Berlin, De Gruyter, 1974.

Rosenthal, G. Wenn alles in Scherben fält. *Von Leben und Sinnwelt der Kriegsgeneration*. Opladen, Leskeund Budrich, 1987.

———. Reconstruction of life stories. In: *Life stories/récits de vie* (no prelo).

——— & Bar-On, D. *A daughter of a victimizer. Repair-strategy: identification with the victims of the Holocaust* (no prelo).

4

Pensar o tempo presente

Capítulo 15

Algumas questões de alcance geral à guisa de introdução*

René Rémond**

Os que idealizaram este seminário atribuíram-lhe dois objetivos. O primeiro (aliás, a principal intenção dos organizadores, dos diretores do Instituto de História do Tempo Presente) foi prestar homenagem a François Bédarida, sobretudo ao papel por ele exercido à frente do IHTP, primeiramente como seu fundador e depois presidindo durante mais de uma década os destinos desse instituto. Manifestação de simpatia pelo colega e de reconhecimento pelo muito que fez por essa instituição. François Kourilsky definiu muito bem o seu papel, as tarefas que o aguardavam. Arriscando-me a ser redundante — mas nas circunstâncias a repetição não é inoportuna —, gostaria de insistir na dificuldade da tarefa que lhe incumbia. Tudo ou quase tudo estava por fazer, quando os poderes públicos tomaram a decisão de criar no CNRS um laboratório que teria por objetivo estudar o tempo presente. A missão estava definida: restava dar-lhe um conteúdo. Primeiramente era preciso conceber quais seriam a natureza, a função e a finalidade dessa instituição original. Era preciso imaginar os temas, definir as coordenadas, escolher os rumos da pesquisa, inventar uma metodologia, descobrir novas fontes ou mesmo inventá-las. Formar uma equipe, criar hábitos

---

* Penser le temps présent — écrire l'histoire du temps présent. Paris, CNRS, 1992.
** René Rémond foi presidente do Comitê Científico do IHTP desde sua criação, em setembro de 1978, até junho de 1989 (nota dos editores).

(relativamente novos na profissão) de subordinação das preocupações pessoais aos objetivos comuns, promover uma pesquisa coletiva, estabelecer relações com as demais instituições. Era preciso fazer desse laboratório uma instituição de serviço e não um isolato: promover, coordenar, dar impulso, convidar ao trabalho conjunto. A simples enumeração dessas tarefas, que não é exaustiva, mostra que eram necessárias qualidades as mais diversas e que só raramente se acham reunidas na mesma pessoa: qualidades de administrador, de chefe de equipe, de erudito, e também imaginação.

A bem dizer, quando afirmei que tudo estava por fazer, na verdade não era tudo, porquanto havia um legado, como lembrou François Kourilsky. Logo após a Libertação, o governo fizera criar a Comissão de História da Ocupação e da Libertação da França, a Cholf, que depois se transformou no Comitê de História da II Guerra Mundial. Que essa evocação sirva para refutar a frequente afirmação de que os historiadores franceses, por timidez, suscetibilidade, pusilanimidade, se abstiveram por 20 ou 25 anos de escrever a história desses anos difíceis, deixando para outros, mais jovens ou estrangeiros, a tarefa de decifrá-la. Trata-se de uma lenda: os historiadores não faltaram com seu dever. Poucos são os períodos sobre os quais se começou tão cedo a trabalhar para transformá-los em objeto científico. À época da criação do IHTP, já havia pois um passado, um trabalho feito, um método definido. Mas nem sempre é fácil gerir um legado; e dizer isso não desmerece a memória nem o trabalho dos que desapareceram. E posso afiançar, por ter partilhado das preocupações de François Bédarida, que às vezes é mais difícil receber um legado do que partir do nada. Podem acreditar. No setor econômico, as fusões de empresas criam problemas delicados. O mesmo ocorre nas empresas científicas. Hoje, transcorridos todos esses anos desde a criação do IHTP, podemos dizer que ele é um sucesso, e se estamos aqui reunidos é antes de tudo para saudá-lo, sem triunfalismo, para testemunhá-lo e atribuir seu maior mérito a François Bédarida. Eis o objetivo primeiro, a finalidade primeira deste seminário.

Para render uma homenagem de acordo com a natureza e o caráter da instituição, em vez de fazer o balanço das atividades bem-sucedidas do IHTP, enumerando os simpósios, as publicações (seria um considerável balanço), pareceu-nos mais adequado e pertinente iniciar uma reflexão sobre o objeto que é a razão de ser e que constitui a especificidade do IHTP, isto é, fazer uma reflexão sobre o modo de pen-

Algumas Questões de Alcance Geral à Guisa de Introdução

sar a história do tempo presente e de escrevê-la. Eis a segunda finalidade deste seminário, que não é muito diferente da primeira; elas são inseparáveis, pelo tanto que François Bédarida está identificado com o IHTP e pelo tanto que o IHTP tem feito pelo estudo do tempo presente. Portanto, temos aí explícitas e definidas as intenções que conferem sentido e razão de ser a este seminário.

A lista das intervenções, com cerca de 50 contribuições escritas ou orais, é prestigiosa e atesta o renome e a importância do Instituto. Não digo que estejam participando do evento todos os historiadores do contemporâneo — seria injusto para com os que não podem estar presentes —, mas digamos que a corporação está bem representada.

Parece-me que três aspectos, entre outros, concorrem para a originalidade deste seminário. Primeiro — e cabe aqui agradecer-lhes —, a presença de historiadores especialistas de outros períodos. Ela sem dúvida permitirá discernir melhor em que consiste a especificidade da história do tempo presente, bem como suas analogias e afinidades com outros períodos. Outras disciplinas também estão representadas — François Kourilsky insistiu na interdisciplinaridade —, a sociologia, a ciência política, até a teologia. E também a dimensão internacional, pois vários amigos de outros países nos dão a honra de comparecer e participar ativamente do seminário.

Pediram-me que iniciasse os trabalhos deste seminário. E, ao fazê-lo, descubro que talvez seja ainda mais difícil abrir do que encerrar. Sobretudo quando o programa é tão rico e a matéria tão abundante. Terei sido a melhor escolha? Estou muito próximo de François Bédarida para tomar qualquer distância. Já nos conhecemos há quase 50 anos. Ele foi — que palavra empregar? — um de meus primeiros alunos, se posso dizer assim, e desde então jamais nos separamos; por muito tempo travamos a mesma luta em prol da história do tempo presente e durante mais de uma década ele me manteve estreitamente ligado às responsabilidades e alegrias propiciadas pela direção do Instituto de História do Tempo Presente. Sendo assim, em que posso ser útil? Vou limitar-me a enunciar sucintamente algumas questões de alcance geral. Não tornarei a insistir nas razões que legitimam nossa história do tempo presente. A batalha está ganha e atualmente ninguém mais contesta sua situação de fato, nem que ela possa ser objeto de um estudo científico. Cabe darmos fé disso, felicitarmo-nos, sem triunfalismo, dispensando-nos de continuar a expor os argumentos favoráveis à abordagem, pelos historiadores, de uma história próxima. Eu diria mesmo o contrário — e não sou suspeito de ser discreto com relação à história do tempo presente —, que é preciso desconfiar das vitórias demasiado fáceis e conter o ardor de muitos de nossos colegas. Existe atualmente um modismo, um entusiasmo, uma sofreguidão pela vitória. Alguns se deixam levar por uma falsa impressão de maior facilidade, como percebeu François Kourilsky ao afirmar que todos se imaginam capazes de fazer a história do tempo presente porque essa é a história que vivemos: faz parte de nossas lembranças e de nossa experiência. Ora, vale lembrar que essa história exige rigor igual ou maior que o do estudo de outros períodos: devemos enfatizar a disciplina, a higiene intelectual, as exigências de probidade. Eis uma linguagem que cumpre divulgar e que é tanto mais necessária e oportuna porquanto a sociedade que nos cerca e nosso tempo exercem uma pressão a favor da história do tempo presente. O vento é favorável, enfuna nossas velas, mas talvez tenha chegado o momento de recolhê-las, de promover um retorno à história. Após um período em que a epistemologia privilegiava a continuidade, a constância, as estruturas, nossos contemporâneos redescobriram, graças ao fato e à atualidade, a importância da história. A atualidade nos persegue, não nos poupa: há uma demanda social e disso somos — François Bédarida, alguns outros e eu mesmo — testemunhas. Dos historiadores espera-se que resolvam os debates, que sejam os árbitros nas controvérsias que dividem a consciência pública e confundem as opiniões, que façam a verdade. Exige-se que exerçam uma magistratura. É a confusão dos papéis: os magistrados se fazem historiadores, e pede-se aos historiadores que se tornem magistrados. Tudo isso nos convida a uma profunda reflexão sobre os limites de nosso poder, sobre a relatividade das conclusões às quais chegamos, sobre a exigência de verdade, sobre nossa responsabilidade social. Não podemos proceder, como fazem tantas vezes os intelectuais, sem nos preocuparmos com as consequências de nossos atos. Devemos ser responsáveis na pesquisa da verdade objetiva sobre o tempo presente. Essa é uma das direções nas quais devemos promover, engajar, aprofundar uma reflexão coletiva.

O que constitui a unidade de nosso encontro em meio à variedade dos assuntos? Basta percorrer a lista de alguns temas tratados, que vão da técnica ao cotidiano, da ciência à religião, para ver que há apenas um princípio de unidade, um único vínculo entre todos esses temas: sua situação quanto à duração, sua inserção no tempo, sua proximidade em relação a nós. Esse caráter de proximidade especifica inteiramente a história do tempo presente? Em outras palavras, trata-se de uma história como as outras ou de uma história distinta? Ela depende do mesmo método? Está sujeita à mesma problemática? Sempre defendemos, François Bédarida e eu, a tese da analogia da banalidade. Aos que nos diziam: é preciso esperar o tempo transcorrer até o tempo presente para tornar-se objeto de história, querendo com isso indicar a irredutibilidade, a especificidade, respondíamos: não há diferença entre a atividade do historiador que estuda a guerra do Peloponeso e a daquele que se interessa pela II Guerra Mundial; não há razão para estabelecer uma diferença e distinguir a história do tempo presente. A questão é essencial. Ela é uma história como as outras? Tem alguma especificidade? E sua especificidade se reduz unicamente a uma situação em que, aliás, tem a perder em termos de duração histórica? Onde está a especificidade?

A segunda questão, uma vez que o essencial é precisamente essa situação quanto à duração, diz respeito à delimitação do campo que constitui o objeto próprio da história do tempo presente. Não se trata de uma história do instante, e é preciso denunciar a confusão entre uma história da proximidade e uma história da instantaneidade; trata-se, portanto, de uma história da duração. Mas que duração? Qual é a unidade de tempo? Quais critérios podem definir onde termina a história que ainda não é do tempo presente e onde começa a que é do tempo presente? É o procedimento exatamente inverso daquele pelo qual por muito tempo se estabeleceu a diferença de estudar o tempo presente: esperava-se que os arquivos fossem abertos, esse era um *termo ad quem*, e agora isso se inverte. Qual é o ponto de partida? É necessário esperar o desaparecimento dos últimos sobreviventes, daqueles que poderiam testemunhar? É o aniquilamento da memória pessoal? É preciso esperar que os fenômenos estudados sejam fenômenos consumados? Ou seria algum fato? Em 1979/80 ainda não se discutia essa questão: partia-se, evidentemente, da ruptura introduzida na história do mundo pela II Guerra. Com uma variante: a guerra seria incluída ou deixada de fora? 1939 ou 1945? Mais ou menos como a questão de saber se era 1789 ou 1815 que deveria marcar a separação entre a história moderna e a história contemporânea. Mas, há apenas poucos anos, a diferença era insignificante. 1939-1979: 40 anos — essa era a unidade de tempo, a sequência. Uma década depois, a II Guerra se apaga e se distancia. Isso tem uma consequência para os historiadores do tempo presente; eles precisam rever continuamente a delimitação do seu campo de pesquisa. Por um deslocamento contínuo e ininterrupto, um problema, um assunto ou um tema que definia seus objetos retira-se do campo, cai em uma história que não é mais do tempo presente. E como resultado da aceleração, que nos fez ver em dois ou três anos o cenário transformar-se, a maioria dos temas que estavam no cerne da investigação e da reflexão da história do tempo presente de repente envelhece e passa à condição de objeto do passado: a Guerra Fria, o comunismo, a descolonização. Consequentemente, os historiadores do tempo presente devem estar atentos às mudanças, acolher novos temas, dar provas de imaginação.

Terceira e última questão: que efeitos pode ter sobre a história geral, e não apenas sobre a do tempo presente, a reintegração do tempo presente na perspectiva do historiador? Quais os efeitos sobre a noção que os historiadores de todos os períodos têm de seu ofício e da prática de seus métodos? Pode-se entrever alguns efeitos sobre as fontes: os arquivos perderam seu caráter exclusivo, teve-se que recorrer a outras fontes, não à história oral — a expressão é inadequada —, mas às fontes orais da história. É preciso estender o método histórico à crítica dos depoimentos. Creio que os efeitos podem ir além e contribuir para modificar a ideia que o historiador faz de seu papel e de seu ofício. Seu papel na sociedade? Já me referi à demanda social, à pressão da sociedade, que tende a transformar os historiadores em especialistas. Cuidemos para não nos transformarmos em corporação, a história não nos pertence, ela pertence a todos, aos magistrados como aos cidadãos. É um bem comum, cada um tem direitos sobre sua história e devemos ser os representantes da sociedade. Cuidemos para não nos apropriarmos da história. A reintegração do tempo presente faz varrer da visão da história os últimos vestígios do positivismo: o historiador do tempo presente sabe o quanto sua objetividade é frágil, que seu papel não é o de uma chapa fotográfica que se contenta em observar fatos, ele contribui para construí-los.

Uma vez que o historiador do tempo presente se confronta com a atualidade, seu olhar tem um raio relativamente curto: assim, ele está mais atento aos detalhes (como o ponto de vista de quem se eleva nas alturas e vê os relevos se achatarem), e é compreensível que o historiador que trabalha com percursos dos quais estamos separados por vários séculos tenha mais facilidade para distinguir as tendências importantes, esteja mais inclinado a considerar que as peripécias não têm relevância e a concentrar seu interesse nos fenômenos estáveis e constantes. Mas a história do tempo presente evoca a importância da contingência e do fato: a história é feita de surpresas, mais de surpresas que de ardis. A esse respeito, frequentar a história do tempo presente talvez seja uma boa precaução, o meio mais seguro de nos resguardarmos da tentação que sempre nos espreita de introduzir no relato do passado uma racionalidade que não podia estar lá. A operação indispensável de tornar inteligível não deve exercer-se em detrimento da complexidade das situações e da ambivalência dos comportamentos. A história do tempo presente é um bom remédio contra a racionalização *a posteriori*, contra as ilusões de ótica que a distância e o afastamento podem gerar.

Capítulo 16

A "lacuna" do presente*

Luisa Passerini

Os temas propostos para este seminário — "situar o presente no tempo", "pensar o tempo presente", "escrever a sua história" — sugerem pelo menos três pontos para reflexão.

O começo do presente

Cabe lembrar primeiramente o caráter subjetivo dos começos históricos. A Espanha contemporânea começa a contar seus anos a partir da guerra civil de 1936 (Mercedes Vilanova); na Alemanha, nos anos 50, os especialistas consideram que a *Zeitgeschichte* teve como ponto de partida o ano de 1917 (Hartmut Kaelble); a II Guerra Mundial é tida como o acontecimento inaugural ou a matriz do tempo presente (Jean-Pierre Azéma); na França, prevalece há muito o hábito de começar a história contemporânea em 1789 (Michel Trebitsch). Mas trata-se, nesse caso, de subjetividades coletivas que cumpre aprofundar e penetrar inteiramente para chegar-se à única objetividade possível em história, como disse Siegfried Kracauer.[1]

---

* Passerini, Luisa. "La lacune" du présent. In: *Écrire l'histoire du temps présent*. Paris, CNRS, 1992.
[1] *History. The last things before the last.* New York, 1969.

Atualmente assistimos a um desses "começos": o ano de 1989 (Etienne François, Hartmut Kaelble) se apresenta como o início de uma nova era que nos pegou a todos de surpresa, que induz a reescrever a história de certos países europeus e que redefine a Europa.

É evidente que todo começo define não somente uma época, mas também um espaço, uma dimensão que pertence a esse tempo. Neste último caso, trata-se de uma dimensão europeia. A dimensão europeia suscita problemas históricos, como por exemplo a pesquisa de suas origens ou antecedentes, sem limitar-se apenas à história das ideias eruditas, mas levando em conta as culturas cotidianas. Suscita igualmente questões novas em termos de memória: muito já se pesquisou sobre a memória dos totalitarismos na Europa. Esse começo tão recente da nova Europa nos coloca o problema da relação entre a memória e a democracia — essa democracia que finalmente saiu-se vitoriosa na Europa após quase ter desaparecido por volta dos anos 40 (Pierre Milza).

Começo, definição de um tempo e de um espaço, pesquisa de uma pré-história e pesquisa de uma memória: todas essas expressões fazem parte de uma mesma constelação que preside ao esforço necessário para construir um presente e constituem os eixos de uma subjetividade histórica cambiante, compartilhada, ainda que de maneiras diferentes, pelos historiadores e os contemporâneos. Esta última noção nos leva a uma correlação fundamental que constitui o segundo ponto dessa reflexão.

Presente e vivido. A cadeia das gerações

Michel Trebitsch nos lembra que François Bédarida destacou essa relação ao afirmar que "a palavra 'contemporâneo' deve ser reservada para o tempo em que se vive". Temos aí várias conexões e entrelaçamentos de uma pluralidade de memórias (Karel Bartosek): a dos historiadores e a dos diversos grupos da sociedade, mas também a memória de pais e avós (Jean-Jacques Becker: memória adquirida e memória espontânea, memória coletiva, memória impregnada da experiência dos que viveram antes de nós). O que essa pluralidade deixa patente é a estreita ligação entre memória e experiência vivida, entre tradição e capacidade de experiência.[2] Ao mesmo tempo, tudo isso nos lembra até que ponto é indispensável separar o presente do atual e do imediato para

---

[2] Lowy, M. *Rédemption et utopie*. Paris, 1988.

que a relação presente/vivido se torne verdadeiramente significativa (Robert Frank, Henry Rousso).

A conexão entre presente e vivido remete por fim à relação constitutiva entre o presente e o futuro. A comunidade das gerações compreende também os sucessores, as gerações às quais se transmite a história (ensino, transmissão, mídia — transmissão política: "tradições" das últimas décadas, do feminismo, das diferentes formas de radicalismo, da "esquerda" — seja qual for o sentido desta palavra atualmente). Michel Trebitsch fala justamente da importância, para o tempo presente, das questões ideológicas e políticas, da responsabilidade cívica.

É sabido que as categorias denominadas "experiência", ou "memória", ou ainda "tradição" são bastante problemáticas. Ver Paul Ricoeur sobre Alfred Schutz:[3] "o reino dos contemporâneos — os que assim se definem por amadurecer juntos, envelhecer juntos, subsistir juntos —, o mundo dos predecessores, o mundo dos sucessores. O anonimato desse triplo reino propicia a mediação entre o tempo privado e o tempo público; a contemporaneidade perdeu em boa parte o caráter de compartilhamento da experiência".

O que aí temos é o entrecruzamento do presente e do futuro, o que nos remete ao terceiro ponto.

O presente como "lacuna" entre passado e futuro

A ideia e o termo vêm de Hannah Arendt.[4] Considero-os particularmente indicados para exprimir um conceito frequentemente encontrado entre os historiadores: de diversas maneiras eles insistem na ruptura do tempo presente, na descontinuidade, na surpresa ("o tempo curto", Jean-Pierre Azéma; "o ritmo precipitado", Etienne François), enfim, numa concepção da temporalidade no presente como possibilidade, acaso, liberdade.

Hannah Arendt retoma a parábola de Kafka sobre a luta travada por *ele* (o título do apólogo é *Er* [ele], mas hoje bem poderíamos dizer *ela*) contra dois adversários: o primeiro está atrás de si e o empurra pelas costas; o segundo está à sua frente e barra-lhe o caminho. Cada um dos dois o ajuda na luta contra o outro, o passado contra o futuro

---

[3] *Temps et récit*, III, *Le temps raconté*. p. 165 e segs.
[4] *Between past and future*. New York, 1954.

e o futuro contra o passado. O sonho desse personagem é que um dia, num momento em que não houver testemunhas (talvez uma noite mais escura que todas as anteriores), ele conseguirá deixar a frente de batalha e, com a experiência adquirida, tornar-se-á o árbitro da luta entre os dois adversários. A resultante desse paralelogramo é uma força diagonal — arraigada no presente e voltada para uma paisagem móvel —, cambiante, variável. Segundo essa concepção, o tempo não é um *continuum*, mas interrompe-se no ponto onde o ser humano se encontra e onde ele/ela tem que se posicionar contra o passado e o futuro juntos. A lacuna não é um mero intervalo, mas um campo de forças gerado pelo esforço do homem para pensar. No tempo histórico e biográfico não havia lacuna porquanto havia uma tradição; à medida que a modernidade prossegue, a lacuna se torna uma experiência para todos, um fato político, enfim. O pensamento, a memória, a previdência podem saber alguma coisa do desgaste sofrido pelo tempo histórico e biográfico. Podemos acrescentar que a história — em particular a história do tempo presente — pode contribuir para criar a lacuna que cada geração nova, cada ser humano deve descobrir e preservar mediante um trabalho assíduo.

  Não é por acaso que o pequeno ensaio de Hannah Arendt começa com uma citação de René Chair: "Nosso legado não foi precedido de nenhum testamento", citação que descreve perfeitamente a situação da história do tempo presente e suas relações ambivalentes com o passado e diante do futuro.

Capítulo 17

A visão do historiador modernista*

Roger Chartier

Para o historiador modernista, a história do tempo presente, pelo menos como ele a imagina, desperta um mau sentimento: a inveja. Antes de tudo, inveja de uma pesquisa que não é uma busca desesperada de almas mortas, mas um encontro com seres de carne e osso que são contemporâneos daquele que lhes narra as vidas. Inveja também de recursos documentais que parecem inesgotáveis. Apesar dos sérios obstáculos que limitam a comunicação de arquivos públicos, a abundância da produção escrita, sonora, visual e informática acumulada pelas sociedades contemporâneas, bem como a possibilidade que tem o historiador do contemporâneo de produzir ele mesmo o seu arquivo parecem prometer um maná sempre renovado. Certamente os historiadores modernistas conseguiram despertar arquivos adormecidos, estabelecer importantes fontes seriais, explorar os recursos acumulados por administradores, escriturários, juízes e tabeliães, mas hoje muitas vezes lhes parece que suas indagações mais decisivas ficarão para sempre sem solução documental. Ao passar da história das estruturas e das conjunturas para a das representações e das práticas (e mais particularmente das práticas sem discurso e das representações mais comuns), a história moderna multiplicou as questões para as quais, em último caso, não existe resposta possível nas fontes disponíveis. Com ou sem razão, para

---

* Chartier, Roger. Le regard de l'historien moderniste. In: *Écrire l'histoire du temps présent*. Paris, CNRS, 1992.

o modernista, o historiador do tempo presente, por sua capacidade de construir observatórios ajustados às suas preocupações, parece estar em condições de superar os entraves que classicamente limitam a investigação histórica.

Inveja, enfim, porque o historiador do tempo presente é contemporâneo de seu objeto e portanto partilha com aqueles cuja história ele narra as mesmas categorias essenciais, as mesmas referências fundamentais. Ele é pois o único que pode superar a descontinuidade fundamental que costuma existir entre o aparato intelectual, afetivo e psíquico do historiador e o dos homens e mulheres cuja história ele escreve. Para os historiadores dos tempos consumados, o conhecimento histórico é sempre uma difícil operação de tradução, sempre uma tentativa paradoxal: manifestar sobre o modo de equivalência um afastamento irredutível. Para o historiador do tempo presente, parece infinitamente menor a distância entre a compreensão que ele tem de si mesmo e a dos atores históricos, modestos ou ilustres, cujas maneiras de sentir e de pensar ele reconstrói.

Uma vez expressada a inveja — uma inveja que os historiadores do contemporâneo, atrapalhados com a superabundância de fontes e aflitos com a proximidade imediata que os une a seu objeto, podem talvez considerar desproposidata — cumpre mencionar as expectativas e as dívidas, não dos modernistas, mas de um modernista entre outros, com relação à história do tempo presente. Em primeiro lugar, me parece que essa história inventou um grande tema, agora compartilhado por todos os historiadores, seja qual for o período de sua predileção: o estudo da presença incorporada do passado no presente das sociedades e, logo, na configuração social das classes, dos grupos e das comunidades que as constituem. Os numerosos trabalhos dedicados às modalidades de construção, de institucionalização e de expressão da, ou melhor, das memórias contemporâneas foram decisivos para o início de novas pesquisas que, em todos os períodos históricos, tentam identificar, além do mero discurso histórico, as formas múltiplas e possivelmente conflitantes de rememoração e utilização do passado.

Por outro lado, a história do tempo presente confere uma acuidade particular a uma das questões mais difíceis com que se deparam todos os historiadores: a articulação entre a parte voluntária e consciente da ação dos homens e os fatores ignorados que a circunscrevem e a limitam. Por muito tempo (e a meu ver indevidamente) a história do contemporâneo esteve estreitamente associada a um paradigma do conhecimento histórico que considera apenas a liberdade dos atores, a parte refletida das condutas, a oferta de ideias, a esfera do político. Mas acaso os trabalhos mais argutos dos historiadores do contemporâneo não são aqueles que, recusando-se a identificar a história a essa filosofia mutilante do sujeito e da consciência, inserem as escolhas, os compromissos ou as decisões mais voluntárias nas circunstâncias que os tornaram cogitáveis e, logo, possíveis, bem como nos determinantes que os regem e comandam? Longe de opor-se totalmente aos princípios fundadores das ciências sociais, a história do tempo presente, em seus momentos culminantes, propicia uma reflexão essencial sobre as modalidades e os mecanismos de incorporação do social pelos indivíduos que têm uma mesma formação ou configuração social.

Enfim, a história do tempo presente manifesta com peculiar pertinência a aspiração à verdade que é inerente a todo trabalho histórico. Nestes últimos anos, as atenções se voltaram justamente para o parentesco existente entre a escrita histórica e a escrita ficcional. Ambas pertencem à categoria das narrativas, e toda história, inclusive a menos factual, a mais estrutural, constrói suas entidades, suas temporalidades e suas causalidades da mesma forma que a narrativa de ficção. A partir dessa constatação, totalmente justificada, há o risco de chegar-se a outra, que dissolve o *status* de conhecimento da história e a identifica às obras de imaginação. Ora, a história do tempo presente, mais do que todas as outras, mostra que há entre a ficção e a história uma diferença fundamental, que consiste na ambição da história de ser um discurso verdadeiro, capaz de dizer o que realmente aconteceu. Essa vocação da história, que é ao mesmo tempo narrativa e saber, adquire especial importância quando ela se insurge contra os falsificadores e falsários de toda sorte que, manipulando o conhecimento do passado, pretendem deformar as memórias. Estes existem em todas as épocas, como assinalaram recentemente os livros de Anthony Grafton[1] e de Julio Caro Baroja.[2] Mas a atualidade francesa mais recente, marcada pelo caso Touvier, entre outros, basta para mostrar as implicações cívicas e éticas absolutamente específicas do trabalho de triagem entre o falso e o verdadeiro, entre o embuste e o conhecimento, quando se trata de realidades históricas ainda vivas.

---

[1] *Forgers and critics. Creativity and duplicity in Western scholarship.* Princeton University Press, 1990.
[2] *Las falsificaciones de la Historia (en relación con la de España).* Barcelona, Seix Barral, 1992.

Animada por uma imperiosa exigência de verdade, a história do tempo presente obriga todos os historiadores a refletirem sobre a questão muito bem colocada por Paul Ricoeur[3] e também por Michel de Certeau:[4] em que condições se pode considerar um discurso histórico como verdadeiro, isto é, como capaz de produzir, com o auxílio de instrumentos e categorias próprios de uma determinada configuração do saber, um conhecimento adequado da realidade que constitui seu objeto? A resposta é difícil, e sua elaboração foge aos propósitos desta breve intervenção. Simplesmente reconheçamos que a história do tempo presente, pela própria natureza de suas preocupações, permite reconhecer a historicidade fundamental das condições de produção e de validação do saber histórico, atrelando nosso ofício à exigência de conhecimento verdadeiro que o fundamente.

---

[3] Em *Temps et récit*. Paris, Seuil, 1983-85.
[4] Em *L'écriture de l'histoire*. Paris, Gallimard, 1978.

Capítulo 18

Tempo presente e presença da história*

François Bédarida

Permitam-me inicialmente um breve retorno às fontes, antes de apresentar algumas reflexões derivadas de minha experiência de historiador ou sugeridas pelos estudos coligidos neste volume.

Uma instituição, um itinerário: o Instituto de História do Tempo Presente

O primeiro número do *Bulletin de l'IHTP* trazia um editorial que orgulhosamente intitulei "A nova oficina de Clio". Era realmente um momento propício ao espírito criativo, à inovação, à audácia de uma aventura intelectual coletiva. Não que o IHTP fosse o único a encarnar a mudança operada no *Zeitgeist* — ou, se preferirmos, o corte epistemológico — que caracteriza a segunda metade dos anos 70 e que em boa parte explica a sua criação: o retorno vigoroso da história e da memória, uma busca ansiosa de identidade, a crise dos paradigmas das ciências sociais, enfim, um presente cheio de incertezas em relação a si mesmo e ao futuro num mundo que não sabia mais se iria desembocar em Prometeu ou em Pandora. Mas, dada a importante missão confiada ao IHTP pelos

---

* Bédarida, François. Temps présent et présence de l'histoire. In: *Écrire l'histoire du temps présent*. Paris, CNRS, 1992.

poderes públicos — o CNRS em primeiro lugar, mas também o primeiro-ministro —, uma grande responsabilidade lhe incumbia.

É bem verdade que a história do tempo presente, em vez de sair toda armada do cérebro do senhor dos deuses, insere-se em uma longa tradição que remonta a Heródoto e a Tucídides e é ainda hoje brilhantemente ilustrada pelo Marc Bloch de *L'étrange défaite*. Ancestrais insignes, cartas de nobreza autenticadas para todo o território europeu, um legado multissecular: o nascente IHTP tinha à volta do berço muitas fadas benfazejas.

Mesmo assim o parto foi penoso e a primeira infância, agitada. Somente depois de muitos anos é que o navio, afastando-se da zona tempestuosa, ingressou em águas mais tranquilas. Definida a rota — e seguida —, não faltaram apoio nem incentivos. Citarei apenas dois, não só porque me tocam pessoalmente, mas também porque me parecem guardar ainda a sua importância intelectual.

O primeiro episódio se deu no momento mesmo da criação do IHTP. Eu fora então ter com meu mestre Ernest Labrousse, para informá-lo e pedir seus conselhos. Ele imediatamente aplaudiu a iniciativa do CNRS, dizendo-me com o calor e o entusiamo costumeiros: "Isso vai fazer época: é uma reviravolta na historiografia francesa". E contou-me como ele próprio decidira abordar, durante uma Semana do Pensamento Marxista, nos anos 60, o tema "É possível fazer história a quente?" — respondendo, é claro, afirmativamente.

Outro incentivo marcante: o que recebi várias vezes, estando o IHTP já em atividade, do grande Arnaldo Momigliano, que me honrara com sua amizade desde os meus tempos de Oxford. Dono de extraordinária cultura universal, avesso a qualquer distinção entre a pesquisa e a vida, entre a investigação de períodos remotos e a experiência vivida do contemporâneo — logo ele, que tanto sofrera com o racismo fascista e nazista —, Momigliano mostrou-se entusiasmado com a *démarche* inerente ao trabalho do Instituto, a dialética presente/passado (já disseram que seu lema poderia ter sido "o tempo reencontrado"). Lembro-me particularmente de nosso último encontro, pouco antes de sua morte — creio que em 1985 —, na cantina da Unesco, onde o pessoal do IHTP então almoçava: como sempre cheio de ideias, fez-me uma série de perguntas sobre o progresso de nossos trabalhos, nos quais via um retorno aos fundamentos da historiografia.

De fato, a união e a interação do presente e do passado constituem a principal inovação trazida pelo projeto IHTP. A bem dizer, o CNRS estava assim reatando laços com instituições fecundas como o haviam sido as dos fundadores dos *Annales*, Lucien Febvre e Marc Bloch. É famosa a palavra de ordem do primeiro: "compreender o presente por meio do passado e sobretudo o passado por meio do presente". Para o segundo, "a solidariedade do presente e do passado é a verdadeira justificação da história". Vimos assim ressurgir harmonias novas no reino do tempo. Porém, muito já se falou desse binômio neste livro, de modo que é inútil insistir.

Em compensação, o que logo ficou patente — além das objeções iniciais que foi preciso enfrentar e que aos poucos, graças a Deus, foram cessando — é que a história do presente é feita de "moradas provisórias", para retomar a expressão de Santo Agostinho. Sua lei é a renovação. Seu *turnover* verifica-se muito rapidamente. Mas é consolador pensar que seus adeptos têm o privilégio de uma fonte da eterna juventude.

Para apreender esse processo tão difícil de definir e decifrar, certamente o melhor é recorrer a imagens. Pensemos nessas paisagens que, sob iluminações de diferente intensidade e cor, de feixes verticais ou oblíquos, conforme o dia, a hora e a estação, adquirem outra configuração, com visões cambiantes dos relevos, das árvores, das aldeias, do mar ou do litoral. Outro símbolo, este tirado da Bíblia: a sarça ardente. De fato, o livro do *Êxodo* fala da labareda de fogo vista por Moisés ao descer da montanha: "a sarça estava em chamas e a sarça não se consumia". Mas a imagem que prefiro é a do palimpsesto: o tempo presente é reescrito indefinidamente utilizando-se o mesmo material, mediante correções, acréscimos, revisões — imagem que remete ao âmago do processo de reescrita de que fala Paul Ricoeur.

Chegamos agora às três linhas de reflexão que eu gostaria de ressaltar. São três diretrizes, ou três lições, para a história do tempo presente a que me atenho e que o pessoal do IHTP tantas vezes me ouviu repisar. Tais reflexões giram em torno de três binômios: história e verdade, história e totalidade, história e ética.

História e verdade

História e verdade: nobre e temerária ambição. A verdade do passado, a verdade do presente: não haverá aí uma aporia? O ofício do historiador presta-se em si mesmo ao conhecimento da verdade? Podemos chegar a ela ou devemos nos contentar em ficar a distância, incapazes de apreendê-la e muito menos de interpretá-la? Várias gerações de historiadores e de filósofos confrontaram-se com essa dúvida lancinante.

Aliás, quem de nós ousaria proclamar que possui a verdade histórica, ainda que em princípio ela seja nosso alvo e nosso guia?

Não obstante, e sem cair, assim espero, no *ubris*, declaro abertamente que a despeito de tudo a busca da verdade deve ser explicitamente considerada a regra de ouro de todo historiador digno desse nome. Alfa e ômega desse ofício. Mesmo sabendo que não conseguiremos jamais dominar essa verdade, mas apenas nos aproximar dela. Chama vacilante e frágil na noite, mas que apesar de tudo ilumina o nosso caminho e sem a qual mergulharíamos nas trevas.

De fato, a verdade da história provém da interface entre os componentes do passado, tal como ele nos chega através de seus vestígios documentais, e o espírito do historiador que o reconstrói, buscando conferir-lhe inteligibilidade. Há pois necessariamente correlação e reciprocidade entre o sujeito e o objeto. Como explica cristalinamente Henri Marrou (que também foi meu mestre), "o valor da história repousa na integridade interior do historiador, em sua paixão ardente e incondicional pela verdade".[1]

Mas eis que nos deparamos com a espinhosa questão da objetividade. Certamente todos reconhecem que a objetividade absoluta não existe. E conhecemos a tese de Raymond Aron que tem por subtítulo: *Ensaio sobre os limites da objetividade histórica*. Hoje estamos longe da concepção singularmente reducionista dos positivistas, para quem o objeto histórico de algum modo já existia de antemão e em si, com o que o historiador não construía a história, mas simplesmente a reencontrava tal como havia sido. Não importa: a dificuldade permanece real, e seria inútil e indigno querer evitá-la.

Permitam-me citar aqui minha própria experiência, considerando a distância que separa o meu ingresso na carreira e o momento atual, assim como a trajetória intelectual que vai daquele passado ao presente. Pertenço a uma geração formada na disciplina histórica sob uma dupla influência: a dos *Annales* e a do existencialismo então triunfante. A crítica antipositivista dos primeiros sempre denunciou com vigor o fetichismo do fato, dando ênfase ao papel exercido pela pessoa do historiador na construção do objeto histórico. Por outro lado, nos anos dourados do existencialismo, logo após a guerra, o método fenomenológico tendia a afirmar o caráter ilusório do conceito de objetividade, já que nessa ótica

---

[1] Marrou, Henri Irénée. Comment comprendre le métier d'historien. *L'histoire et ses méthodes*. Paris, Gallimard, Encyclopédie de la Pléiade, 1961. p. 1.523.

toda realidade, em vez de existir em si, é apreendida por uma consciência e através desta. Em outras palavras, não se pode mencionar um objeto sem mencionar ao mesmo tempo quem o apreende e como ele o apreende. Donde a impossibilidade de separar o objeto do sujeito.

Foi com essa visão, pela qual se reconhecia aberta e totalmente — e às vezes até se cultivava — o papel da subjetividade do historiador na história que ele produz, que minha geração trabalhou ao longo dos anos. Certamente existe aí um saber epistemológico ponderável, o qual não pode ser descartado. Mas a experiência das falsificações históricas (tanto no Ocidente quanto no Oriente) que me propiciaram minhas atividades no IHTP e as lições que daí pude extrair me levaram não só a reconsiderar o certo desdém com que até há pouco encarávamos a noção de fato, mas também a revalorizar o conceito de subjetividade.

Duas experiências muito distintas me obrigaram assim a um questionamento e definitivamente me convenceram a não jogar fora o bebê-objetividade junto com a água do banho positivista. O primeiro episódio se deu em Varsóvia, em pleno regime comunista, justo antes da criação do Solidariedade. Tendo sido convidado por um grupo de historiadores da *nomenklatura* para um lauto almoço — o único de minha estadia — no palácio de Wilanow, local de galas e recepções, um deles interpelou-me à queima-roupa nesses termos: "Que pensa a respeito da objetividade? Qual o seu verdadeiro sentido? Ela existe mesmo?" Devo dizer que, diante daqueles quatro historiadores *apparatchiks*, logo retomei meu discurso de intelectual liberal do Ocidente sobre a dependência da história em relação ao historiador.

A outra experiência se deu um pouco mais tarde. Foi a descoberta do fenômeno negacionista — o que se poderia chamar de estágio supremo do falsificacionismo: seja tentando dissolver pura e simplesmente os fatos mais estabelecidos, à força de sutilezas e contorcionismos de linguagem, apelando para um método hipercrítico levado aos extremos; seja preferindo negar todos os resultados da pesquisa histórica invocando um gigantesco complô stalininista-capitalista maquinado pelos judeus.

Reconheço que nesse campo tenho evoluído sob a pressão da história e do acontecimento. Certamente vamos rever nossa reflexão sobre a noção de fato — feita um pouco irrefletidamente no calor de uma reação, aliás sadia e útil, contra um positivismo rasteiro —, tornando-a mais articulada em nosso arcabouço metodológico. Quanto à objetividade, em vez de relegá-la como antes à condição de parente pobre, reconhecendo que o historiador jamais é neutro, cumpre restituí-la em toda a sua dignidade, conferindo-lhe por exemplo o *status* de "mito regulador", para usar a expressão de Sartre.

Na verdade a realidade histórica procede de uma mistura complexa de objetividade e subjetividade na elaboração do saber, e o grau de objetivação depende em boa parte do campo de aplicação, que vai desde acontecimentos simples e bem-estabelecidos, como a invasão da Polônia pelas tropas alemãs em 1º de setembro de 1939 ou o discurso da rainha da Inglaterra perante o Parlamento europeu em Estrasburgo em 12 de maio de 1992, até arquiteturas mais sofisticadas: fenômenos de representação, tipologias, modelos, tipos ideais etc.

Daí a necessidade de distinguir os níveis de verdade histórica, que comportam maior ou menor grau de aproximação e diferentes estágios de certeza, mas nos quais a mesma aspiração elevada deve sempre repercutir na consciência do historiador.

História e totalidade

Segunda linha de reflexão que me interessa: a história e a globalidade. Há cerca de três décadas o campo da historiografia começou a expandir-se, enriquecer-se e aprofundar-se de maneira prodigiosa. O surgimento de setores inteiramente novos, a multiplicação das fontes, a diversificação de abordagens e questionamentos, tudo isso contribuiu para criar uma nova paisagem na história. No que concerne à história do tempo presente, cabe acrescentar a complexidade crescente do real no mundo contemporâneo, o que complica como que por capricho a tarefa do pesquisador, reforçando o processo geral de sofisticação crescente do conhecimento histórico.

Tais avanços, positivos em seu conjunto, não deixam de ter efeitos nocivos. Primeiro, quanto mais aumenta o número de fatores, mais a parcelarização progride e mais difícil se torna encontrar um princípio unificador. Por outro lado, a tendência dominante transferiu-se do global para o particular, do social para o individual, da macro-história para uma miríade de microelementos. Donde uma história em grande parte fragmentada. Sendo assim, o território do historiador não correria o risco de assemelhar-se a um mosaico?

Donde, também, graças ao antideterminismo e ao anti-ideologismo vigentes, uma história em forma de ponto de interrogação em vez de uma história que ofereça respostas. Valendo-nos aqui de uma imagem, se compararmos o domínio do passado — passado próximo ou passado remoto — a um grande domínio com seu castelo, seu parque, suas dependências, diríamos que ao invés de uma grande chave que abre o portão e dá acesso ao domínio, o que permitiria ao historiador circular pelo castelo, pelas dependências, pelos galpões, pelos cultivos, segundo uma ordem bem-hierarquizada, temos agora uma série de pequenas chaves, cada qual abrindo uma peça individual de um apartamento, ou ainda partes das dependências de serviço, ou casinholas isoladas, sem acesso ao conjunto. Tanto mais quando essa história apartada das continuidades e das constantes se volta para uma temporalidade próxima, quente, por vezes efervescente, em sociedades que se modificam rapidamente, premidas pela aceleração do presente.

É certo que temos agora uma história fascinante, cambiante, sem dúvida muito mais apaixonante que aquela que a precedeu, mas um pouco desarticulada, pois nela a desordenação substituiu a ordenação de antigamente. Uma história em que a busca de identidade tende a substituir a busca de explicação, enquanto se multiplicam as zonas de incerteza. Dois problemas cruciais se colocam: o problema da coerência e do sentido; e o problema da globalidade.

Há cerca de 30 anos escrevi um artigo intitulado "O historiador e a ambição de totalidade". Neste ponto não mudei — com o risco de parecer antiquado. O perigo do caleidoscópio não é absolutamente imaginário. Sem chegar a afirmar, como Marc Bloch, que a única história verdadeira é a história universal,[2] creio ser possível fazer um rearranjo no território de Clio, atendendo aos apelos outrora lançados pelos *Annales* no sentido de restituir à história sua totalidade. Num de seus últimos escritos, Jean Bouvier, sempre preocupado em compreender a dinâmica do conjunto, alertou para "a multiplicação concorrencial das curiosidades, dos objetos e dos caminhos da história", jamais sinônima, acrescentava, de busca da totalidade.[3] Pierre Vilar, por sua vez, afirma (e estou de pleno acordo): "Toda história 'nova' sem ambição totalizante é uma história de antemão velha".[4] Eis um aviso aos estudiosos do tempo presente!

---

[2] Bloch, Marc. *Apologie pour l'histoire*. Paris, A. Colin, 1949. p. 15.
[3] Bouvier, Jean. Post-scriptum. In: Fridenson, P. & Straus, A. (dirs.). *Le capitalisme français XIXº-XXº siècle*. Paris, Fayard, 1987. p. 402.
[4] Vilar, Pierre. *Une histoire en construction*. Paris, Gallimard/Seuil, 1982. p. 425.

Eis por que, a fim de evitar o risco atual de pulverização, cumpre, a meu ver, reorientar a pesquisa para problemáticas mais globais, geradoras de esquemas explicativos capazes de servir à busca de sentido de nossos contemporâneos. Ao longo de toda a sua obra, Lucien Febvre bateu-se pela história-problema. Há um século, lorde Acton já aconselhava a seus alunos de Cambridge: "Estudem os problemas e não os períodos". Eis o caminho da salvação para a história do tempo presente e também para toda disciplina histórica.

História e ética

Chegamos assim ao terceiro ponto, que diz respeito à opção moral do historiador. Se a história — quanto a isso estamos todos de acordo — não tem vocação para ser nem um tribunal nem um pódio de distribuição de prêmios, ainda assim impõe-se desde logo a questão dos valores e da relação entre ciência e ética. Como elaborar uma história do tempo presente sem tudo julgar, ainda mais que essa história se define tanto em relação a um futuro quanto em relação a um passado?

Não só diante dos temas mais candentes — a tortura, o genocídio, o *gulag*, o totalitarismo —, mas também a propósito de nossas preocupações habituais, como a história da saúde e da Aids, a das relações homem/mulher, a história da prisão ou a da democracia, nunca deixamos de nos referir a valores e normas que são portadores — quer queiramos, quer não — do sagrado. Se, depois que nos anunciaram "a morte de Deus", nosso universo é o da "morte do homem", então que significam os direitos do homem? Ante essa lepra no corpo da humanidade que constituem, tanto hoje como ontem, o racismo e o antissemitismo, o historiador não pode furtar-se à sua responsabilidade moral como pessoa e como cidadão.

Poderia valer para ele o dito humorístico de Georges Canguilhem sobre as opções que tem diante de si o sábio. "Quando saímos da Sorbonne pela rue Saint-Jacques — diz ele —, podemos subir ou descer; se subirmos, estaremos nos aproximando do Panteão, que é onde repousam grandes homens, mas se descermos, iremos certamente para a Delegacia de Polícia."[5]

---

[5] Canguilhem, Georges. *Études d'histoire et de philosophie des sciences*. Paris, Vrin, 1970. p. 380.

Lembremo-nos que Jaurès — que não era exatamente um espírito moralizador — empenhou-se, no prefácio de sua história da Revolução Francesa, e com o risco de desconcertar certos leitores, em colocar a sua obra "sob a tríplice inspiração — disse ele — de Marx, de Michelet e de Plutarco". Enquanto o patronato de Marx e de Michelet deriva de uma lógica evidente, a presença de Plutarco na trilogia traduz bem a dimensão ética da investigação histórica.

Em outras palavras, se o historiador deve manter um distanciamento crítico em relação ao seu objeto de estudo e proceder com discernimento e rigor, nem por isso ele consegue ser neutro. É mais que uma esquiva: uma renúncia. Pois nele existe apenas uma consciência e somente uma: sua consciência de historiador é sua consciência de homem. E segundo as palavras de Rabelais, que nunca é demais repetir em virtude de seu alcance permanente e universal, "ciência sem consciência é somente ruína da alma".

Devemos então chegar ao ponto de falar, como alguns, em "magistério social"? Sem dúvida isso seria dar mostras de muita presunção. De minha parte, contento-me com expressões como a *função social* do historiador ou sua *responsabilidade na sociedade*. Contanto que afinal de contas a exigência ética se manifeste ainda mais na sua busca do que no conteúdo de seu discurso histórico.

Por outro lado, sustento que à demanda social incessantemente exercida sobre os historiadores — em particular os do tempo presente, solicitados pela consciência altamente historicizada de nossos contemporâneos — convém responder sem hesitação, destemidamente, mas com independência e, é claro, respeitando escrupulosamente as regras do ofício, sem temer o campo midiático, mas também sem o procurar. Sem os desvios de não sei que pilotagem por aval, a experiência do Instituto de História do Tempo Presente me parece ser conclusiva a esse respeito. E no recente episódio da comissão histórica que tratou do caso Touvier, da qual participei, minha convicção tornou-se ainda mais firme.

Pregnância da história e presença do historiador

Concluirei tentando aliar ambição e modéstia. Porquanto essa história que nos esforçamos por erigir em saber e cujo sentido procuramos penetrar a fim de balizar nossa rota, acaso não nos dá muitas vezes a impressão, a despeito de todo o nosso aparato instrumental sofisticado, de escapulir-se à medida que a apreendemos?

Entre a realidade e a representação, entre as manchas de sombra e as zonas de luz, entre a exigência da temporalidade e o anseio de eternidade, nossa experiência de historiador acaso não seria antes de tudo a da ambivalência — a ambivalência de uma história doce-amarga?

Para ilustrar essa dualidade, costumo remeter-me à visão alegórica proposta pelo *Apocalipse*, quando este evoca o livrinho da história humana. Trata-se de uma breve passagem do livro X, onde, em termos oraculares ao mesmo tempo misteriosos e simbólicos, se descreve, como uma revelação, a dupla relação do homem com a história: de um lado, necessidade e apetite a ponto de devorá-la, e, de outro, mal-estar e incertezas em que se abisma o saber assim assimilado.

"E a voz do céu que eu tinha ouvido
tornou então a falar-me:
Vai, toma o livrinho aberto da mão do anjo
que está em pé sobre o mar e sobre a terra.
Fui, pois, ao anjo e lhe pedi
que me entregasse o livrinho.
Ele então me disse: Toma-o e devora-o;
ele te amargará o estômago,
mas em tua boca será doce como mel.
Tomei o livrinho da mão do anjo
e o devorei.
Na boca era doce como mel;
quando o engoli, porém, meu estômago
se tornou amargo."

Tentemos decifrar. Sem esquecer que existe aí uma figura religiosa clássica — o livro da revelação estendido do Céu à Terra (são as próprias armas da Sorbonne) —, sem ignorar o fato de que o texto pede uma outra leitura, da ordem do sobrenatural, contento-me em propor aqui modestamente uma interpretação literal e profana — com a vênia dos exegetas. Minha leitura é inclusive duplamente profana, já que por um lado não tenho nenhuma competência em matéria de exegese bíblica, e por outro me coloco deliberadamente numa perspectiva de história secular.

Desse ponto de vista, o significado simbólico do texto aparece com toda a clareza em dois tempos contrastantes. Primeiro, ao deleitarmo-nos com o livrinho da história humana, experimentamos a alegria de descobrir, conhecer e assim compreender o sentido dessa história: donde o prazer da boca, a bem dizer fugaz e periférico. Ao mesmo tempo é impossível não sentir insatisfação e até angústia no âmago do ser — o amargor do estômago —, tantos são os pontos de interrogação que o discurso histórico deixa sem resposta, tamanhas são a ansiedade e a vertigem que a história, em sua dimensão pascaliana, provoca diante dos avatares, passados ou presentes, do homem em sociedade.[6]

Porém, a ambivalência da disciplina histórica, uma vez reconhecida e situada, não deve nos desmobilizar. Muito pelo contrário, deve servir de incentivo para enfrentarmos os desafios de nosso tempo.

Sabemos que a história do tempo presente, mais do que qualquer outra, é por natureza uma história inacabada: uma história em constante movimento, refletindo as comoções que se desenrolam diante de nós e sendo portanto objeto de uma renovação sem fim. Aliás, a história por si mesma não pode terminar. Eis por que devemos afirmar alto e bom som — ao contrário daquela teoria tão em voga que pretende nos convencer de que chegamos a uma era de estabilidade e a um estágio de completa realização — que a história não tem fim, salvo se houver uma catástrofe cósmica.

Quem, aliás, afirmaria que o homem pode algum dia sentir-se realizado? O que faz a grandeza da história, o que a impede de ser um mero objeto de conhecimento, é que ela é a expectativa de uma resposta: expectativa ora confiante, ora ansiosa de uma resposta à questão que surge a cada época e que persegue cada geração: como situarmo-nos em nosso porvir? Como determinar nosso lugar em relação ao nosso presente? Pois se nós somos, como Jaspers definiu magnificamente, "homens que abrimos os olhos para participar da realidade histórica", então "quanto mais compreendemos o que ela é, mais temos necessidade de procurá-la".[7] Haverá ambição mais bela e missão mais bela para o historiador do tempo presente?

---

[6] Nicolas Berdiaev, por sua vez, disse a respeito do tempo que destila nostalgia: "O escoar do tempo enche de desespero o coração do homem, enche de tristeza o seu olhar". *Solitude et societé*. p. 134.
[7] Jaspers, Karl. *Origine et sens de l'histoire*. Paris, Plon, 1954. p. 293.

5
Entrevistas e acervo

Capítulo 19

Arquivos: propostas metodológicas*

Chantal de Tourtier-Bonazzi

O desenvolvimento da entrevista

A exploração inteligente do testemunho oral — tema deste artigo — pressupõe que ele tenha sido colhido sistematicamente. Contudo, é preciso dedicar certa atenção à qualidade do trabalho a ser realizado. Vamos nos ater aqui essencialmente a três questões: a seleção da testemunha, o lugar da entrevista e o roteiro da entrevista.

A seleção da testemunha

De modo geral, deve-se dar prioridade a entrevistas com pessoas de certa idade. Mas, nesse caso, é preciso levar em conta o cansaço da testemunha, limitar o tempo das entrevistas e evitar perguntas excessivamente meticulosas do ponto de vista cronológico. Pode acontecer que, decepcionada por não poder responder, a testemunha se perturbe e interrompa ou abrevie a entrevista.

---

* Este artigo constitui o capítulo 2 da obra editada pelos Archives Nationales de France, *Le témoignage oral aux archives: de la collecte à la communication*. Paris, 1990. Traduzido para o português de Archivos — propuestas metodológicas. *Historia y Fuente Oral*. Barcelona, Universitat de Barcelona (6):181-9, 1991.

Em regra, o entrevistador deve, antes de mais nada, saber guardar silêncio, aprender a ouvir sem *a prioris* aquele que, como diz Marguerite Yourcenar, *"donne audience à ses souvenirs"*. Deve adaptar-se à psicologia da testemunha, respeitá-la, estar disposto a tomar pacientemente a conversa, suscitar a recordação através de um questionamento discreto se a testemunha for pouco loquaz, orientá-la sem precipitação, não a impedindo de perder-se em digressões, caso ela o seja em demasia, repetir em voz alta suas palavras se estas não forem claramente audíveis, procurar não falar ao mesmo tempo que ela, não insistir quando evita uma recordação dolorosa, não se precipitar em perguntar de novo porque as recordações precisam às vezes de um tempo para vir à tona, repetir a mesma pergunta de diferentes maneiras para tentar vencer resistências...

As opções serão guiadas pela maior ou menor capacidade da testemunha para exprimir-se com clareza e precisão. Se o arquivista desejar comentários sobre os documentos a serem classificados, deverá preferir alguém que tenha um bom conhecimento da instituição que os gerou a um responsável de alto nível; para conhecer a fundo um setor, deverá procurar quem o chefia e não o ministro, menos afeito a detalhes e sobretudo a relatá-los.

Em todo caso, é indispensável criar uma relação de confiança entre informante e entrevistador. Disso depende o sucesso. Essa necessidade de estabelecer certos vínculos explica por que alguns entrevistadores preferem interrogar as testemunhas individualmente, tornando mais fácil a intimidade através de um diálogo. Não se falam as mesmas coisas numa conversa a dois ou a três. Outros preferem que sejam dois, distribuindo as perguntas ou fazendo com que um se responsabilize pela parte técnica e outro pela intelectual. Essa relação de confiança exige do entrevistador uma grande disponibilidade e portanto parece indispensável ter um primeiro encontro com a testemunha, preparar o esquema da entrevista e voltar alguns dias depois para gravar.

Também é preciso não perder de vista o papel que compete a cada um dos que intervêm nesse processo, pois tende-se às vezes a superestimar um ou outro. Quando se fala em "colher depoimentos orais", costuma-se privilegiar a testemunha, defendendo-se uma atitude passiva diante de um discurso autônomo, pois basta colher recordações. Falando de "criação de fontes orais", ao contrário, valoriza-se o trabalho do entrevistador, como se este fabricasse a recordação a partir do caos, quando na realidade não faz senão suscitá-la. De fato, o informante não colhe, não cria, mas acolhe um relato que irá depois difundir, seja porque pensa em escrever um livro ou porque pretende conservá-lo para pô-lo à disposição dos que queiram ouvi-lo. Entrevistador e entrevistado devem colaborar cada qual numa tarefa bem-definida.

A relação testemunha-entrevistador às vezes prossegue depois da entrevista. O entrevistador pode contactar de novo a testemunha para confrontar sua própria reflexão com o pensamento dela; pode dar-lhe a oportunidade de completar seu relato através de uma nova entrevista e mostrar-lhe o resultado do trabalho. Mas pode-se ter a decepção de só haver reproduzido parcialmente o depoimento.

A entrevista oral pode ter como finalidade a constituição de um *corpus*, isto é, a coleta de um grande número de depoimentos sobre um tema determinado. Trata-se, então, de definir cuidadosamente os temas da entrevista e proceder à busca das testemunhas com a ajuda de relações, anúncios em revistas especializadas, imprensa, rádio e, inclusive, no caso de uma biografia, através dos nomes citados pela personagem em questão. Conforme os objetivos, o entrevistador deve fazer uma seleção ou entrevistar todas elas. No caso de um movimento da Resistência, deve tentar conhecer todos os que participaram desse movimento, o mesmo valendo para *"Les Malgré nous"*, os alsacianos recrutados à força pelo exército alemão. Para outros objetivos, ao contrário, será preciso realizar amostras. Uma boa representatividade deve estabelecer critérios geográficos: em tal região, os homens dos vales e das montanhas; ou então incluir os diferentes níveis da hierarquia numa administração; ou ainda os representantes de diferentes gerações ou atividades num vilarejo ou numa cidade.

Evidentemente convém conservar todas as entrevistas, sejam elas consideradas boas ou não. De fato, se é apaixonante ouvir uma testemunha eloquente, capaz de esboçar um retrato, de descrever um lugar ou uma atmosfera, ou entediante ouvir alguém cujo discurso não passa de uma banalidade, essa diferença pode ser decisiva em muitos estudos: em se tratando, por exemplo, de uma classe social, é preciso ser sistemático e dispor da totalidade do material para realizar uma reflexão a respeito. Assim, convém entrevistar o maior número de habitantes de uma cidade, para uma história local, e o maior número de oficiais de um campo, para um estudo sobre prisioneiros durante a II Guerra Mundial.

O *corpus* será constituído por 70 entrevistas no caso de uma rede da Resistência, 150 para a categoria de professores e 204 — pudemos comprová-lo — para a história da *Securité sociale*.

O lugar da entrevista

O entrevistador tem diversas opções. Segundo o caso, a entrevista ocorrerá em casa do entrevistado ou no local de trabalho. Neste, o arquivista corre o risco de ficar tenso, por exemplo, diante de uma solicitação de um colaborador ou de um superior hierárquico, ou diante da possibilidade de uma urgência no trabalho; entretanto, em casa, ele pode criar um ambiente mais favorável à conversação e receber melhor o entrevistado.

No local de trabalho, o entrevistado pode ser influenciado pelo ambiente e sentir diversas pressões. Em sua casa se sentirá mais à vontade, num ambiente que conhece, cercado de recordações, fotografias suscetíveis de avivar sua lembrança, e poderá ver seus familiares. Mas cuidado com estes: a mulher ou as crianças podem às vezes substituir o depoimento, falar em seu lugar, mesmo que o entrevistador esteja interessado nesse depoimento. Essa presença pode ser positiva como no caso de uma entrevista realizada com um prisioneiro de guerra, no fim da qual a mulher relata o que ela supôs ser o cativeiro do marido. Outras vantagens: o entrevistador obtém assim com a entrevista um melhor conhecimento da testemunha. A casa, o ambiente em que se vive reflete uma personalidade. Por outro lado, numa visita como essa, pode obter cartas, diários ou outros documentos.

Qualquer que seja o lugar, convém evitar a ameaça do telefone, verdadeiro instrumento de tortura para o entrevistador.

Em suma, não existe recomendação particular quanto ao lugar, mas este condiciona o depoimento colhido. É preciso ter consciência disso e levá-lo em conta na análise, nunca esquecendo a influência que pode exercer a presença do esposo ou da esposa e o ambiente, seja ele qual for.

O roteiro das entrevistas

Nenhuma entrevista deve ser realizada sem uma preparação minuciosa: consulta a arquivos, a livros sobre o assunto, à vida do depoente, leitura de suas obras, se houver alguma, bem como referências sobre as principais etapas de sua biografia. Cada entrevista supõe a abertura de um dossiê de documentação. A partir dos elementos colhidos, elabora-se um roteiro de perguntas do qual o informante deve estar ciente durante toda a entrevista.

Esta pode ser dirigida, não dirigida ou semidirigida, tendo cada forma suas vantagens ou desvantagens.

Quando se elabora um questionário detalhado e preciso, é possível dirigir passo a passo a testemunha, mas assim ela fica presa a um roteiro preestabelecido que não lhe permite desenvolver seu próprio discurso.

Se ela for deixada totalmente livre, há o risco de se afastar do tema tratado, reduzindo-se o papel do entrevistador a tentar precisar uma data ou esclarecer uma passagem confusa.

A entrevista semidirigida é com frequência um meio-termo entre um monólogo de uma testemunha e um interrogatório direto.

Numa conversa preliminar, entrevistador e entrevistado podem esclarecer aquilo que interessa a ambos, sem que o entrevistado tenha de preparar ou redigir notas, o que tira a espontaneidade e o interesse.

O arquivista ou o historiador, ao preparar a gravação, deve pois definir sua problemática e escolher certo número de perguntas às quais não deve renunciar. No caso de um *corpus*, deve fazer certo número de perguntas a todas as testemunhas, para poder fazer comparações. Deve também determinar o tipo de discurso e de modelos de comportamento que irá analisar, considerando todas as variantes: sexo, idade, origem social, profissão ou ocupação. Serão levados em conta diversos fatores: sucesso ou fracasso na carreira, se está no começo ou no fim, em atividade ou aposentado, influência da esposa, vida dos filhos, os que têm sucesso e os que não têm, motivos de felicidade ou tristeza. À medida que a entrevista prosseguir o roteiro terá às vezes que ser modificado; algumas questões se revelarão pertinentes, outras improcedentes. Certas respostas fornecerão novas pistas e possibilitarão completar o questionário. Por outro lado, o entrevistador deverá adaptar-se à testemunha e nunca dar por encerrada uma entrevista antes de acabar o questionário.

Caso se trate de uma só testemunha, o material, provavelmente muito rico, será analisado qualitativamente. Se a entrevista for bem-encaminhada, chegará um momento em que as perguntas não serão necessárias; a testemunha, mergulhada em seu passado, se sentirá perfeitamente à vontade e, esquecendo a presença do microfone e do entrevistador, dará largas às recordações. Quanto ao entrevistador, caso a entrevista se prolongue, bastará que a testemunha tenha certo talento como narrador e saiba ressuscitar fatos e pessoas de seu passado para que ele se sinta transportado à época evocada, longe de suas preocupações e de sua vida cotidiana.

O grande perigo são as recordações repetidamente evocadas, o episódio mil vezes repetido, desprovido de espontaneidade, o julgamento definitivo. É o que acontece especialmente com as testemunhas que escreveram suas memórias. Quando o entrevistador se deparar com esse tipo de informante, deverá ajudá-lo a livrar-se de todas essas "construções", para tentar reencontrar a espontaneidade, a autenticidade de seus sentimentos e ideias.

Quando o interesse do pesquisador se concentra apenas num aspecto concreto ou numa época da vida da testemunha, ele pode ficar tentado a limitar seu questionário a esse projeto imediato. A nosso ver, isso seria um erro. Não é supérfluo conhecer as origens familiares (avós, pais, lugar de nascimento), a formação, o ambiente, os gostos, as vivências cotidianas, saber que se trata de um deputado, professor ou comerciante. É preciso visar à elaboração de um relato de vida, fonte de valiosas informações. Essa é uma das razões pelas quais o trabalho de um historiador e o de um arquivista são diferentes. O segundo não visa senão à criação de uma nova fonte: ouve e faz falar seu informante sem querer demonstrar nada, só trabalha em função de uma temática concreta. Suas perguntas são menos específicas, exceto quando conhece detalhadamente um tema, mas por isso deixa que a iniciativa caiba antes ao seu interlocutor.

O historiador especifica mais o tema, certamente o aprofunda, mas corre o risco de paralisar a testemunha contradizendo-a ou criticando-a. Ele organiza a entrevista em função de um objetivo preciso e imediato, enquanto o arquivista leva em conta que a entrevista será ouvida por múltiplos pesquisadores com interesses distintos.

Duas horas de entrevista são uma boa medida, já que um relato em profundidade exige da testemunha esforços de concentração consideráveis, e do entrevistador uma forte tensão, pois ele tem que evitar qualquer distração e formular as perguntas no momento adequado. Também conviria não se limitar a uma única sessão. No fim da primeira conversação, e depois de certo tempo, a testemunha pode constatar esquecimentos, perceber aspectos capazes de complementar o que foi dito. Quanto ao entrevistador, após ouvir a primeira gravação, pode solicitar explicações para aspectos pouco claros. Frequentemente, uma vez terminada a entrevista e desligado o gravador, o entrevistado continua

Arquivos: Propostas Metodológicas 239

falando de coisas interessantes. Nesse caso, uma segunda entrevista pode permitir retomar as questões não gravadas na entrevista anterior.

A transcrição

Temos aqui duas concepções: a dos historiadores e a dos arquivistas.

Para os primeiros, somente o confronto dos textos escritos permite analisar o conteúdo do discurso e a seleção das palavras, enquanto a escuta do oral, pela sua brevidade, não permite penetrar o significado das palavras gravadas. Resumindo, eles gostariam de ter nos arquivos transcrições dos depoimentos gravados.

Os arquivistas, mesmo compreendendo esse ponto de vista, não podem satisfazê-lo. Estima-se que a transcrição requer pelo menos cinco vezes mais tempo do que a gravação, o que obrigaria a mobilizar muita gente e seria portanto extremamente oneroso. Como disse Saliou Mbaye no XI Congresso de Arquivos: "Até agora os arquivistas não aumentaram as microformas, não transcreveram os documentos medievais nem as atas notariais dos séculos XVI, XVII ou XVIII, por exemplo. Foi preciso que os pesquisadores se adaptassem ao documento. Com os arquivos orais devia acontecer a mesma coisa". O segundo argumento, menos circunstancial, baseia-se na riqueza da oralidade. O fato de ler em vez de ouvir priva o historiador de muitas contribuições da forma oral: entonação, ênfase, dúvidas, rapidez ou lentidão nas reações, risos, repetições; e portanto corre-se o risco de privilegiar a leitura a ponto de renunciar à escuta. Por outro lado, toda transcrição, mesmo benfeita, é uma interpretação, uma recriação, pois nenhum sistema de escrita é capaz de reproduzir o discurso com absoluta fidelidade; de certa maneira, é uma traição à palavra.

Assim, ao transcrever as entrevistas, convém observar certas regras.

A transcrição deve ser feita o quanto antes, de preferência pelo próprio entrevistador. Se não, este deve ao menos colaborar, ajudado ou aconselhado por um filólogo, se necessário, quando se tratar de recompilação de tradições orais: contos, cantigas folclóricas. Pode-se recorrer, inclusive, a certas regras para tornar o texto mais claro.

• As passagens pouco audíveis podem ser colocadas entre colchetes.

- As dúvidas, os silêncios, as rupturas sintáticas, assinalados por reticências.

- As pessoas citadas, se for necessária discrição, designadas por iniciais.

- O grifo será utilizado para anotações; por exemplo: *risos*.

- As palavras usadas com forte entonação serão grafadas em negrito.

- O texto será organizado cuidadosamente em parágrafos, devendo-se atentar para a pontuação, que é imprescindível à boa compreensão do texto.

- Os subtítulos podem facilitar a leitura.

- Serão corrigidos em notas os erros flagrantes por parte do entrevistado: datas, nomes próprios etc.

Transcrições desse tipo apresentarão garantias suficientes para serem utilizadas pelo pesquisador. Assim, por exemplo, os autores de uma ampla pesquisa sobre a eletricidade na França elaboraram um *corpus* de 4 mil páginas provido de um índice temático, correspondente a 200 horas de entrevistas, com 70 ou 75 depoimentos.

Muitos historiadores e centros de pesquisa, como o Instituto Histórico da Resistência na Toscana, realizam uma transcrição literal. Numa segunda etapa, submetem-na à testemunha, que pode acrescentar, suprimir, corrigir, complementar, resultando daí uma transcrição mais rica. Nesse caso, a fita da primeira entrevista e sua primeira transcrição devem ser conservadas para servir de referência.

Alguns, porém, por medida de economia ou discrição com relação à testemunha, chegam a apagar a fita. É evidente que essa prática deve ser condenada. Em vez disso, o pesquisador deve propor que o uso da fita necessite de autorização da testemunha, assim como nem todas as fontes escritas estão imediatamente disponíveis para todos.

Para concluir, esclarecemos que a posição francesa é a seguinte: a fita constitui o original; a gravação é pois o documento original que se deve consultar. A testemunha pode, *a posteriori*, dizer que não forneceu nenhuma informação: nesse caso, é imprescindível recorrer à fita.

Finalmente, para encerrar a questão das transcrições, quando estas estiverem arquivadas junto com as gravações, cabe investigar a validade dos textos e comprovar sua qualidade, já que a testemunha pode ter pedido o texto escrito de suas declarações e tê-lo modificado; ou determinada instituição pode ter confiado o trabalho a um estudante, pagando-lhe por fita transcrita, e este, querendo terminar o trabalho o mais cedo possível, talvez tenha pulado alguns trechos. É preciso, pois, pedir aos transcritores que assinem o texto, assumindo assim a responsabilidade pelo mesmo.

A publicação

Passemos agora à questão da publicação. Há várias soluções possíveis.

Alguns entrevistadores fazem um verdadeiro trabalho de escritor, elaborando, a partir da gravação, um relato literário, tentando restabelecer o ritmo da palavra e as impressões recebidas na entrevista.

Linguistas e sociólogos, ao contrário, publicam *in extenso* a transcrição, tentando reproduzir as palavras o mais fielmente possível. Entre essas duas posições, há uma intermediária, que parece a mais conveniente a um historiador. Perguntas e respostas devem aparecer claramente, mas pode-se suprimir as repetições ou dar à entrevista uma ordem cronológica. O texto pode perder assim sua originalidade, mas ganha em legibilidade. É o método empregado por Laurence Bertrand-Dorléac, que usa as entrevistas como peças justificativas de seu trabalho, incluindo-as no final. Outros, contudo, as utilizam como peça central do livro, como o autor de uma pesquisa sobre o forte de Portalet (Pireneus Atlânticos), onde foram confinados os acusados do processo de Riom em 1941/42 e, posteriormente, o marechal Pétain em 1945; há nesse caso maior aproximação à linguagem falada e cada testemunha é apresentada com algumas linhas no início de cada entrevista. Outros, ainda, por considerarem as entrevistas longas demais para transcrevê-las por inteiro, decidem fazer um relato na primeira pessoa, como Harry Roderick Kedward, que descreve dessa forma o perfil de 18 entrevistados.[1]

---

[1] Ver Bertrand-Dorléac, Laurence. *Histoire de l'art: ordre national, traditions et modernités*. Paris, 1986, 451p; *Le Fort du Portalet. Témoignages inédits*, no boletim nº 4 da Association Mémoire Collective en Béarn, prefácios de Anne-Catherine Marin e François Baye-Pouey (Pau, 1989. 136p.); Kedward, Harry Roderick. *Naissance de la Résistance dans la France de Vichy, 1940-1942; idées et motivations*. Seyssel, 1989. 351p. (Prólogo de Jean-Pierre Azéma.)

Como em todo trabalho de edição, o historiador deve encontrar um meio-termo entre duas exigências: a máxima fidelidade ao discurso e a necessidade de torná-lo acessível ao leitor.

É preciso não esquecer que é mais delicado publicar um documento sonoro que um escrito.

Sugestões

No amplo terreno da história oral, convém escolher o caminho a seguir, isto é, definir uma política. Depois de uma reflexão amadurecida, o arquivista deve tomar uma posição de acordo com sua tarefa específica.

Formar, coordenar, suscitar, conservar e gravar são os objetivos a que pode visar, a menos que considere mais conveniente concentrar-se em apenas um deles. O essencial é estar ciente da necessidade de atuar e depois fazê-lo realmente.

• *Formar.* Trata-se, em primeiro lugar, de transmitir um método aos pesquisadores e às instituições que desejam dedicar-se a esse tipo de trabalho, e para isso é preciso que ele próprio tenha adquirido prática na recompilação de depoimentos. Muitas entrevistas orais são confiadas a alunos; eles têm boa vontade, mas pouca experiência e pouco conhecimento do tema selecionado. Sem um plano de trabalho que lhes determine os objetivos, correm o risco de colher depoimentos sem interesse ou, pior ainda, desanimar ou indispor a testemunha, estragando ou impedindo entrevistas posteriores e mais bem-preparadas. É preciso método, mas também material. O entrevistador deve ser capaz de realizar gravações de qualidade. Com uma fita ou um gravador de má qualidade é impossível obter um material duradouro, e uma gravação deficiente deve ser eliminada. É preciso evitar a todo custo o desperdício de tempo e dinheiro.

• *Coordenar* é indispensável, dadas a proliferação e a anarquia das pesquisas orais. Os Arquivos Nacionais da França, por exemplo, começaram a organizar um fichário no qual se registram os historiadores ou os centros de pesquisa que estão colhendo depoimentos orais. A ficha contém o nome do pesquisador ou instituição, os temas estudados e os trabalhos já concluídos. Outro instrumento de trabalho visa a recapitular as entrevistas gravadas com ministros e secretários de Estado ou com ministros e estadistas. Poderíamos pensar em muitos outros temas possíveis. Mas, como na França não existe uma associação de história oral, é extremamente difícil manter em dia esses fichários. Entretanto, eles evitariam que uma mesma testemunha fosse entrevistada com muita frequência, passando assim a demonstrar certo cansaço, ou pelo menos permitiriam que o entrevistador, antes de entrevistar uma testemunha, ouvisse as entrevistas concedidas anteriormente e retificasse ou adaptasse o roteiro da sua.

• *Suscitar*. Compete ao arquivista recompilar doações ou depósitos de fontes escritas, classificá-las e abri-las para consulta. A salvaguarda do escrito continua sendo seu primeiro dever. Nenhum de nós o ignora. Mas acaso seria um sacrilégio reconhecer que não vale a pena conservar certos documentos escritos, enquanto a maioria dos homens importantes de épocas passadas ou de nossos contemporâneos mais humildes morreu sem que suas recordações tivessem sido colhidas? O arquivista não pode fazer tudo, certamente; para ser bem-sucedida, uma pesquisa tem que ser preparada cuidadosamente e realizada minuciosamente, mas é possível recorrer a associações ligadas aos Arquivos Nacionais da França através de diferentes convênios, ou animar os leitores que enchem nossas salas a depositar os depoimentos orais que tenham gravado, isto é, ir constituindo com menores despesas um patrimônio oral de qualidade. Sem dúvida, é preciso empenhar-se em dialogar com as associações, estabelecer com elas a seleção de temas, ajudá-las a encontrar colaboradores eficazes, aos quais devem ser fornecidas bibliografia e fontes sobre o tema, bem como material de gravação.[2]

Também seria possível firmar acordos em escala nacional com as associações de médicos ou advogados, por exemplo, que financiariam a realização de entrevistas, podendo depois publicar total ou parcialmente o trabalho realizado, o que certamente motivaria as testemunhas. Assim, poderiam ser considerados os mais diversos setores: o mundo rural, o mundo científico, os meios eclesiásticos etc. Isso é o que propõe Guy Thuillier num recente artigo publicado na *Revue Administrative*.[3] Contudo, é preciso desconfiar das compilações demasiado ambiciosas, de páginas e páginas jamais relidas. Somente uma cooperação estreita entre

---

[2] Ver Gautier-Desvaux, Élisabeth. Des récits de vie aux radios locales. Les expériences multiformes des Archives territoriales. In: *Le témoignage oral aux archives*, 1990:33-43.

[3] Caritey, Jacques. dito Thuillier, Guy. Archives et mémoire de la nation: pour une politique des archives orales. *Revue Administrative*, 1988. p. 563-7. O autor sugere diversos tipos de entrevistas orais e propõe a adoção de um plano sistemático de recompilação de testemunhos orais que poderia ser executado pelos Arquivos da França ou outras instituições.

pesquisadores, arquivistas e historiadores será uma garantia de eficácia. O arquivista tem a responsabilidade de conservar documentos que sejam úteis à história, tentando imaginar como eles servirão aos pesquisadores; ele tem tudo para fazer o mesmo com relação às fontes orais.

Além disso, caso disponha de tempo, inclinação e pessoal capacitado — não é proibido sonhar de vez em quando —, o arquivista pode realizar ele mesmo as entrevistas, selecionando os temas prioritários.

Pode querer enriquecer o conteúdo dos arquivos escritos conservados: a história dos grandes órgãos do Estado e de suas administrações, inclusive as mais modestas, será facilitada pela existência conjunta de fontes escritas e orais. Assim, a classificação dos arquivos de um tribunal de exceção, por exemplo, uma corte de justiça na época da Libertação, seria facilitada por uma entrevista com um de seus magistrados, que poderia explicar a composição de seu acervo, sua organização, suas lacunas. A gravação de seu depoimento seria ouvida com proveito pelo historiador que viesse a consultar esses arquivos. O mesmo vale para os documentos provenientes de uma instituição financeira, de uma embaixada e assim por diante.

O arquivista também pode optar por preencher as lacunas importantes de suas coleções. Um colega de Manitoba interroga os chilenos imigrantes nessa província do Canadá e constata que não dispõe de nenhuma fonte escrita sobre eles.

Resta colocar à disposição do público o material compilado (redação de fichários, inventários) e conservá-lo adequadamente (locais apropriados, realização de cópias). Deve-se entender por público não só os historiadores cujas pesquisas devemos orientar e alimentar, mas também, cada vez mais, uma grande variedade de pessoas atraídas pela cultura.

Nossas gravações de história oral serão utilizadas em montagens sonoras de exposições[4] ou de alunos e estudantes de história. É surpreendente constatar quão ineficaz pode ser uma aula, enquanto a voz de uma testemunha que conta sua vida — ou, ainda melhor, sua imagem — pode impressionar um jovem e ressuscitar para ele, de forma insubstituível, um acontecimento ou uma época. A voz possui uma carga emocional e um poder de evocação incomparáveis que não foram suficientemente

---

[4] O memorial do Museu da Paz de Caen é um bom exemplo.

explorados na transmissão de conhecimentos. Um relato e um filme são bem recebidos e têm muito a dizer às gerações habituadas ao som e à imagem. Cabe-nos assegurar que a mensagem assim comunicada seja fiel à verdade histórica à qual servimos.

Capítulo 20

A invenção do depoimento oral*

Danièle Voldman**

As poucas reflexões que se seguem nasceram de uma prática da história oral que permitiu a constituição de *corpus* diversificados: coletânea de relatos de vida junto a pessoas idosas que estavam terminando suas vidas num asilo de velhos; entrevistas com mulheres militantes e feministas dos anos 60; depoimentos de tecnocratas ativos quando da reconstrução do segundo pós-guerra; lembranças de civis e de militares especialistas em retirada de minas.[1] Eles sugerem vários tipos de questões. Existe ligação entre esses depoimentos? Devemos ouvi-los e analisá-los segundo um método idêntico? Podemos aproximá-los? Devemos opô-los? É preciso isolá-los uns dos outros?

---

* Voldman, Danièle. L'invention du témoignage oral. *Les Cahiers de l'IHTP* (4), juin 1987.
** Instituto de História do Tempo Presente (CNRS).
[1] Para os resultados dessa pesquisa, ver, por exemplo, Histoire orale, histoire des femmes. *Bulletin de l'IHTP* (3), Paris, IHTP-CNRS, 1982; Muller, Martine; Tucat, Danielle; Vandecasteele-Scweitzer, Sylvie & Voldman, Danièle. *Etre féministe en France. Contribution à l'étude des mouvements des femmes 1944-1967*, relatório para o ATP-CNRS "Recherches féministes et recherches sur les femmes". Paris, IHTP-CNRS. 1985, mult.; Voldman, Danièle. *Entretiens avec les reconstructeurs, contribution à l'étude d'un groupe de décideurs*, documento apresentado no V Colóquio Internacional de História Oral. Barcelona, mar. 1986. mult.; e *Attention mines*. Paris, France-Empire, 1985.

O primeiro conjunto de perguntas já está amplamente balizado pela historiografia;[2] diz respeito à "história oral" em geral, à sua pertinência, aos seus métodos, e será abordado aqui sob o ângulo da fonte. Tem ela uma especificidade em relação às fontes escritas? Como ela é definida, utilizada, classificada? A segunda questão está ligada à novidade da "história oral" e à necessidade de torná-la confiável. Assim deu-se ênfase sobretudo à coleta do documento, nem sempre estabelecendo distinção nítida entre termos e expressões tão variadas quanto "história oral", "fonte oral", "arquivo oral", "relato de vida" e "testemunho", por um lado, "entrevistado", "informante", " testemunha" e "investigado", por outro. É bem verdade que as três primeiras expressões estão muito próximas umas das outras e poderíamos admitir uma similitude entre elas, ainda que definições precisas permitam matizar os conceitos. Por exemplo, procuraremos reservar a expressão "história oral" para o método que consiste em utilizar palavras gravadas. Quaisquer que sejam os modos de registro e as finalidades (paliativo para a falta de fontes escritas, verificação e cruzamento, interesse da "testemunha" etc.), a expressão "fonte oral" designará esse material, que se distingue, por seu suporte, da fonte escrita. Enfim, empregaremos a expressão "arquivo oral" para designar a fonte confiada a um organismo público (ou a uma pessoa física ou jurídica) e que pode ser consultada nas condições legais habituais. No mesmo intuito de esclarecimento, não se deve designar toda pessoa entrevistada como uma testemunha que dá um depoimento, sendo esta palavra tomada num sentido relativamente estrito. Por exemplo, as práticas e os objetivos do relato biográfico são muito diferentes das respostas dadas a um questionário estruturado para guardar vocábulos intercambiáveis. Se todo relato de vida pode ser considerado como o testemunho (entendido como indício, marca) de uma existência, cabe igualmente atentar para o outro sentido que ele

---

[2] As primeiras reflexões foram expostas no número de janeiro de 1980 dos *Annales ESC*, consagrado à história oral; ver também: *Problèmes de méthode en histoire orale*. Paris, IHTP-CNRS, 1981; Joutard, Philippe. *Ces voix qui nous viennent du passé*. Paris, Hachette, 1983; Aron-Schnapper, Dominique; Hanet, Danièle et alii. *Histoire orale ou archives orales. Rapport d'activité sur la constitution d'archives orales pour l'histoire de la securité sociale*. Paris, Association pour l'Étude de la Sécurité Sociale, 1980. Finalmente, encontraremos nas atas dos cinco colóquios internacionais de história oral numerosas indicações metodológicas. Os quatro primeiros, multigrafados, estão disponíveis no IHTP; para o último, ver Vilanova, Mercedes (ed.). *El poder en la sociedad, historia y fuente oral*. Barcelona, Antonu Bosch, 1986.

encerra, o de fornecimento de uma prova ou de apoio para ela. Convém portanto procurar a definição de testemunho que poderíamos dar, se nos ativéssemos a um sentido restrito, preciso e específico. Restaria analisar os problemas suscitados pelo testemunho único, sua construção e sua utilização pelos historiadores do contemporâneo.

A invenção da fonte

Começaremos empregando a palavra "testemunho" no sentido de indício. Considerado testemunho voluntário ou involuntário de uma ação consumida — ou mesmo testemunho sobre esta — o arquivo escrito, como matéria-prima do historiador, é no entanto algo diferente disto. Primitivamente documento contábil, administrativo, judiciário e, em todo caso, justificativo, ele se torna testemunho pelo trabalho do historiador. Exceto no caso de memórias redigidas com este fim, o documento escrito somente é fonte a título póstumo.[3] A fonte oral, seja provocada por aquele que irá servir-se dela para sua pesquisa, seja utilizada por um outro historiador, tem *a priori* um *status* de fonte. Essa diferença radical não dispensa, contudo, um tratamento crítico (contexto geral e particular, data, forma, natureza etc.) do testemunho solicitado. Na comparação da fidedignidade respectiva do escrito secundário e do oral primário (podemos englobar na reflexão o testemunho escrito, que participa do segundo pela intencionalidade e do primeiro pela forma do suporte), o essencial é portanto a atenção dada às características intrínsecas do documento.

Se essa diferença entre as fontes escritas e as fontes orais pode ser considerada uma regra geral, há exceções que podem confirmá-la. Por exemplo, a de períodos particulares ou excepcionais em que os documentos administrativos passam a ter alma, mais abertamente do que de costume. Seria presunçoso afirmar que os prefeitos que redigiam seus relatórios durante a Ocupação pensaram conscientemente na possibilidade de um julgamento posterior? E para o historiador que os utiliza, seria incongruente pensar nessa eventualidade? No que se refere ao pessoal "tecnocrático" encarregado da reconstrução imobiliária entre 1940 e 1944, é patente que numerosos documentos administrativos, como declarações de intenção e tomadas de posição, fazem alusão a tempos melho-

---

[3] Lequin, Yves. *Problèmes de méthode*. 1981. p. 55.

res e à paz futura. Se essa época, prudentemente, não é caracterizada, se o nome dos vencedores é cuidadosamente evitado, a menção de um futuro diferente pelo menos leva a crer que o urbanismo, em todos os níveis, é prospectivo.[4] Certamente essas reflexões se aplicam a um caso muito particular. Mas basta ir no encalço do subjetivismo para encontrá-lo. Por que então suspeitar, de forma mais rigorosa e sistemática, do documento oral? É que às vezes a palavra gravada encerra armadilhas, principalmente devido à força de persuasão e à convicção da "testemunha". Nessas condições, pode-se lidar com ela convenientemente, sem precauções metodológicas? Tentar responder a essas questões talvez contribua para livrar essa prática de certas suspeitas.[5]

Como disse Arlette Farge, "o historiador, apaixonado pelas fontes originais, mantém com o arquivo uma relação de fascínio tão grande que está sempre se justificando e controlando nele próprio e nos outros tudo o que, a partir desse arquivo, poderia dar a entender uma privação de seu sistema de racionalidade. O impacto que o arquivo exerce sobre ele — e que quase nunca ele reconhece de forma explícita — tem por vezes como consequência a negação do seu valor: belo porém traiçoeiro, o arquivo teria como corolário de sua beleza toda uma encenação da ilusão. Ele atrai mas engana, e o historiador, tomando-o como companheiro, não desconfia o bastante do improvável vestígio das imagens que ele instila.[6] Ora, por maior que seja esse fascínio, por mais necessárias que sejam essa justificação e esse controle quando se trata de fontes escritas, públicas e declaratórias, esses escrúpulos parecem irrisórios ao lado do desejo de explicação que se apodera dos historiadores que lidam com as fontes orais.

Eis por que é preciso remontar no tempo e estudar o documento oral não somente como fonte, mas também do ponto de vista de sua construção pelo historiador que, ao solicitar uma testemunha, procede a uma "invenção" de fontes. Descrevendo-se quais podem ser

---

[4] Voldman, Danièle. Reconstruire pour construire. Ou de la necessité de naître en l'an 40. *Annales de la Recherche Urbaine* (21), jan. 1984.
[5] Viu-se um exemplo recente quando da defesa de tese de Jean-François Sirinelli, em que o testemunho oral foi sumariamente recusado (*Khâgneux et normaliens des années vingt. Histoire politique d'une géneration d'intellectuels (1919-1945)*, tese de doutorado defendida em 6 de janeiro de 1986 na Universidade Paris X-Nanterre).
[6] Farge, Arlette. La vie fragile. In: *Violences, pouvoirs et solidarités à Paris au XVIIIe*. Paris, Hachette, 1986. p. 7.

as diferentes formas de coleta de um documento oral e as consequências dessas diferentes modalidades para a prática da história, é sempre o controle já citado que está em questão. A invenção da fonte coloca-se aqui de maneira prática. A quem devemos nos dirigir e como? Podemos contestar abertamente o interlocutor durante a entrevista? Como utilizar o que se ouviu? Por qual processo a fonte assim constituída servirá de material probatório? Para as fontes orais, essas perguntas são uma parte essencial de sua invenção e merecem que nos detenhamos nelas.

A questão da conservação da fita é ao mesmo tempo técnica, deontológica e metodológica. O primeiro ponto foi amplamente explicitado pela Associação Francesa dos Arquivos Sonoros.[7] É evidente que o suporte magnético, sendo muito menos resistente que o papel, necessita de precauções no momento da gravação (fitas de rolo em vez de cassete, cópias, armazenamento, cuidados relativos às condições de gravação e de audição etc.). Quanto a esse ponto, porém, há uma divergência de interesses entre certos historiadores cuja primeira preocupação não é arquivística e os próprios arquivistas, bastante conscientes de que trabalham para as gerações futuras de pesquisadores e somente para elas. Uns e outros dão atenção bem diferente às condições materiais de gravação! Desse ponto de vista, o historiador que se recusa a ter interessse pelo futuro daquilo que coleta inventa uma fonte cujo caráter efêmero ele aceita. Além disso, considera que ela somente lhe pertence e que ele é o único destinatário da mensagem que ela transmite. Não estaria ele em contradição com as regras elementares de sua profissão? Quanto aos arquivistas, será que eles realmente intervêm mais nas manipulações e na orientação dos acervos arquivísticos quando interrogam um personagem que julgam importante para a história ou quando decidem eliminar certo material? Assim, preocupações que à primeira vista poderiam parecer pura logística, de fato são precisamente científicas: inventar sua fonte é também ter a preocupação de lhe dar, mediante uma boa conservação, esse *status* de arquivo sem o qual o trabalho histórico realmente não é

---

[7] Calas, Marie-France. Sur quelques points de droit. In: *Problèmes de méthode* (1981), e a coleção do boletim da Associação Francesa dos Arquivos Sonoros, *Sonorités*, lançada a partir de 1980. Ver, em particular, Defrance, Jean-Pierre. Les archives audiovisuelles aux archives de France. *Sonorités* (14), nov. 1985.

possível, a menos que mudemos as regras do jogo ao lidar com *corpus* inacessíveis à comunidade em geral.

Em segundo lugar, trata-se de saber o que fazer com o material coletado. A questão se coloca para aqueles que lidam com um assunto de contornos bem-precisos e que constroem uma fonte diretamente utilizável. Citemos, por exemplo, para a época do imediato pós-guerra, os procedimentos para estabelecer dossiês de indenizações de guerra em casos inusitados ou técnicas raramente utilizadas de retirada de minas. Quem mais, poderiam eles pensar, se interessará por um diálogo sobre problemas tão específicos? Mas o problema existe igualmente no caso de uma testemunha que, depois de ser ouvida, se recusa a dar seu aval a uma comunicação posterior... Qual é então o dever do pesquisador? Passar por cima da importância do depoimento e do próprio sentido das reticências do seu informante ou curvar-se diante da recusa? Qual das duas vontades deve prevalecer? O direito individual deve ser negado diante do interesse superior da história? Supomos que nenhum historiador reagiria assim... Essa questão, entretanto, não é apenas hipotética, pois o caso é frequente, sobretudo em se tratando de políticos, de testemunhas que voltam atrás em suas declarações quando são novamente ouvidas. Aliás, seria admissível que um historiador a quem confiaram arquivos escritos particulares não os devolvesse, depois de consultá-los, ao seu proprietário, os destruísse ou os depositasse, depois de copiá-los, nos Arquivos Nacionais?

Como reutilizar as fontes constituídas num contexto preciso e para um dado fim? O caso extremo e frequentemente citado é o do trabalho feito em Sully-sur-Loire: uma pesquisa junto aos aposentados desse povoado cujo objetivo era estudar as mentalidades operárias da geração do início do século XX.[8] Após a coleta e sua utilização, as fitas foram destruídas por uma questão de sigilo. Os autores afirmaram assim uma deontologia segundo a qual o testemunho somente pode ser utilizado por quem o colheu. Ao contrário, deve-se encorajar operações como a constituição dos "arquivos orais" da previdência social, a coleta de depoimentos dos funcionários franceses durante a guerra da Argélia, dos políticos da Quarta República, iniciada pela seção contemporânea dos

---

[8] Prost, Antoine & Monchicourt, Béatrice. Les mentalités ouvrières de la génération du début du XXe siècle à Sully-sur-Loire (Colloque Mémoire Collective Ouvrière. Le Creusot, oct. 1977. mult.).

Arquivos Nacionais, ou ainda de diplomatas, feita pela Missão dos Arquivos do *Quai d'Orsay*?[9] Pois essas coletas, não sendo destinadas à utilização imediata, apresentam-se explicitamente como constituição de acervos arquivísticos por inteiro. Interrogadas por outros, como as testemunhas falarão aos usuários posteriores?

É questão de reconhecimento pelas testemunhas de sua própria moral, mas também de condição de pesquisa e comunicação, num prazo mais ou menos longo, dessas fontes um pouco particulares. O problema está ligado ao das modalidades do "retorno à comunidade". Lembremo-nos do caso de Minot e das contestações suscitadas pelos resultados da ampla pesquisa multidisciplinar feita nesse vilarejo borguinhão: de fato, certos habitantes sentiram-se traídos pela forma com que foram utilizadas suas palavras.[10] A partir desse exemplo inicial, devemos entender comunidade no sentido amplo, como convém a qualquer depoimento divulgado enquanto seu autor ainda vive.

Restam enfim as discussões bem conhecidas, mas não resolvidas, sobre o documento em si. Enquanto quase toda a escola norte-americana admite a transcrição e afirma, de resto, a primazia desta, na França as opiniões estão divididas. Enquanto alguns afirmam categoricamente que "o documento é a fita" e que qualquer prática de transcrição tira-lhe o caráter singular, outros admitem e até incentivam a transcrição do oral para o escrito.[11] Aos defensores da riqueza do som eles opõem a dificuldade e a lentidão da escuta, a fragilidade dos suportes e a imperfeição da audição sem imagem. Maximalistas, eles querem, por seu poder de argumentação, uma visão completa da testemunha e reivindicam a gravação em vídeo. De fato, temos aí, mal transpostas, as discussões suscitadas a propósito do documento escrito: deve-se trabalhar somente com o original, quer se trate de manuscritos para os documentos antigos, quer de textos datilografados para os mais recentes, ou também é possível trabalhar com exemplar publicado, quando ele existe? A fonte impressa tem um valor diferente, para não dizer menor, do da fonte inédita? Valor

---

[9] Aron-Schnapper, Dominique, 1980. Para o trabalho dos Arquivos Nacionais, Toutier-Bonazzi, Chantal de & Gautier-Desvaux, Elisabeth. Les archives de France et les archives orales do (IV Colloque International d'Histoire Orale. Aix-en-Provence, 1982). Podemos igualmente nos referir aos documentos preparatórios do Congresso Nacional dos Arquivos (Les nouvelles archives), realizado em setembro de 1986.

[10] Ver *Problèmes de méthode*, 1981.

[11] Joutard, Philippe, 1983.

afetivo tanto quanto científico, pois quem já não sentiu uma ponta de decepção quando "seu" documento foi microfilmado por medo de deterioração e não é uma boa deontologia voltar sempre ao original em caso de impressão ou edição?

De qualquer forma, se está claro que agora é mais ou menos comumente aceito o recurso ao documento oral em história contemporânea, as hesitações quanto às modalidades de sua invenção e de seu uso dão margem a certas ressalvas, tanto mais que as imprecisões e os erros de linguagem podem acabar pondo em dúvida seu caráter científico.

Definição do depoimento

A classificação dos tipos de fontes orais está implícita na maioria dos escritos históricos, mas ainda não foi feita de modo sistemático.[12] No entanto, isso permitiria esclarecer certos debates em torno da "história oral" (e talvez mostrasse a inutilidade e a confusão de certas discussões, que assim perderiam seu sentido). De fato, ocorre que os autores que empregam expressões similares designam tipos de fontes diferentes, criando assim falsos problemas e contribuindo para aumentar os mal-entendidos.[13] Relatos de vida, entrevistas e depoimentos supõem um mesmo estilo de pesquisa e de método. Sem dúvida, sob vários aspectos eles são convergentes, na medida em que o historiador do contemporâneo os utiliza com uma metodologia própria, que ele pretende ser diferente daquela do sociólogo ou do etnólogo.[14] Já assinalamos, por exemplo, que a acessibilidade ao documento e sua supremacia em relação a qualquer construção de modelos generalizadores são elementos constitutivos do método histórico. Seria preciso acrescentar igualmente a dependência em relação à fonte, pois sua ausência é redibitória. Em caso de destruição ou de incomunicabilidade, podemos

---

[12] Uma primeira classificação foi feita nas obras citadas como referência na nota 3.

[13] Pensamos, em particular, na jornada de estudos, organizada há quase 10 anos pela Fundação Nacional das Ciências Políticas, sobre o depoimento oral (14 de maio de 1977). Os participantes ali englobavam num mesmo vocábulo os relatos de vida de padeiros, os depoimentos de militantes estudantes, os discursos de professores secundários etc. Referimo-nos também à edição do *International Journal of Oral History* (6), Feb. 1985, consagrada a uma discussão entre os principais representantes da história oral na França e nos Estados Unidos.

[14] Sobre essas questões, ver, por exemplo, em *Ethnologie Française* (4), oct./déc. 1978, os artigos reunidos sob o título Memoires de France.

recorrer à imaginação para contornar os obstáculos e encontrar equivalentes ou substitutos. Mas isto não elimina a necessidade dessa "estúpida paciência"[15] que pode levar os historiadores ao esgotamento e às vezes fazê-los desistir de um tema por falta de arquivos suficientes. Mas a semelhança de preocupações e de métodos não pode levar-nos a confundir relatos de vida, entrevistas intermitentes e depoimentos, que divergem tanto na forma como na finalidade. Pois assim como não se pode confundir um relatório administrativo sobre o andamento dos trabalhos da Reconstrução, escrito em 1947 por um inspetor-geral de urbanismo, com a profissão de fé redigida por um arquiteto modernista desejoso de obter uma encomenda pública, também não se pode analisar da mesma forma o relato da vida de um aposentado obtido através de um método não dirigido, as respostas de um alto funcionário a um questionário pontual sobre o governo Mendès France e o depoimento de um membro da Resistência sobre um fato controverso dos anos de guerra.[16] É evidente que ninguém jamais pensou em fazer tal mistura, mas também é certo que a designação "história oral" empregada globalmente para materiais heterogêneos contribui às vezes para obscurecer certos debates. Sem dúvida, não é inútil afirmar e aprofundar suas distinções.

Não se trata de abordar aqui todos os tipos de fontes orais, mas de encetar uma discussão sobre o testemunho único, distinto tanto do relato de vida quanto da entrevista que visa a reconstituir uma trajetória individual. Tal distinção é ainda mais necessária porque o relato de vida se apresenta às vezes como o instrumento exclusivo da história oral e também porque a reflexão sobre o método biográfico é alimentada por uma abundante bibliografia.[17] Na palavra "testemunho", encontramos a noção de prova e de verdade. No sentido corrente do termo, o testemunho serve para provar um fato ou uma asserção e para estabelecer uma verdade. Serve para provar, não é a prova. Entretanto, depois de Michelet, citado pelo dicionário Petit Robert, a escola histórica positivista es-

---

[15] A expressão é de André Leroi-Gourhan.
[16] Essas alusões fazem referência a diversos trabalhos realizados no quadro das atividades do IHTP.
[17] Lejeune, Philippe. *Le pacte autobiographique*. Paris, Le Seuil, 1975; *Je est un autre*. Paris, Le Seuil, 1980; Récits de vie. *Revue des Sciences Humaines*. Lille III (191 e 192), 1983; Histoires de vie et vie sociale. *Cahiers Internationaux de Sociologie*, 69, juil./sept. 1980; e mais recentemente, Problèmes et méthodes de la biographie, actes du Colloque de Mai 1985. *Sources*. Paris, Sorbonne, 1986 (com uma biografia).

tabeleceu uma aproximação entre testemunho devidamente verificado e história: "Entendo por essa palavra, história, nada mais do que os atos do tempo, os testemunhos sérios".[18] Transpondo para o caso particular da "história oral", definiremos o testemunho oral como um depoimento, solicitado por profissionais da história, historiadores ou arquivistas, visando a prestar contas, a uma posteridade mediada pela técnica histórica, da ação da testemunha, tomando-se a palavra "ação" num sentido muito amplo que engloba o fato, o acontecimento, o sentimento e a opinião, o comentário e a lembrança do passado. Teremos então uma abordagem que se interessará muito mais — se é que cabe a distinção — pela fonte coletada do que pela maneira pela qual ela foi coletada. E não abordaremos os problemas do encontro com a testemunha, das formas de questionamento ou das relações entre entrevistador e entrevistado,[19] mas aqueles referentes aos objetivos da coleta e aos meios de atingi-los.

Sob o risco de parecer ingênua, e no sentido restrito que aqui destacamos, direi que o testemunho é todo o discurso que se enuncia como tal e se submete ao julgamento da história. É portanto o contrato firmado entre o historiador e a testemunha que dá ao discurso desta última o *status* de testemunho, o que implica igualmente a sua consciência de ter que depor e, para o primeiro, de ter que consignar e conservar tanto quanto utilizar. O que evidentemente não resolve a questão do "falar a verdade", pois o mundo, como é sabido, está cheio de perjuros. Assim, o testemunho oral será um elemento no qual se apoia a escrita da história e que, como tal, está sujeito a verificação. Mas com uma particularidade no caso, mais corrente hoje em dia, em que o próprio historiador controla essa coleta: ele é quem convoca, ele é quem exige juramento, ele é quem julga. Devemos portanto encarar esse recurso como a tentativa lógica de invenção da fonte que conduz o historiador aos documentos mais adequados à sua pesquisa. Voltando ao caso dos reconstrutores, poderíamos ter estudado sua visão da produção urbanística francesa dos anos 50, pela qual são em parte responsáveis, através dos seus numerosos escritos, editados ou disponíveis nos arquivos. Solicitar-lhes o testemunho foi uma maneira de ter acesso a um material mais original, portanto supostamente mais novo, mais rico,

---

[18] Robert, P. *Dictionnaire alphabétique et analogique de la langue française*. 1967; verbete *témoignage*.

[19] Quanto a esse assunto, ver a comunicação de Michael Pollak e as referências da nota 3.

em suma, mais propício para escrever essa história. De fato, afora as justificativas esperadas sobre a necessidade de reparar rapidamente os estragos da guerra, a confrontação dos dois tipos de fontes permitiu direcionar a reflexão para o problema do tempo, tão essencial na construção das cidades, e para as relações entre os políticos e os homens "da arte" na orientação das formas urbanas. O recurso ao testemunho igualmente facilitou tanto a reconstituição das redes de conhecimentos e amizades nas quais se apoiaram certas equipes que trabalhavam para o Ministério da Reconstrução, quanto a compreensão das razões da surpreendente permanência do pessoal de urbanismo entre os anos 30 e os anos 60. Admitimos que esses resultados poderiam ter sido obtidos através de outras fontes, em particular escritas, e que facilitar uma tarefa não é realizá-la. Mas podemos admitir privilegiar de tal modo o escrito, ter tanto medo das falhas humanas, a ponto de renunciarmos, quando trabalhamos com o tempo presente, a interrogar atores ainda vivos e dispostos a depor?

Tipos de testemunhas

Refletir sobre uma tipologia das testemunhas desloca o centro da discussão sobre as fontes orais. Em vez de nos perguntarmos em que o fato de recorrer a essas fontes modifica a prática histórica, delimitando novos campos,[20] analisaremos a seleção das testemunhas em função do objeto estudado.

Fazemos o mesmo tipo de história com cada tipo de testemunha? Tomemos o caso do grupo que construiu, no decorrer dos anos, com ou sem a ajuda de qualquer suporte associativo, uma história específica que ele reconhece como sua própria memória. O exemplo mais patente é o dos militantes, que associam a força da convicção à disciplina em face da organização e à fidelidade aos seus compromissos. Isso dá ao seu testemunho uma coerência e uma estruturação rígidas que exigem, se quisermos superar o discurso reconstruído ou mesmo estereotipado, muita cautela, pois o indivíduo que aceita dar seu depoimento ao historiador está consciente de ter uma mensagem a transmitir. Assim, para o

---

[20] Vandecasteele-Schweitzer, Sylvie & Voldman, Danièle. Les sources orales pour l'histoire des femmes. In: Perrot, Michelle (dir.). *Une histoire des femmes est-elle possible?* Marseille, Rivages, 1984.

historiador, coloca-se a questão da escolha da melhor testemunha, e para o entrevistado, o problema da apropriação da legitimidade do passado do grupo. Para os militantes, sejam eles sindicalistas, políticos ou feministas, testemunhar, dar uma versão e uma visão do passado, formar para a história um ponto de vista sobre os fatos e permitir estabelecer a sua veracidade também é controlar a posteridade, ter domínio sobre a imagem que será legada à eternidade: em suma, deter ou acreditar deter a legitimidade de todo o movimento. Assim, um desmontador de minas aposentado, diretor de uma associação de veteranos de sua profissão, quis indicar à historiadora a quem aceitara prestar seu depoimento quais de seus colegas seriam boas testemunhas e de quais seria conveniente desconfiar.

Esse tipo de testemunha seleciona as lembranças de modo a minimizar os choques, as tensões e os conflitos que possam ter ocorrido no interior da organização, diminuindo a importância dos oponentes e tentando apresentar um movimento unânime e coeso. Portanto será necessário, se possível, confrontar dois tipos de relatos: o que quer preservar a legitimidade da transmissão e aquele do eventual dissidente ou contestador, cujo afastamento ou a marginalidade confere ao discurso uma veemência dotada de significado. O método é eficaz na medida em que é menor a pretensão à verdade e em que, na memória, há menos engajamento nas lutas. O que se pôde iniciar, por exemplo, na história do movimento francês para o planejamento familiar, mas que cabe verificar se é possível levar a bom termo, é mais difícil nos grupos oriundos do MLF, onde o que está em jogo é considerado mais importante e as dissidências são mais bem conhecidas.[21]

O caso dos altos funcionários parece bastante semelhante, na medida em que também eles têm de justificar suas ações passadas. A diferença é que, em primeiro lugar, eles não têm de levar em consideração um grupo inteiro, mas apenas sua individualidade. Em segundo lugar, mas num plano diferente, pois passamos do ponto de vista da testemunha àquele do historiador, através de suas palavras podemos igualmente proceder à análise dos mecanismos da decisão. Interrogá-los possibilita, a partir de casos concretos, colocar a questão do papel do indivíduo na história e das relações entre as forças políticas, econômicas e sociais. Analisar seus discursos permite avaliar a importância do acaso

---

[21] Muller, Martine et alii, 1985.

e das conjunturas, da psicologia individual e coletiva, bem como as tentativas de autojustificação e os julgamentos *a posteriori*. Quando o ex-ministro da Reconstrução explica como a lei de 1948 sobre os aluguéis teve sua aplicação desvirtuada em relação ao seu projeto inicial, certamente ele se exime de parte de sua responsabilidade, mas ao mesmo tempo deixa entrever as forças que estavam em jogo tanto no Parlamento quanto nos meios da construção e dá indicações sobre a margem de manobra possível de um ministro e de uma administração numa dada situação.[22]

Será que podemos considerar da mesma maneira o depoimento de uma deportada sobre o campo de concentração onde ficou presa e o de um tecnocrata responsável, por exemplo, pelo desenvolvimento de novas cidades em torno da região parisiense? Se é verdade que devemos conferir a cada testemunha um *status* diferente segundo o objeto da pesquisa (lembremos que nos colocamos unicamente do ponto de vista do historiador e não daquele da testemunha suscetível de construir assim a sua identidade), cabe, contudo, classificar as testemunhas segundo algumas categorias.

Já se tentou estabelecer uma classificação de "grandes" e "pequenas" testemunhas, diferenciando-se as primeiras das segundas pela visão que elas mesmas têm de seu papel histórico.[23] Na primeira categoria incluía-se a testemunha consciente de ter participado dos acontecimentos do seu tempo e de ter influenciado o seu curso. Citemos a observação de uma delas, corrigindo o que dissera um pesquisador. "Não, o senhor não faz a história; sou eu quem a faz, o senhor se limita a escrevê-la".[24] Concedia-se assim o *status* de grande testemunha àquele que construíra sua identidade sobre sua ação voluntária e consciente, qualquer que tenha sido o nível de responsabilidade ou de ação realmente vivenciado. Desse ponto de vista, o ex-ministro e o ex-militante têm o mesmo *status*. Eles podem igualmente dizer "eu" ou "nós". Poderíamos designá-los como "testemunhas-sujeitos".

A essa primeira categoria opunha-se o obscuro, outrora suposto mero espectador, sujeito aos acontecimentos e ao peso da história. A par-

---

[22] Entrevista com Eugène Claudius Petit, feita por Danièle Voldman em 11 de junho de 1983.
[23] Vandecasteele-Schweitzer, Sylvie & Voldman, Danièle. Histoires et témoins. *IVe Colloque Internacional*, 1982.
[24] Entrevista com Raymond Aubrac, feita por Danièle Voldman em 28 de setembro de 1982.

tir do momento em que os historiadores se empenharam em descobrir sob a testemunha passiva a testemunha ativa, seu *status* mudou, pois tratava-se de dar a essa passividade um sentido; seja, no caso das mulheres, insistindo numa opressão que aniquila qualquer forma de rebelião, seja, no mundo operário, sublinhando a importância das resistências ao trabalho, seja ainda, num caso extremo, fazendo do suicídio a forma suprema da revolta.[25] Todavia, apesar da vontade de encontrar algo positivo na passividade, essas testemunhas permanecem "objetos". Para transformá-las em sujeito, é indispensável sua reconstrução — mister do historiador. Assim como é essencial o diálogo entre o historiador e a testemunha, ambos aceitando a encenação e fazendo o jogo, também é necessária a evolução da testemunha, passando-se da afirmação de sua obscuridade e de sua insignificância ("nada tenho de interessante a dizer") à construção do seu próprio relato.

Hoje seria necessário depurar tal raciocínio. Por um lado, deve-se precisar a própria acepção do termo testemunha, sem dúvida restringindo-o e deixando de empregá-lo genericamente para designar todo tipo de entrevistado. Haveria aí um trabalho de definição, que talvez contribuísse (infelizmente?) para acentuar as clivagens no interior da prática da história oral. Reencontraríamos assim as distinções entre história política e história social, história institucional e história populista de matiz militante. Por outro lado, o que seria um modo de atenuar essas distinções, deve-se mostrar como a fronteira entre a grande e a pequena testemunha está longe de ser estanque. Ela varia, em particular, em função dos procedimentos de coleta que dão à testemunha seu *status* e lhe permitem sentir-se — ser — grande ou pequena.

Poderíamos abordar a questão da classificação não somente pela posição objetiva ou subjetiva da testemunha em relação à história sobre a qual lhe pedem para testemunhar, mas também pelo lugar que a testemunha se atribui. Quem diz "eu", "nós", "se"? Essas designações variam? Como? Será que a barreira que separa os empregos diferenciados desses pronomes se ergue ali onde passa o nível de responsabilidade? Os historiadores podem fazer tal estudo ou devem deixá-lo aos linguistas e aos psicólogos?[26] Seria pertinente utilizar as análises dos linguistas sobre

---

[25] Poelstra, Jannie & Henkes, Barbara. Between repression and resistance: domestic servants in first half of 20th century. *IVe Colloque International* (1982).
[26] Benveniste, Emile. *Problèmes de linguistique générale*. Paris, Gallimard, Tel, 1966 e 1974.

os pronomes e comparar, por exemplo, a passagem do "mim" ao "eu" e ao "nós" no discurso de um alto funcionário e naquele de um militante de base? Seria necessário pesquisar também o emprego do "ele" (geralmente expresso no plural "eles") para designar o Estado-leviatã ou simplesmente as autoridades, termo vago e genérico que designa os detentores do poder. Nessa configuração, somente a testemunha na condição de sujeito não emprega a terceira pessoa do singular, enquanto aquele que tem (ou se atribui) o *status* de sujeito pode passar, por modéstia, do "eu" ao "nós", do "nós" que diferencia uma categoria ao "ele" que marca a distância em relação a outro grupo social. Essa afirmação tão banal poderia ser reforçada pelo aporte dos linguistas, de quem tomamos emprestada esta conclusão: "tudo concorre para ilustrar essa constatação geral de que a terceira pessoa é fundamentalmente diferente das outras duas no tocante ao seu *status*, à sua função e à distribuição de suas formas, e de que, especialmente nos antônimos e nos pronomes, o singular e o plural na terceira pessoa podem não ser simétricos".[27]

Mediante uma análise detalhada dos discursos em função da posição e do *status* da testemunha poder-se-ia talvez formular critérios de caracterização, não mais segundo o tipo de testemunha, mas segundo o tipo de história. Cada entrevista teria então sua própria lógica, seu próprio procedimento, adaptado ao objeto do estudo. Dizer isso é sem dúvida adotar decididamente um ponto de vista técnico e profissional, tão afastado da história militante e participante quanto da necessidade do relato de vida-ficção do qual falava Régine Robin para encontrar o "falar a verdade".[28] Pois a preocupação com a verdade histórica, objetivo evidente mas final de qualquer operação, diminui durante essa fase do trabalho, diante das exigências profissionais e de *savoir-faire* indispensáveis à elaboração de uma regulamentação conhecida ou aceita por todos. Uma espécie de codificação das mil e uma maneiras de inventar sua fonte, que serviria de *vade-mécum*. Haverá, pois, um fosso tão grande entre o historiador que quer transformar o depoimento de uma testemunha, simples material, em história elaborada que seja digna de H maiúsculo e aquele que afirma que só é possível ascender a esse H maiúsculo através do conto e do (falso) romanesco? Se quisermos discutir a largura do fosso que separa os dois

---

[27] Benveniste, Emile. 1966, 1974. t. 2, p. 214.

[28] Robin, Régine. Récit de vie, discours social et parole vraie. Vingtième Siècle. *Revue d'Histoire* (10), aut./juin 1986.

procedimentos, somente uma classificação atenta (mas decerto mais empírica do que rigorosamente demonstrativa) ajudará a explicitar o que esperamos das testemunhas e aquilo que definimos como depoimento.

A construção do testemunho

Assim como é conveniente indagar sobre a origem e a natureza de todo documento escrito, também deve-se atentar para os diferentes modos de construção do testemunho. Podemos distinguir vários tipos. O primeiro é a coleta que visa a constituição de arquivos. O caso mais simples é o da operação efetuada pelo arquivista que trabalha para os futuros historiadores. Se não levarmos em conta os problemas suscitados pela própria entrevista, esse tipo de coleta se distingue muito pouco das tarefas clássicas reservadas à corporação: localização do material, determinação do seu interesse, tratamento, classificação, indexação. Será preciso diferenciar o caso em que o arquivista, não tendo sido chamado por um serviço especializado, decide ele próprio realizar entrevistas? Podemos adiantar aqui que o arquivo não é "salvo", mas solicitado. Aqueles que, nos Arquivos Nacionais e no Quai d'Orsay, se ocupam das coletas já mencionadas afirmam, por sua vez, que, ao registrar em fita magnética os depoimentos de políticos e diplomatas das últimas décadas da Quarta República na França, eles estão salvando realmente uma memória e um material indispensáveis à história.[29] Mas a discussão sobre a oportunidade desse trabalho permanece aberta, como vimos no último congresso sobre esses novos arquivos,[30] pois os conservadores, como se precisassem de uma muleta ou de um apoio, às vezes trabalham juntamente com historiadores, que não são os futuros usuários, na elaboração dos questionários, na escolha das testemunhas e na própria coleta.

Embora um pouco mais complexa, a coleta feita por um historiador que trabalha para seus sucessores, como no caso do estudo sobre

---

[29] Atas da Jornada de Estudos sobre os Arquivos Audiovisuais, Limoges, set. 1985. (Paris, Imprimerie Nationale, 1986); e os documentos preparatórios do 28º Congresso sobre os Novos Arquivos, set. 1986.

[30] Rudelle, Odile. Archives orales, archives écrites. *IVe Colloque International* (1982), e sua intervenção no seminário sobre a memória coletiva na França após 1945, realizado no IHTP por Gérard Namer e Jean-Pierre Rioux, de janeiro de 1981 a janeiro de 1984. O comunicado de Odile Rudelle tratava de *La mémoire de la guerre 1939-1945 au miroir de la guerre d'Algérie*.

os funcionários da ativa durante a guerra da Argélia não é muito diferente dessa primeira forma de construção. Mais complexa quando o historiador tem que servir-se de fontes às quais teve acesso sem poder verdadeiramente revelá-las, absolutamente diferente, pois aquele que conduz a entrevista se anula diante delas. Os escrúpulos daquele que possui fitas não reconhecidas pela testemunha, mas cujo conteúdo é importante, assemelham-se à hesitação diante de documentos confidenciais cuja oportunidade da divulgação deve ser examinada. É desse ponto de vista que a coleta feita pelos arquivistas é mais simples, na medida em que não há nem ambiguidade quanto ao *status* do pesquisador, depositário de um discurso que lhe cabe transmitir às gerações futuras, nem interferência possível entre a coleta e a vontade de saber.

O segundo tipo é representado pelas campanhas feitas por indivíduos ou instituições, visando a uma operação particular. É o caso, por exemplo, de algumas centenas de entrevistas feitas pelo Instituto de História do Tempo Presente, tendo em vista o colóquio sobre Pierre Mendès France e o mendesismo, realizado em dezembro de 1984. Um objetivo preciso, um questionário elaborado em função do programa de pesquisa, testemunhas conscientes de participarem de uma obra histórica, a seu ver não desprovida de um aspecto comemorativo: como reutilizar esses depoimentos? Como o objetivo da pesquisa fora definido antes do depoimento, a problemática preexistia à audição das testemunhas. Ainda que, como na utilização mais clássica das fontes escritas, o objetivo possa ter mudado no decorrer da audição (sendo a audição equivalente, mas não idêntica, à revelação), a equipe de pesquisadores procurou trabalhar para o curto prazo e, ao mesmo tempo, para a posteridade. Nesse sentido, é claro, seria muito mais rigoroso e consciencioso — ao proceder-se ao arquivamento e à conservação das fitas — juntar a estas o questionário empregado, as condições em que foi estabelecido contato com os entrevistados, os meios de acesso e todas as outras informações capazes de esclarecer o documento; mas os historiadores futuros, se precisarem, terão apenas que fazer o seu trabalho habitual de crítica das fontes (os documentos escritos, para desconforto dos historiadores, não vêm acompanhados de uma descrição minuciosa das condições em que eles foram arquivados e de como foi feita a classificação!). Portanto, esse é um tipo de construção mista, pois é ao mesmo tempo constituição de arquivos e tomada de depoimentos visando a uma utilização imediata. De resto, as testemunhas tiveram consciência disso. Uns autorizaram a utilização imediata do que informaram; outros pediram que nada fosse divulgado antes de sua morte. Alguns, finalmente, exigiram controle sobre o documento.[31]

Cabe distinguir um terceiro tipo de construção: a entrevista de um historiador com uma testemunha escolhida e convocada, com vistas a uma pesquisa determinada ou pontual e estando prevista a utilização imediata do depoimento dado (não se fará diferença entre o depoimento colhido para a redação de um artigo e a convivência, que pode até se tornar "familiaridade", entre um "doutorando" e suas testemunhas favoritas ou privilegiadas). Isto suscita ao mesmo tempo mais e menos problemas do que os casos precedentes. Sem voltar ao que foi dito sobre os tipos de testemunhas, vamos considerá-las portadoras de informações sobre fatos; o "fato" não é entendido aqui no sentido restrito que lhe dá M. Pollak,[32] pois pouco importa o tipo de informação colhido. Pode ser a precisão de uma data ou um acontecimento, a tomada de consciência ou a verificação de conjuntos factuais, indicações sobre o trabalho da memória ou uma visão das representações da testemunha sobre este ou aquele ponto. Sob o aspecto da construção do depoimento, mas não de sua interpretação, não haveria assim diferença entre um engenheiro que fala sobre a instalação de acampamentos provisórios no Loiret em 1945, um desmontador de minas que expõe as tensões com as autoridades parisienses na interpretação dos regulamentos, uma militante feminista que reconstrói *a posteriori* seu engajamento na primeira metade dos anos 60 e uma aposentada que evoca os velhos tempos como a idade de ouro em que as estações, como a vida, tinham um sentido. Por que tal procedimento criaria maiores problemas? Todas essas testemunhas, em *tête-à-tête* com o historiador, têm condições de dizer não a verdade, mas a sua verdade, mesmo que o façam com maior ou menor cooperação e boa-fé. Se compete ao historiador estabelecer o que será tomado como está e o que será reexaminado (à luz de outras fontes), posto de lado (para uma análise secundária ou em outro plano) e criticado (como é mister em qualquer estudo), nada permite retirar da testemunha a posição que ela adquiriu ao aceitar depor. Presume-se, portanto, que ela seja sincera em virtude "da posição de que fala", resumindo-se toda a questão na maneira dessa sinceridade. Donde a dificuldade de levar em conta as múltiplas facetas da sinceridade do depoimento e a facilidade de "manipular" a

---

[31] Estas fitas podem ser consultadas no IHTP.
[32] Ver o comunicado de Michael Pollak, bem como seu artigo em colaboração com Nathalie Heinig, Le témoignage. *Actes de la Recherche en Sciences Sociales* (62-63), juin 1986.

fonte mediante verificações, acréscimos, omissões, antecipações ou recuos.

Não podemos nos desesperar por ter que lidar com falsos ou maus testemunhos. Pois se há um culpado, este é o historiador, que deve compreender por que e em que o sujeito se presta a transformações, deformações e transposições. Existe algo mais apaixonante do que compreender a razão pela qual certo urbanista reivindica a paternidade de um projeto de reconstrução de bairro, quando se sabe com certeza que este é de outro autor? Não será importante analisar por que o movimento feminista dos anos 70 perdeu a memória dos seus antecedentes, tornando-se, como no século XIX, um movimento sem memória em busca de seu passado?[33] Não será interessante saber por que, no plano histórico e não no sociológico ou psicológico, sempre neva na primavera quando se é um pensionista de 80 anos num asilo parisiense e os anos da juventude eram tão doces? Mas isto remete o historiador que utiliza o depoimento aos mecanismos de reconstrução do passado, à frequência das aspirações na idade de ouro, à vontade de dominar a história, à tendência a confundir a visão do tempo passado e sua apologia. O depoimento não encerraria sempre uma hagiografia?

Todas essas questões mostram que estas poucas reflexões sobre o depoimento mal foram esboçadas. Em particular, elas derivam da obrigação em que ainda se encontra a história oral de assegurar seu lugar e sua defesa. Pois, em matéria de arquivo, como em matéria de história, o escrito fica do lado da nobreza, enquanto o oral, sobretudo quando aspira à solenidade e à veracidade do testemunho, não deixou de ser suspeito: no que lhe diz respeito, a presunção é muito mais de culpabilidade do que de inocência. Isso explica em parte por que a análise do testemunho único se acha comprometida por uma reflexão que a engloba naquela sobre as fontes orais em geral; e também por que testemunha e testemunho não foram mais rigorosamente dissociados. Quando não mais for preciso justificar sua utilização, sua definição será talvez facilitada.

---

[33] Klejman, Laurence & Rochefort, Florence. Féminisme, histoire, mémoire. *Pénélope*, Mémoires de femmes (12), printemps 1985.

Capítulo 21

Pode-se confiar em alguém com mais de 30 anos? Uma crítica construtiva à história oral*

Ronald J. Grele

Já se passaram 30 anos desde que Allan Nevins deu início, na Universidade de Colúmbia, ao primeiro projeto formal de história oral, e a celebração do aniversário desse projeto é, provavelmente, uma oportunidade tão boa quanto qualquer outra para indagarmos se valeram a pena nossos esforços no sentido de usar depoimentos orais para enriquecer o estudo da história e com que problemas nos defrontamos hoje. Uma boa oportunidade porque, ao contrário do que ocorria há alguns anos, aparentemente gozamos da respeitabilidade que vem com a idade, e também temos as dúvidas torturantes da meia-idade.

É incontestável que o movimento da história oral cresceu e já é hoje aceito. Dados recentes revelam que havia cerca de 500 projetos em andamento e provavelmente igual número em estudo, já concluídos ou em processo de formação. Hoje, a Associação de História Oral se vangloria de contar com mais de mil associados e, há poucos anos, teve como tema de seu colóquio anual "A história oral atinge a maioridade". Na comunidade acadêmica, é cada vez maior o número de cursos novos anunciados em catálogo, bem como o de estudiosos tradicionais que enal-

---

* Grele, Ronald J. Can anyone over thirty be trusted? A friendly critique of oral history. In: *Envelopes of sound: the art of oral history*. 2 ed. New York, Praeger, 1991.

tecem nossos esforços e trabalho. Há dois anos, o Beloit College concedeu um título de bacharel em história oral.

Em suma, chegamos à meia-idade mais fortes e mais aceitos pela comunidade do que nunca. Mas, do mesmo modo que milhões de indivíduos que passaram pelos marcos invisíveis da idade impostos por nossa cultura, essa celebração traz certas dúvidas. Passados 30 anos, somos confiáveis? Quais as nossas realizações e como avaliá-las? Creio que realizamos muito, mas muitos dos nossos acertos nos trouxeram problemas bem concretos que, como historiadores orais, devemos agora enfrentar. Na meia-idade já não podemos mais alegar que não temos tempo ou mão de obra disponível para tratar das principais questões historiográficas levantadas por nosso trabalho. Também já não podemos mais ignorar esses problemas, porque isso poderia pôr em dúvida nossas realizações. Precisamos avaliar nossa posição e destacar alguns de seus problemas que requerem solução.

Acumulamos uma enorme quantidade de dados. Um passar de olhos pelo catálogo Meckler-McMullin,[1] reconhecidamente incompleto, pode nos dar alguns indícios da massa de material já coletada, dos milhares de pessoas entrevistadas, algumas pela oitava ou nona vez, e da quantidade de transcrições feitas a partir de gravações de história oral. As bibliotecas estão abarrotadas de coleções, consultadas e não consultadas, os arquivos presidenciais estão atulhados de entrevistas e muitas agências de história locais geram diariamente depoimentos orais. Concomitantemente, na academia, os historiadores vêm incentivando mais e mais seus alunos e colegas docentes a coletarem um número ainda maior de histórias orais. Em função disso, hoje parece impossível contar essas pilhas de gravações e transcrições, catalogá-las e controlar sua utilização. Além disso, parece não haver um meio possível de avaliar esse material pelos critérios normais da profissão. Uma das ironias do crescimento da história oral é este ter-se dado numa época em que há uma proliferação de fontes escritas à disposição dos estudiosos, o que, por sua vez, contribui para a geração de mais papel.

Temos diante de nós dois problemas relacionados. Primeiro, do ponto de vista do gerenciamento dos registros, precisamos ter algum controle sobre esses dados. Segundo, e ainda mais importante, preci-

---

[1] Meckler, Alan & McMullin, Ruth. *Oral history collections*. New York, R. R. Bowker, 1975.

samos tentar avaliar os dados em termos de sua utilidade para a profissão, uma meta que depende da solução do primeiro problema. Para resolvê-lo é preciso que comecemos a levar a sério o argumento de Cullum Davis,[2] segundo o qual a realização de entrevistas é apenas o primeiro passo no processo da história oral, e processá-las e tornar disponíveis nossos materiais são passos igualmente importantes. Por esse raciocínio, necessitamos de uma série de catálogos e índices do material de história oral. O catálogo Meckler-McMullin é um passo na direção certa, assim como os diversos catálogos de projetos individuais, notadamente a série produzida pelo Oral History Research Office da Universidade de Colúmbia. Os projetos menores, que contam com menos recursos, simplesmente não dispõem de tempo, dinheiro ou pessoal para compilar tais listagens; nem os alunos de pós-graduação que fazem entrevistas como parte da pesquisa de suas dissertações. Nesses casos, as agências de fomento, as universidades e outros patrocinadores devem ser levados a insistir em que parte dos recursos que concedem se destine ao planejamento de programas, como doações para o processamento de entrevistas ou para a criação de catálogos ou índices. Outra alternativa é criar associações como a da Universidade de Colúmbia para compilar a listagem nacional de que necessitamos. Embora as histórias orais hoje estejam tecnicamente em princípio relacionadas no National Union Catalog of Manuscript Collections, muito foge a seu controle e todos devemos nos empenhar para conseguir gerir de alguma forma o que está sendo produzido, antes que fiquemos soterrados ou que seja tarde demais.

    O segundo problema, o da avaliação, não se resume apenas a uma questão de dinheiro ou pessoal; infelizmente é um problema que a profissão no geral não parece estar disposta a colaborar conosco para resolver. Esta pode parecer uma conclusão pouco lisonjeira, mas basta um simples passar de olhos nas resenhas de trabalhos que utilizaram ou se basearam em entrevistas orais — resenhas publicadas em periódicos especializados ou não — para verificar a correção dessa afirmação. Não me lembro de nenhuma resenha que tenha feito as perguntas pertinentes sobre fontes. Quem realizou as entrevistas? Onde foram feitas? Estão abertas e disponíveis a outros interessados em verificar a validade das

---

[2] Davis, Cullum; Back, Kathryn & MacLean, Kay. *Oral history: from tape to type*. Chicago, American Library Association, 1977.

informações? As perguntas foram tendenciosas ou intrusivas? A entrevista é de boa qualidade? As citações estão corretas ou os depoimentos estão fora de contexto? Estas são questões que os analistas em geral levantam quando tratam de fontes manuscritas e de trabalhos fundamentados nelas. Mas, por algum motivo, quando se trata de entrevistas, constata-se que os historiadores experientes estão muito dispostos a pôr de lado qualquer questionamento. A maioria não insiste numa revisão das entrevistas ou em algum tipo de garantia, por parte dos autores, da própria existência de tais entrevistas.

Alguns de nós têm tentado fazer com que o meio profissional se interesse em realizar esse tipo de avaliação. O Comitê de Avaliação da Associação de História Oral é um exemplo prático. Em outras ocasiões, outros de nós já solicitaram a historiadores que estavam se utilizando de coleções para as quais haviam contribuído que fizessem uma avaliação dessas contribuições. Até o presente, minha experiência é que essas solicitações nunca são atendidas e presumo que o mesmo tenha acontecido com outros. Atualmente, as avaliações só ocorrem quando exigidas por agências de fomento como a National Endowment for the Humanities, ou quando fundações como a Rockefeller enviam escritores a campo para verificar o que se fez com seu dinheiro.

Barbara Tuchman reclama que, em muitos casos, os historiadores orais estão coletando trivialidades e dando nova vida ao que se deveria ter esquecido, gravando e divulgando esse material como se fosse história.[3] Estamos, como o bailarino de Lincoln Kirstein, dando tudo de nós à história oral e isso está provando ser excessivo? Para responder a essas perguntas, nós, que estamos no ramo, devemos começar a fazer nossas próprias avaliações, como Charles Morrissey fez recentemente com o projeto da indústria vinícola do Regional Oral History Office da Universidade da Califórnia.[4] Também devemos nos esforçar para que tais análises e avaliações cheguem a um público maior, se é que queremos servir a esse público. Não há nada de errado com a revisão crítica feita pelos próprios pares. De fato, a maioria de nós acataria de bom grado tais análises, se encontrássemos uma fórmula mais ou menos adequada

---

[3] Tuchman, Barbara. Distinguishing the significant from the insignificant. *Radcliffe Quarterly* (56):9-10, Oct. 1972.

[4] Morrissey, Charles T. Oral history and the California wine industry: a review essay. *Agricultural History* (61):590-6, July 1977.

de fazê-las. A revisão crítica que o meio profissional costuma fazer não está funcionando no caso da história oral, e é preciso encontrar métodos novos e mais inovadores.

Abrimos à investigação novas áreas da vida e da história norte-americanas e trouxemos para o campo do registro da história novos grupos até então ignorados pela profissão. Isso se deve em parte à sorte. A história oral passou a ser reconhecida num momento particularmente auspicioso, nos conturbados anos 60. Em consequência das crescentes tensões provocadas pela guerra e pelo racismo na cultura norte-americana e da crescente conscientização dos excluídos, a história oral passou a servir de meio para recriar a história daqueles que haviam sido ignorados no passado. Por isso, atribuiu-se à história oral uma missão importantíssima e estimulante: finalmente, por intermédio das vozes das próprias pessoas a história reconheceria as vidas e as contribuições culturais de negros, *chicanos*, mulheres, trabalhadores e membros de grupos antes marginalizados.

Se por um lado isso nos propiciou documentos de peso como *All God's dangers* e *Hillbilly women*,[5] por outro, infelizmente, também nos contemplou com um monte de entulho racista e sentimentalista. Engrandecemos uns e diminuímos outros, às vezes simultaneamente. As entrevistas e trabalhos baseados neles, que não tomam conhecimento das relações dialéticas entre grupos étnicos e da identificação de classes nos EUA, por vezes deixaram de fazer a análise cuidadosa das tensões da vida na sociedade industrial para celebrar a sobrevivência e, mais além, um conjunto de conceitos que dispõem, com frequência cada vez maior, que um grupo, e apenas um grupo, possui os valores, a honestidade, a dignidade e a confiabilidade para arcar com o peso da cultura e da história. Em outras ocasiões, em muitas das fitas que examinei, observa-se, ao contrário, o sentimentalismo do movimento popular, uma falha à época e uma perda de tempo na nossa.

Em parte isso se deu devido ao nosso próprio entusiasmo. Perdemos, por vezes, a perspectiva por presumirmos que o fato de alguém dizer algo já seria automaticamente mais verdadeiro do que qualquer coisa que historiadores conceituados tivessem escrito no passado. Não

---

[5] Rosengarten, Theodore. *All God's dangers*. New York, Knopf, 1974; Kahn, Kathy. *Hillbilly women*. Garden City, NY, Doubleday, 1973.

defendo a classe dos historiadores, mesmo porque não sou membro desse glamouroso círculo — nem sequer um simpatizante, suponho —, mas não se pode afirmar que todos os estudos sobre o passado, feitos no passado, estão errados. Também não é verdade que as histórias orais dos excluídos estejam *ipso facto* livres dos preconceitos da cultura mais ampla. Basta comparar o trabalho sensível e evocativo de Henry Shapiro[6] sobre o que a cultura norte-americana convencionou chamar de *Appalachia* com as histórias orais cuidadosamente documentadas de *Our Appalachia*,[7] para ver como a cultura mais ampla influencia a imaginação dos habitantes de uma região que certamente está mais afastada da corrente dominante que a maioria das outras.

Um dos aspectos da chamada "nova história social" que me intriga é o fato de não ser na área da história recente que têm sido escritos e publicados os trabalhos mais inovadores e perceptivos, apesar de a história oral ser tão promissora. Os melhores trabalhos, em sua maioria, concentram-se no período que se estende de 1830 a 1890 e não se fundamentam de forma alguma no depoimento oral. Creio ter chegado a hora de nos perguntarmos seriamente se isso reflete a tendenciosidade da profissão, a utilidade dos dados que produzimos, ou talvez o fato de que o período mais interessante para os historiadores sociais seja aquele em que as classes ainda estavam em processo de formação, e não o presente, em que essas classes já estão formadas.

Seja como for, acho importante admitir que há problemas na forma pela qual inserimos na história aqueles que até agora tinham sido excluídos, e na utilidade desses esforços. Precisamos também começar a explicar aos outros o que entendemos por "história comunitária" e o que comunidade significa. Não basta expandir nossos horizontes. Precisamos nos preocupar com o modo com que povoamos aquela terra que está além do horizonte e, se acreditamos que os modelos antigos não têm validade, cabe a nós, então, criar novos modelos em torno dos quais organizaremos nossa visão daquele território.

Fizemos o estudo da história ficar mais emocionante. Não creio que reste a menor dúvida de que o trabalho de campo da história oral seja emocionante e de que isso faça com que se tenha novo apreço pelo

---

[6] Shapiro, Henry D. *Appalachia on our mind*. Chapel Hill, University of North Carolina Press, 1978.

[7] Schakelford, Laurel & Weinberg, William. *Our Appalachia*. New York, Hill and Wang, 1978.

estudo do passado. De minha parte, gosto do fato de meu trabalho me colocar frente a frente com as pessoas em suas casas, escritórios ou centros comunitários, da forma mais direta possível para um estranho. Fico entusiasmado com a constante abertura de novas perspectivas sobre o passado, e com as novas formas de encarar questões antigas e de formular perguntas sobre experiências. Acho que outros pesquisadores de campo sentem o mesmo e já presenciei isso em estudantes, quando, às vezes, um comentário espontâneo ou um jeito específico de formular uma questão revela um dado histórico, como fazem os grandes mestres.

Mas esse entusiasmo dá ensejo a duas tendências muito perigosas. A primeira é a tendência, no meio histórico, de ver a história oral como mais uma panaceia, um meio rápido e indolor de fazer crescer o número declinante de estudantes da matéria e de reavivar o interesse pela história. Praticamente não há quem duvide de que a história esteja enfrentando uma crise. Infelizmente, uma das reações a esta crise é sair em busca daquele passe de mágica — daquela tira de filme, daquela máquina ou daquele programa de vídeo — que daria nova vida à profissão. Nesse caso, a história oral é vez por outra tolerada, porque aumenta o número de matrículas nas cadeiras de história e não porque se acredite honestamente que alguém possa aprender algo nesse trabalho de campo. Em vez de buscarmos atalhos para questões difíceis, como por que estudar história, o que quer dizer história e como ensiná-la, nós, como historiadores, devíamos começar a enfrentar esses problemas. A história oral, a psico-história e o melodrama na sala de aula não são a solução. De fato, se não se ensinar e seguir a metodologia meticulosa dos cânones tradicionais da prática da história, a história oral em breve se resumirá à coleta de trivialidades, justificando assim o ataque dos críticos.

A segunda tendência é igualmente frustrante, mas tem duas facetas: uma tem a ver com a confiabilidade de nosso produto e a outra com o nosso autoconceito. A excitação produzida pelo trabalho de campo, a cordialidade sincera dos entrevistados e o envolvimento que sentimos com suas vidas frequentemente conduzem a distorções. Começamos com aquelas perguntas que sabemos que nossos entrevistados gostariam de responder, e eles, por sua vez, com as respostas que sabem que queremos ouvir. Em ambos os lados do microfone, para amenizar a situação social e para manter a empatia e a harmonia, evitamos as perguntas duras e as respostas desconcertantes. Por vezes agimos muito mais como os jornalistas e suas fontes: fazemos concessões mútuas. A história sem preconceitos e paixões é provavelmente impossível e, se atingível, seria extremamente monótona. Mas, em nosso trabalho de campo, devemos superar as tendências naturais das relações sociais e nos lembrar de que somos historiadores e estamos interessados em expor o mais possível as paixões do passado, e não em colher material aceitável no presente. O passado que procuramos captar se fez sem a nossa presença; o passado que coletamos também deve estar livre dela.

Além do estreitamento das relações, o trabalho de campo na história oral produz, às vezes, outra atitude igualmente inquietante. Já ocorreu de um aluno ou um entrevistador, após certo tempo no campo, passar a acreditar que fazia parte do meio social que estava investigando — o que não é o caso. Quando trabalhei, por exemplo, no Projeto de História Oral da Biblioteca John F. Kennedy, nem a quantidade de entrevistas que fiz, nem os contatos diários que mantive com pessoas que conheciam John Kennedy, nem minhas fantasias jamais me fariam fazer parte daquele mundo ou daquela classe social. O mesmo se aplica ao projeto da Fundação Ford — eu registrava a história da instituição, não fazia parte dela ou da classe que ela representa. Mas o mesmo também se aplica a projetos relativos à história da classe trabalhadora. Neste caso, é uma falsa proletarização presumir que, só pelo fato de se entrevistar mineiros, metalúrgicos ou negros de guetos, se passe a ser um "trabalhador" ou um membro da comunidade marginalizada. Pertencer a uma classe ou identificar-se com uma classe envolve mais do que apenas estudá-la, viver entre seus membros ou até acatar seus pontos de vista. Presumir o contrário é distorcer a própria história e cultura. Podemos partilhar dos mesmos pontos de vista políticos daqueles que entrevistamos, mas, na maioria dos casos, não de suas vidas.

Produzimos algumas das histórias mais inovadoras e emocionantes das duas últimas décadas. Quando digo isso estou me referindo a trabalhos como *All God's dangers*, *Making of a UAW local*, de Peter Friedlander, *Black Mountain*, de Martin Duberman, *Hannah's daughters*, *Hillbilly women*, *Our Appalachia*, *Huey Long* ou aos trabalhos de Studs Terkel.[8] Contudo, somente em *Black Mountain* é que encontramos aquela

---

[8] Rosengarten, 1974; Friedlander, Peter. *The making of a UAW local*. Pittsburgh, University of Pittsburgh Press, 1975; Duberman, Martin. *Black Mountain: an exploration in community*. Garden City, NY, Doubleday, 1976; Gallagher, Helen. *Hannah's daughters*. Garden City, NY, Doubleday, 1976; Kahn, 1973; Schakelford & Weinberg, 1978; Williams, Harry. *Huey Long*. New York, Random House, 1973.

introspecção metodológica de que tanto necessitamos, e somente no trabalho de Friedlander é que se consegue chegar perto de iniciar o diálogo teórico que a história oral exige. Nesse aspecto, acho instrutivo comparar a história oral com trabalhos de quantificação. Neste último caso, historiadores e estatísticos criaram e utilizaram modelos da mais rigorosa elegância e sofisticação e fizeram perguntas as mais comezinhas. Em história oral, utilizamos os mais simples e ingênuos métodos e teorias para fazer as perguntas mais significativas sobre as relações humanas e de classe no passado. Em geral nos satisfazemos com comentários como os de Studs Terkel em *Hard times*, quando escreve: "Este é um livro de memórias, não história". Mas, como observa Michael Frisch, Terkel está muito mais ciente do problema a enfrentar que seus críticos e analistas.[9]

Pelo fato de não costumarmos dar atenção a essas questões, estamos hoje diante do problema de como avaliar a história oral, sem termos qualquer noção de que critérios são ou deveriam ser seguidos. Esse tipo de consideração é muito mais importante do que até a nossa retórica presume. Por exemplo, como avaliar uma proposta de projeto que pretenda captar a consciência da mudança e não apenas documentar tal mudança? Podemos afirmar com convicção que a história oral tem como fazer isso? Sabemos como fazê-lo? Há uma massa de informações teóricas com a qual possamos contar? Que métodos de coleta deve-se utilizar para reunir tal informação? O retorno do investimento será tão compensador quanto o de projetos mais práticos ou comuns? Como julgar esta ou qualquer dessas questões, se, na maior parte do tempo, trabalhamos recorrendo a nossa própria experiência?

Em certos aspectos, é claro o caminho a seguir. O que nós, historiadores orais, que estamos preocupados com essas questões, devemos fazer agora é partir do que é discutido na introdução de Friedlander e começar a investigar a estrutura linguística e cognitiva da memória e do diálogo históricos. Além disso, temos de procurar saber o papel da história na cultura, em geral, e entre as diversas populações, em particular. Para tanto teremos de buscar a colaboração de folcloristas, antropólogos ou outros que se utilizem de entrevistas de campo. Em particular, teremos

---

[9] Terkel, Studs. *Hard times: an oral history of the Depression*. New York, Pantheon, 1970; Frisch, Michael. Oral history and *Hard times*. Red Buffalo, s.d., p. 217-31.

de nos familiarizar com a literatura de psicologia que trata da memória, sua formação, manutenção e papel na vida humana.

Em tudo isso há vários problemas específicos da história oral que precisam ser considerados, pois todos têm a ver diretamente com quaisquer formulações teóricas que venhamos a extrair de nossas experiências. Primeiro, os documentos que produzimos não são produtos da época que investigamos, e sim do aqui e agora. Como Frisch corretamente observou a respeito de *Hard times*, não se trata de um acervo de documentos dos anos 30, e sim de dados sobre o que os anos 60 lembram ou pensam da vida nos anos 30. Como tal, é impossível não ser influenciado pela memória e pela forma com que a experiência da Depressão é explicada por membros da cultura dos anos 40 e 50. Qualquer discussão sobre história oral deve levar em conta os fatos de sua criação na atualidade e como o hoje informa a discussão sobre o ontem. Em suma, de que modo a história vive como um campo da experiência e da expressão.

Segundo, devemos compreender que, em muitos casos, nossas entrevistas obrigam as pessoas a tornar suas vidas algo novo do ponto de vista antropológico. Pedimos a elas que justifiquem ações e ideias que, ao longo de suas vidas, nunca sonharam ter de justificar. Forçamos, portanto, as pessoas a ingressar na história através de formas muito singulares. Entender esse fenômeno e os efeitos que exerce sobre o material que coletamos, e também as oportunidades especiais de análise que apresenta, deveria ser uma de nossas maiores prioridades, particularmente se estivermos preocupados, como dizemos que estamos, com questões de consciência.

Também temos de estar cientes da tendência individualizante ou alienante da história oral; como esta, por sua própria natureza, faz com que as pessoas personalizem eventos e experiências. A história oral, fundamentada como é no diálogo pessoal direto, frequentemente acentua a tendência verificada na historiografia norte-americana de considerar instituições e forças sociais como subordinadas à vontade humana. Se não formos cautelosos, poderemos distorcer o passado de modos muito mais sutis do que através de nossos próprios preconceitos e acabaremos vendo o passado apenas como mais uma versão do individualismo protestante.

Vivemos numa época que tem fascínio por regras, sua manutenção, sua destruição ou sua alteração. Na história oral isso pode ser apenas um reflexo do fato de termos entrado na meia-idade e de querermos agora controlar de alguma forma as ações e atividades dos que ainda são adolescentes nesse campo e desenvolvem seu trabalho a partir do que já fizemos. Talvez seja apenas um reflexo de nossa recém-adquirida respeitabilidade. Seja como for, não importa por que motivação, a melhor maneira de satisfazermos essa nossa necessidade de regras é parar e avaliar honestamente o que fizemos, quais os problemas do trabalho que realizamos, como iremos estabelecer um fórum para discutir essa avaliação, fazer isso e então ingressar nos 40 com um pouco mais de confiança.

Este livro foi impresso nas oficinas gráficas da Editora Vozes Ltda.,
Rua Frei Luís, 100 – Petrópolis, RJ.